M000192215

clave

Daniel Goleman (Stockton, California, 1947) es un psicólogo de fama mundial. En la actualidad codirige, en la Universidad de Rutgers, el Consortium for Research on Emotional Intelligence in Organizations. Durante años fue el responsable de los artículos sobre ciencia conductual y cerebro en *The New York Times*. En 1995 publicó su obra más célebre, *Inteligencia emocional*, que encabezó varios meses las listas de libros más vendidos en todo el mundo. Su última obra es *Inteligencia social*. En DeBols!llo han aparecido *El punto ciego* y *El líder resonante crea más*.

Biblioteca

DANIEL GOLEMAN

El punto ciego

Traducción de
David González Raga
Fernando Mora

DEBOLS!LLO

El punto ciego

Título original: *Vital Lies, Simple Truths*

Primera edición con esta portada en España: septiembre, 2011
Primera edición en México: junio, 2014
Primera reimpresión: octubre, 2014
Segunda reimpresión: mayo, 2015
Tercera reimpresión: enero, 2016
Cuarta reimpresión: marzo, 2018

D. R. © 1985, Daniel Goleman

D. R. © 1997, Penguin Random House Grupo Editorial, S. A. U.
Travessera de Gràcia, 47-49, 08021, Barcelona

D. R. © 2018, derechos de edición mundiales en lengua castellana:
Penguin Random House Grupo Editorial, S. A. de C. V.
Blvd. Miguel de Cervantes Saavedra núm. 301, 1er piso,
colonia Granada, delegación Miguel Hidalgo, C. P. 11520,
Ciudad de México

www.megustaleer.mx

D. R. © de la traducción: David González Raga y Fernando Mora Zahonero

ISBN: 978-607-311-575-9

Impreso en México – *Printed in Mexico*

Penguin
Random House
Grupo Editorial

Para TARA
«Om, Tāre, Tuttāre, Turē, Swaha!»

ÍNDICE

PRIMERA PARTE

EL DOLOR Y LA ATENCIÓN

SEGUNDA PARTE

LOS MECANISMOS DE LA MENTE

TERCERA PARTE

LOS SECRETOS DEL YO

CUARTA PARTE

LA COGNICIÓN DETERMINA EL CARÁCTER

QUINTA PARTE

EL YO COLECTIVO

Debemos insistir, por más evidente y claro que pueda parecer, en que el conocimiento aislado obtenido por especialistas en un campo limitado del saber carece en sí de todo valor. Su único valor posible radica en su integración con el resto del saber y en la medida en que nos ayuda a responder a la más acuciante de las preguntas: ¿Quién soy yo?

ERWIN SCHRODINGER

AGRADECIMIENTOS

En la primavera de 1978 tuve el placer de entrevistarme con Gregory Bateson. Y aunque respiraba fatigosamente a causa del cáncer de pulmón que pocos meses después acabaría con su vida, su ánimo era excelente y su mente estaba tan despierta como siempre.

Bateson me habló de su odisea intelectual. Poco después de la Segunda Guerra Mundial había experimentado una comprensión muy profunda durante las conferencias de la Macy Foundation, en las que Norbert Wiener y su equipo desarrollaron la cibernética. «En ese momento –dijo Bateson–, supe el camino que debía emprender. Podía ver con claridad las propiedades de todos los sistemas, de las pautas de interrelación que conectan las cosas.»

Entonces fue cuando Bateson renunció a las nociones en boga sobre la conducta, «las teorías sobre el ser humano que parten de su psicología más animal, más inadaptada y más enferma evidenciaron entonces su incapacidad para responder a la pregunta del salmista: "¿Qué es, Señor, el hombre?" Esa misma limitación es la que nos impide discernir la pauta que conecta».

–¿Y cuál es «la pauta que conecta»? –le pregunté.

–Es una «metapauta», una pauta de pautas que con demasiada frecuencia no llegamos siquiera a percibir. A excepción de la música, se nos ha enseñado a pensar en las pautas como cuestiones fijas. Pero lo cierto es que la forma más adecuada de pensar en la pauta que conecta es considerarla como una danza de partes que se hallan en continua interacción, parcialmente limitadas por distintos tipos de restricciones físicas, por los hábitos y el proceso mismo de descripción de los estados y factores que la componen.

La idea de que la pauta que conecta es una danza de elementos interrelacionados me impactó tan profundamente que en los años siguientes dio sentido a mi propia búsqueda.

Desde hacía mucho tiempo estaba interesado por una serie de hechos y comprensiones que parecían apuntar hacia la misma pauta, pero desde ángulos muy diferentes. Mi formación como psicólogo clínico en Harvard me había llevado a conocer a pacientes cuyos trastornos parecían protegerlos de otros más profundos. Un seminario con Erving Goffman –un sociólogo que se ha ocupado de investigar las relaciones cotidianas– me llevó a percibir la forma en que las reglas que gobiernan nuestra interacción con los demás enajenan de nuestra conciencia regiones enteras de la experiencia para que nos sintamos cómodos. La investigación realizada en el campo de la psicobiología de la conciencia también me ha revelado que la cognición –y la experiencia– es el producto de un delicado equilibrio entre la atención y la inatención.

Me sorprendió descubrir que estas comprensiones fragmentarias parecían reflejar una pauta que se repetía en todos los niveles de la conducta, desde el biológico hasta el psicológico y el social. Y cuantas más evidencias acumulaba y más reflexionaba sobre el tema, esta pauta fue tornándose cada vez más clara.

La pauta en cuestión constituye una danza entre la atención y la inatención, un minueto en el que trocamos nuestra atención a cambio de un aumento en la sensación de seguridad.

Ésta es precisamente la pauta que he tratado de describir –del mejor modo posible– en este libro.

Son muchas las personas que me han proporcionado piezas importantes para componer este rompecabezas, partes diferentes, en suma, de la misma pauta. En particular, me han resultado especialmente provechosas las conversaciones con las siguientes personas, expertas, todas ellas, en uno o varios de los campos del saber mencionados en este libro: Dennis Kelly, Solomon Snyder, Monte

Buchsbaum, Floyd Bloom, Richard Lazarus, R. D. Laing, Donald Norman, Emmanuel Donchin, George Mandler, Howard Shevrin, Ernest Hilgard, Carl Whitaker, Karl Pribram, Robert Rosenthal, Irving Janis, Freed Bales, Anthony Marcel y Robert Zajonc. Agradezco también a Aaron Beck, Matthew Erdelyi y Ulric Neisser por sus valiosos consejos sobre el manuscrito.

Y si bien cada uno de ellos me ha aclarado alguna faceta de la pauta, la síntesis, sin embargo, es original, como también lo son las distorsiones y puntos ciegos que puedan advertirse en ella.

Estoy particularmente en deuda con Richard Davidson, Shoshona Zuboff, Kathleen Speeth y Gwyn Cravens por sus concienzudas lecturas, sus sinceros comentarios y su estrecha amistad, y agradezco asimismo la inspiración a mis maestros y colegas, especialmente David McClelland y George Goethals.

Agradezco también a A. C. Qwerty su notable paciencia, su diligencia y su comprensión en la elaboración del manuscrito, y a Alice Mayhew, que me ayudó a seguir el hilo del pensamiento con su constante visión de lo que este libro podía llegar a ser.

PRÓLOGO A LA PRESENTE EDICIÓN

Vivimos en un tiempo especialmente peligroso, una época en la que el autoengaño se está convirtiendo en una cuestión cada vez más apremiante y nos obliga a enfrentarnos a un reto desconocido hasta la fecha: la destrucción completa de nuestro planeta.

Y tanto si se trata de una muerte súbita –como la que acompañaría a una guerra nuclear y a los catastróficos cambios que seguirían a tal eventualidad–, como de una lenta agonía ecológica –a causa de la destrucción irreversible de los bosques, las tierras de cultivo y la falta de agua potable–, la capacidad de autoengañarse del ser humano habrá tenido mucho que ver en este desenlace.

Consideremos el rápido avance de los problemas que acompañan a la degradación ecológica, la erosión del suelo, la deforestación de los bosques, el proceso de desertización, la destrucción de la capa de ozono protectora de la atmósfera, la contaminación de las aguas y la sequía.

Nuestros hábitos de consumo están acabando con los recursos del planeta a un ritmo desconocido hasta la fecha. La falta de atención a la relación existente entre nuestro estilo de vida y sus efectos en el entorno nos está llevando a destruir el planeta que legaremos a nuestros nietos.

Las selvas húmedas de la Amazonia, por ejemplo, están siendo destruidas a un ritmo acelerado a fin de crear pastos para el ganado, criado fundamentalmente para saciar el hambre de carne del ser humano. ¿A cuántas hamburguesas equivale la destrucción de una hectárea de la selva virgen amazónica? No sería difícil dar con la respuesta a esta pregunta, pero da la sensación de que nadie está interesado en conocerla.

Y ése es precisamente el problema, que vivimos sin pensar en las consecuencias de *nuestro estilo de vida* para el planeta y para nuestra propia descendencia, e ignorantes de las relaciones que existen entre las decisiones que tomamos cotidianamente –me compro esto o aquello otro, por ejemplo– y los efectos que esas decisiones tienen en nuestro mundo.

Sería posible evaluar de modo más o menos exacto el daño ecológico concreto que implica un determinado hecho. De ese modo, podríamos establecer una unidad estándar que representase el impacto ecológico que conlleva, por ejemplo, la fabricación de un automóvil o de un bote de aluminio. Tal vez conociendo ese dato asumiríamos nuestra responsabilidad en las consecuencias que provoca en el planeta nuestro estilo de vida. Pero no disponemos de ese tipo de información y hasta los más preocupados por el tema ecológico desconocen ese dato. La mayor parte de nosotros, ignorantes de esas relaciones, seguimos cayendo en el engaño de creer que las pequeñas y grandes decisiones de nuestra vida no tienen mayor trascendencia.

¿Qué podemos hacer para salir de esta mentira y de tantas otras en las que nos hallamos atrapados?

Deberíamos comenzar comprendiendo la forma en que estamos atrapados, ya que lo cierto es que el autoengaño es el más escurridizo de los hechos mentales y resulta imposible, en este sentido, darnos cuenta de lo que no nos damos cuenta. El autoengaño opera tanto a nivel de la mente individual como a nivel colectivo. El precio tácito de la pertenencia a cualquier grupo es el de no darnos cuenta de nuestras propias dudas e inquietudes y no cuestionarnos siquiera la forma en que el grupo hace las cosas. El grupo, por su parte, sofoca toda discrepancia, incluso la saludable. Tomemos como ejemplo el caso de la explosión de la lanzadera espacial. La noche anterior al lanzamiento dos ingenieros dijeron que los precintos de seguridad de la fase de propulsión no soportarían temperaturas tan bajas, pero sus advertencias no llegaron a oídos de sus superiores, muchos de los cuales estaban ya al corriente del peligro pero habían decidido subestimar su importancia. El lanzamiento ya se había visto aplazado en varias ocasiones y se comenzaba a cuestionar si la NASA estaba en condiciones de concluir con éxito el proyecto.

En la investigación posterior al accidente, los dos ingenieros en cuestión fueron destituidos después de prestar declaración sobre lo ocurrido, aunque tras el escándalo público suscitado fueron rehabilitados a sus puestos. A pesar de todo su denuncia hubiera sido del máximo interés para el buen fin de la misión porque, de haber sido escuchados, la tragedia no hubiera ocurrido.

Este ejemplo nos brinda una valiosa lección para atrevernos a levantar el manto de silencio que oculta las verdades vitales de la conciencia colectiva. Lo único que puede librarnos del poder hipnótico del autoengaño es el valor para buscar y afirmar la verdad. Y cada uno de nosotros posee su propia parcela de verdad y debe tener la osadía de expresarla.

Resulta paradójico que, en nuestra época, quienes detentan el poder no experimenten ningún tipo de desazón al advertir el dolor de los que sufren, y que estos últimos, por su parte, carezcan de todo poder. Como dijo Elie Wiesel, para salir de este callejón sin salida es necesario tener el coraje suficiente para decir la verdad al poder.

INTRODUCCIÓN

El tema de este libro no es fácil de explicar, aunque todos, de una forma u otra, estamos familiarizados con él. Y la dificultad estriba en que no disponemos de palabras exactas para describirlo. Tal vez sea precisamente eso lo que tanto me intriga. Porque, según parece, existen momentos de nuestra existencia que, por así decirlo, nos son ajenos, puntos ciegos de la experiencia que se ocultan en las lagunas de nuestro vocabulario. Y el hecho de que no los experimentemos es algo de lo que, en el mejor de los casos, sólo tenemos una vaga conciencia.

Esos puntos ciegos de la experiencia son el tema fundamental de nuestro libro.

El fracaso a la hora de experimentar determinadas facetas de la vida, que parece asentarse en la profundidad de nuestra conciencia, nos impide prestar atención a ciertos aspectos cruciales de la realidad, dejando un vacío en el flujo de conciencia que, instante tras instante, conforma nuestro mundo.

Nuestro principal propósito será descubrir cómo nos damos o *evitamos darnos cuenta* de las cosas. O, dicho de otro modo, cómo fragmentamos nuestra conciencia, perdemos parte de nuestra atención y creamos una laguna.

Existe una metáfora fisiológica que describe a la perfección nuestras dificultades para ver las cosas tal como son. En la parte posterior del ojo hay una zona –en la que confluyen las distintas neuronas que configuran el nervio óptico que transmite los impulsos nerviosos hasta el cerebro– que carece de las terminaciones nerviosas que tapizan el resto de la retina. Esta zona, en consecuencia, constituye un «punto ciego», un punto que no registra las variaciones luminosas procedentes del cristalino, y crea en consecuencia una laguna en la información transmitida al cerebro.

Habitualmente, la visión perdida por un ojo se compensa por superposición de la visión procedente del otro. Por ello, no solemos advertir la existencia de esos puntos ciegos. Pero apenas cerramos un ojo, el punto ciego se hace fácilmente presente. Para darse cuenta de este hecho, tape su ojo izquierdo con la mano izquierda y observe la cruz. A continuación, acerque y aleje el libro muy lentamente. En algún punto –ubicado entre los veinte y los cuarenta centímetros de distancia– el círculo terminará desapareciendo.

Este ejemplo ilustra perfectamente un hecho psicológico muy similar aunque de naturaleza, obviamente, mucho más sutil.

Permítaseme ahora dar algunos ejemplos al respecto, extraídos de diferentes facetas de la vida, que apuntan en la dirección de la pauta que estoy tratando de describir.

Tomemos el caso de una mujer que durante una sesión psicoanalítica recordó súbitamente haber escuchado, cuando sólo tenía cinco años de edad, el llanto de su madre en medio de la noche –un recuerdo que la sorprendió porque no concordaba con la memoria consciente de ese período de su vida–. Este episodio sucedió poco después de que su padre hubiera abandonado el hogar. A pesar de que la madre telefoneaba a su marido suplicándole que volviera, cuando estaba en presencia de la hija manifestaba unos sentimientos muy diferentes, se negaba a reconocer que había perdido al esposo y adoptaba un aire indiferente y despreocupado. Después de todo, ellas eran felices, ¿o no?

Así pues, dado que la madre necesitaba ocultar esos sentimientos, la hija también se vio obligada a negarlos. Así fue como aprendió a no mencionar la tristeza de su madre. La hija había escuchado tantas veces una versión del divorcio –ajustada a la imagen que la madre quería transmitir– que la historia terminó convirtiéndose en un hecho en su memoria. Por ello, el inquietante recuerdo de su madre llorando en la noche se esfumó de su memoria y no reapareció hasta muchos años más tarde durante una sesión psicoanalítica.

El devastador impacto de este tipo de secretos enterrados se halla tan documentado que sugiere la universalidad de la experiencia. La mentira constituye el tema fundamental de la historia de Edipo, de la novela *El buen soldado* de Ford Madox Ford y de varias de las obras teatrales de Ibsen. De hecho, fue el mismo Ibsen quien bautizó esta clase de secretos como «mentiras vitales», los mitos familiares que ocultan las verdades más embarazosas.

Estas mentiras vitales no resultan, pues, nada infrecuentes. Un psiquiatra relató haber escuchado casualmente en una fiesta la siguiente conversación:

> Me siento muy cerca de los miembros de mi familia, que siempre se han mostrado muy afectuosos conmigo. Cuando desobedecía a mi madre, ella me tiraba lo que tenía más a mano. En cierta ocasión, lo único que encontró fue un cuchillo, y tuvieron que darme diez puntos de sutura en una pierna. Pocos años después, mi padre trató de estrangularme cuando descubrió que tenía un novio que a él no le gustaba. Realmente se preocupaban mucho por mí.[1]

La patente negación que evidencia este recuerdo es uno de los rasgos característicos de las mentiras vitales. Si la fuerza de los hechos es tan brutal que debe ser ignorada, siempre queda el recurso de tratar de modificar su significado. En tal caso, la mentira vital sigue oculta tras los silencios, las justificaciones y las negaciones de la familia, y la impostura se mantiene gracias a que la atención se desvía del hecho problemático o se reelabora bajo un disfraz aceptable. Cualquier psiquiatra que trate a familias con problemas como el incesto y el alcoholismo comprende la forma en que operan las mentiras vitales:

> Todo rastro tiende a minimizarse, se bromea al respecto, se justifica o, simplemente, es llamado de otro modo. La semántica desempeña un papel muy importante en la tarea de quitar importancia a lo que realmente está ocurriendo y se emplean toda clase de eufemismos para tratar de ocultar lo que sucede. No es de extrañar que expresiones como «buen bebedor», «disputa matrimonial» o «disciplina» oculten el alcoholismo, la violencia familiar o el abuso infantil. Y explicaciones del tipo «un accidente sin importancia» suelen ser aceptadas de buen grado para explicar las lesiones y la fractura de huesos debidas a la violencia marital o infantil. Del mismo modo, la «gripe» también puede ser una buena excusa para enmascarar una borrachera.[2]

Como decía una joven que durante toda su infancia había soportado a un padre alcohólico: «En nuestra familia había dos reglas muy claras: la primera era que no había nada que funcionara mal y la segunda que no había que decírselo a nadie.»

Un ejemplo algo diferente nos lo proporciona Jesse Jackson, quien, recordando su infancia en Carolina del Sur, cuenta la siguiente historia sobre un encuentro con un hombre llamado Jack, el propietario blanco de la tienda de ultramarinos:

> Ese día tenía prisa, porque mi abuelo, que me había dado una moneda para que comprara unas chucherías, me esperaba fuera. Había ocho o diez personas de color en el interior de la tienda, de modo que pregunté: «Jack, ¿puedo coger una galleta?» Pero él estaba cortando queso o algo parecido y no me escuchó. Entonces silbé para reclamar su atención. Repentinamente, se volvió hacia mí apuntándome con un revólver a la cabeza y dijo: «¡Jamás vuelvas a silbarme!» Pero lo que más me impresionó es que los otros negros siguieron ocupados en sus asuntos y se comportaron como si nada hubiera ocurrido, presas de un profundo y arraigado temor. Por mi parte, lo que más me asustaba no era tanto el revólver como el hecho de pensar en la reacción de mi padre, que no sólo tenía mal

genio sino que acababa de regresar de la Segunda Guerra Mundial y, tras su estancia en Europa, su mente se había abierto y estaba muy resentido contra el sistema. Sabía que si mi padre llegaba a enterarse de lo que había ocurrido, mataría a Jack o éste le mataría a él. Así que simplemente lo suprimí de mi mente y sólo volví a recordarlo muchos años después. Pero así era la vida para nosotros por aquel entonces.[3]

El polo opuesto de esa historia nos lo brinda Barney Simon, un dramaturgo sudafricano que llama la atención acerca de una verdad que no suele mencionarse sobre el *apartheid*. El hecho es que, del mismo modo que los negros americanos reprimen su rabia hacia los blancos, los blancos sudafricanos deben contener su ternura hacia los negros:

> Todos los blancos sudafricanos hemos sido criados por nodrizas negras. Recuerdo a Rosa, la criada que había en nuestra casa [...], en cuyos brazos pasamos nuestros primeros años, con la mejilla apoyada en su cuello, escuchando sus canciones, hablando en su dialecto, yendo con ella al parque, sentándonos con sus amigas negras y acompañándola a su habitación, donde no era extraño que la esperara su amante. Así es como vamos conociéndonos, pero en cierto momento Sudáfrica nos dice que ese recuerdo es una obscenidad, un delito o, algo peor incluso, un pecado, y nos obliga a olvidar lo que sabemos.[4]

La historia militar abunda en ejemplos de lo que estoy tratando de expresar, y buena prueba de ello son las francas negativas a creer la verdad de que nos hablan los siguientes casos:

- Durante la Primera Guerra Mundial, una semana antes de que los alemanes lanzaran su primer ataque con gas tóxico, un desertor alemán nos advirtió de lo que iba a ocurrir. Incluso había traído consigo una de las máscaras de protección con que se había dotado a las tropas alemanas. Pero el comandante francés que recibió el mensaje lo consideró tan absurdo que reprendió a su informante por no haber seguido los cauces reglamentarios.
- Durante la Segunda Guerra Mundial, Hermann Goering recibió el informe de que se había abatido un caza aliado sobre determi-

nada ciudad alemana, el primero que había logrado penetrar tras las líneas del Eje, lo cual significaba que los aliados habían fabricado un caza con autonomía suficiente para escoltar a los bombarderos que sobrevolaban Alemania. Goering, que también era aviador, «sabía» que eso era imposible, de modo que respondió: «Afirmo oficialmente que los aviones de combate americanos no han llegado a Aachen... Y con ello ordeno que no han estado nunca allí.»

- El mismo día en que los alemanes iniciaron su ofensiva contra Rusia, una unidad de choque soviética envió el siguiente mensaje al puesto de mando: «Nos están disparando. ¿Qué hacemos?» A lo que el mando respondió: «¡Ustedes deben de estar locos!»[5]

Otro ejemplo relacionado con lo que estamos diciendo se refiere, en este caso, al futuro de la humanidad. «El ritmo de acumulación de armas nucleares en nuestro mundo –afirma un artículo publicado en *The Wall Street Journal*– supone un coste de diez mil millones de dólares por minuto, con un arsenal que supera ya las cincuenta mil armas.» Al mismo tiempo, según la Organización Mundial de la Salud, cada año mueren cincuenta millones de niños de diarrea –el asesino más grande del mundo–, un mal que sería fácilmente evitable con una alimentación y unas condiciones sanitarias elementales.

Los psiquiatras denominan «insensibilización nuclear» a la manifiesta incapacidad de la gente para experimentar el miedo, el enojo y la insubordinación que acompañarían al hecho de percibir claramente la insensatez de la humanidad (en especial respecto a tolerar la carrera armamentística). Las personas parecen anestesiarse, como si el peligro fuera demasiado grande para preocuparse.

El psiquiatra Lester Grinspoon destaca la forma en que, mediante esta insensibilidad, se «elude la información que convertiría un vago temor en un miedo lo suficientemente claro como para exigir una acción contundente»; la forma en que la gente «se las ingenia para ignorar las implicaciones de la información que se permite recibir». Dicho en otras palabras, las personas suelen tratar los problemas colectivos como si fueran la responsabilidad de otros.

Todos estos ejemplos comparten la misma distorsión de la atención a fin de eludir cualquier información angustiosa; todos ellos, en suma, ilustran el poder de la atención selectiva para ocultar verdades dolorosas.

La atención nos permite recolectar la información necesaria para la existencia. Y cuando esa información se registra como una amenaza, la respuesta suele ser la angustia. Pero también podemos utilizar nuestra atención para negar la amenaza y amortiguar de ese modo nuestra percepción de la angustia. Sin embargo, aunque hay ocasiones en que este autoengaño resulta provechoso, en otras es completamente inapropiado.

En la antigua Unión Soviética, cada publicación tenía su propio censor, pero los periodistas y los editores rara vez tenían que enfrentarse a las tijeras de la censura porque ellos mismos desempeñaban de manera automática su tarea, censurando su propio trabajo.[6] Lev Poliakov, un ruso emigrado que trabajaba como fotógrafo independiente en Rusia, viajó a una ciudad de las orillas del mar Caspio para hacer un reportaje para una revista dedicada al mundo infantil. La ciudad disponía de dos grandes instalaciones, un laboratorio científico y un campo de concentración. El funcionario local del partido que fue a recibirle le dijo: «Mire, usted es un hombre ocupado y yo también. Hagamos las cosas fáciles, de modo que, cada vez que vea una alambrada, dése la vuelta y enfoque su cámara en la dirección contraria.»

Lev Nisnevich, otro fotógrafo ruso emigrado, tomó una foto de los miembros de la Unión de Escritores mientras votaban una resolución. En la instantánea se veía también a un hombre del KGB muy atento al voto emitido por los distintos miembros de la asociación. Pero cuando la foto salió publicada en la conocida revista *Literaturnaya Gazeta*, la imagen del agente del KGB había sido eliminada y sólo se veía a los miembros de la asociación sosteniendo en alto sus papeletas. De este modo, se transmitía al lector una impresión de unanimidad espontánea, sin el menor indicio de que existiera presión alguna sobre los presentes.

Y aunque este tipo de torpe censura es muy evidente, no resulta tan fácil advertir las manipulaciones similares que tienen lugar en nuestra propia conciencia. El caso de la fotografía retocada, en

concreto, constituye una metáfora especialmente apropiada para lo
que ocurre en la mente, ya que lo que llama nuestra atención queda
dentro del marco de nuestra conciencia, mientras que aquello que
es desechado termina desvaneciéndose.

El marco que rodea una imagen constituye una referencia visual que nos lleva a enfocar nuestra mirada hacia lo que se halla
enmarcado y a alejarla, simultáneamente, de todo lo demás; en
definitiva, determina lo que se halla dentro del cuadro y lo que está
fuera de él. En este sentido, el mejor criterio para elegir un marco
es escoger el que mejor armonice con la imagen, de forma que la
atención del que contemple el cuadro se centre en la pintura y no
en el marco mismo.

Algo parecido podríamos decir con respecto a la atención, porque ésta define el *objeto* de nuestra percepción con tal sutileza que
rara vez nos damos cuenta de *cómo* lo percibimos. La atención es,
pues, el marco en que se encuadra la experiencia.

Excepto en casos muy puntuales –un sobrecargado marco ba-
rroco, por ejemplo– el marco nos pasa completamente inadvertido.
Pero del mismo modo que un encuadre equivocado puede arruinar
una pintura, una atención distorsionada deforma nuestra experiencia e inhibe nuestra acción.

Este sesgo de nuestra conciencia puede llegar a ser desastroso.
Los temas fundamentales de la tragedia griega suelen originarse en
un leve error de cálculo que termina desencadenando una secuencia de acontecimientos fatales. La filósofa social Hannah Arendt ha
descrito muy bien cómo la combinación del autoengaño y el libre
albedrío permite hacer el mal confundiéndolo con el bien.

La sensibilidad moderna resulta especialmente proclive a amortiguar el dolor mediante la distorsión de la conciencia. En un estudio sobre las obras de Kafka, John Updike señala: «Desde el nacimiento de Franz Kafka nuestro siglo ha estado marcado por la
idea de la "modernidad", un nuevo tipo de conciencia desconocido en el pasado. Sesenta años después de su muerte, Kafka ejemplifica uno de los rasgos característicos de la mentalidad moderna:
una difusa sensación de inquietud y vergüenza, cuyo centro no
puede ser ubicado y que, en consecuencia, no puede ser aplacado;
una sensación de extrema dificultad inherente a todas las cosas que

obstaculiza cada paso que tenemos que dar; una sensibilidad tan exacerbada como inútil, como si el sistema nervioso, despojado de su vieja carcasa de costumbres sociales y creencias religiosas, percibiera todo estímulo como dolor.»[7]

Los puntos ciegos resultan especialmente tentadores para una mente hipersensible al dolor y proporcionan un fácil consuelo ante el flujo de circunstancias que lo acicatean, independientemente del hecho de que su origen sea profundamente personal (como el recuerdo de una herida infantil o la actitud despectiva de nuestra esposa esta mañana) o colectivo (la amenaza nuclear y los asesinatos y torturas que acontecen a diario en países que se hallan sometidos a regímenes injustos).

Es cierto que la conciencia requiere de algún tipo de filtro que seleccione en cada momento la información más relevante de entre la amplia vastedad de datos disponibles. El córtex –la adquisición más reciente del cerebro humano– invierte buena parte de su energía en la selección de esta clase de datos. «De hecho –según afirma el neurocientífico Monte Buchsbaum–, una de las funciones más importantes del córtex cerebral consiste en seleccionar y filtrar el abrumador exceso de información que el ojo, el oído y el resto de los sentidos pueden llegar a verter sobre el sistema nervioso central.»

Así pues, percibir es seleccionar. Pero aunque el proceso de filtrado de la información sea fundamentalmente positivo, la misma capacidad del cerebro lo torna vulnerable a distorsionar lo que debe admitir o eliminar de la conciencia. En opinión de Buchsbaum, las diferencias existentes entre lo que filtra cada individuo «determinan diferentes percepciones del entorno, basadas en la peculiar distorsión que efectúa cada persona al aceptar o rechazar las señales sensoriales».

Las distintas formas en que distorsionamos nuestra atención tienen consecuencias muy profundas. «Mi experiencia es aquello a lo que estoy dispuesto a prestar atención –señala William James–. Y mi mente va siendo modelada por los ítems que recibo.» Y añade: «Sin una atención selectiva, la experiencia sería un completo caos.» Según James, la atención depende de un acto de voluntad que nos lleva a decidir qué es lo que debemos admitir en nuestra mente consciente, mientras que para Freud depende fundamentalmente de las fuerzas inconscientes de nuestra mente, un dominio que nuestras decisiones conscientes no pueden alcanzar.

En mi opinión, ambos tienen parte de razón. La atención se halla gobernada por fuerzas conscientes e inconscientes. Algunas de ellas –como las limitaciones estructurales propias de la misma mecánica de la mente– son inocuas, mientras que otras –como el teñido de todo lo que percibimos en función de la preocupación que en un determinado momento ocupa nuestra conciencia– resultan cruciales, y otras, por último –como veremos a continuación–, pueden llegar a ser incluso contraproducentes.

Una de las distorsiones más notables, en este último sentido, consiste en el hecho de trocar ansiedad por conciencia.

EL TRUEQUE

Uno de los principios organizadores fundamentales de la vida psíquica, que opera en muchos niveles y dominios de la vida humana, consiste, a mi juicio, en «vender» parte de nuestra atención –deformándola– a cambio de una sensación de seguridad. Trataré de clarificar, pues, el vínculo existente entre ansiedad y atención, un vínculo que hunde sus raíces en las funciones de nuestro cerebro, la textura de nuestra mente y la urdimbre misma de nuestra vida social.

Mi principal interés consiste en esclarecer la forma en que fluye la información y el modo en que ese flujo se ve distorsionado por la relación existente entre el sufrimiento y la atención. La idea de que existe una relación directa entre el sufrimiento y la atención no es nueva y ya Freud la elaboró brillantemente. Pero las teorías e investigaciones más recientes –especialmente en el campo del procesamiento de la información– nos proporcionan una visión más elaborada de la dinámica interna de la mente, una visión que puede aplicarse también a la estructura de toda agrupación biológica y a la construcción social de la realidad.

Ni Freud ni nadie podría haber dado ese salto antes de la última década, porque en los últimos años la psicología cognitiva ha desarrollado un modelo de las funciones mentales mucho más sofisticado y sólido que cualquier otro modelo del pasado. Este modelo nos proporciona una nueva perspectiva sobre cómo se configura nuestra experiencia y de las fuerzas ocultas que esculpen nuestra realidad personal y social.

Éste es el terreno que exploraremos a continuación, un terreno en que los mecanismos de nuestra mente se solapan con los de la vida social. Sin embargo, nuestro viaje comenzará en un nivel mucho más elemental, en la capacidad del sistema neuronal para experimentar el dolor que permite que el cerebro enmascare las acometidas del dolor reduciendo nuestra conciencia.

Ese mismo principio se repite en cada nivel sucesivo de organización de la conducta: en los mecanismos de nuestra mente, en la configuración de nuestro carácter, en la vida grupal y en la sociedad. En cada uno de estos dominios, la variedad del «sufrimiento» que es capaz de bloquear la conciencia va sutilizándose progresivamente, desde la tensión y la ansiedad hasta los secretos dolorosos y los hechos embarazosos o amenazadores para la vida social.

Mi tesis, en suma, gira en torno a las siguientes premisas:

• La mente puede protegerse de la ansiedad disminuyendo la conciencia.

• Este mecanismo origina un punto ciego, una zona en que somos proclives a bloquear nuestra atención y autoengañarnos.

• Esos puntos ciegos tienen lugar en cada uno de los niveles de organización de la conducta, desde el psicológico hasta el social.

Este libro se divide en seis partes. La primera parte esboza la relación existente entre el dolor y la atención, mostrando la forma en que opera en nuestro cerebro y en la manipulación mental de la ansiedad y la tensión. El mecanismo neurológico que interviene en este intercambio implica a los opioides, la «morfina cerebral», que aturden las sensaciones de dolor y difuminan nuestra atención. Y este cambalache neuronal tiene profundas implicaciones psicológicas, ya que es capaz de aplacar la ansiedad disminuyendo nuestra atención.

La segunda parte elabora un modelo operativo de la mente que muestra los mecanismos que permiten el intercambio entre ansiedad y atención. Dos conceptos claves resultan, en este sentido, de fundamental importancia: el papel esencial que desempeña el inconsciente en la vida mental y la idea de que la mente organiza la información en «esquemas», una suerte de códigos mentales que sirven para representar la experiencia. Estos esquemas operan a nivel inconsciente y cumplen con la importante función de dirigir nuestra atención a los aspectos más sobresalientes, desestimando al mismo tiempo el resto de la experiencia. Pero cuando los esquemas se originan en el miedo a la información dolorosa, pueden dar lugar a puntos ciegos en nuestra atención.

En la tercera parte utilizaremos este modelo de la mente para adentrarnos en una nueva comprensión de los mecanismos de defensa psicológica (los autoengaños *par excellence*). Esta sección reformula la dinámica del psiquismo a la luz de los nexos existentes entre la atención y los citados esquemas, mostrando de qué modo la misma mecánica de nuestra mente posibilita que la falta de atención a las verdades dolorosas nos mantenga a salvo de la ansiedad.

Cuando el consuelo proporcionado por esta atención disminuida llega a convertirse en hábito, pasa a formar parte del carácter. En la cuarta parte rastrearemos la forma en que el hábito de amortiguar nuestra atención para evitar la ansiedad se transmite de padres a hijos. En la medida en que nuestra personalidad se va configurando, un determinado conjunto de esquemas protectores se convierten en dominantes y lo mismo ocurre con los puntos ciegos y autoengaños a que suelen abocar.

La quinta parte describe la vida grupal –utilizando la unidad familiar como prototipo–, y muestra la forma en que el hecho de compartir los mismos esquemas orienta la dinámica del grupo. El mismo trueque entre ansiedad y atención opera aquí trasladando nuestros puntos ciegos a la conciencia colectiva del grupo.

La sexta parte utiliza el mismo modelo para investigar la construcción social de la realidad. Los esquemas compartidos que operan en el dominio social dan lugar a una realidad consensual, una realidad social que se halla salpicada de zonas de información tácitamente excluida. La facilidad con que se reproducen estos puntos ciegos a escala social se origina en la misma estructura de nuestra mente individual, y su coste social son las ilusiones compartidas.

Ésta es una investigación innovadora, una amplia panorámica sobre diferentes regiones de la experiencia que cartografía un territorio al que espero regresar en otro momento para efectuar un estudio más detallado.

Debo pedir disculpas anticipadas al lector inexperto por las exposiciones del estado de la teoría y la investigación al respecto que en ocasiones resultan algo farragosas. Espero que el esfuerzo que ello pueda suponer se vea recompensado por una renovada comprensión de su propia experiencia. Asimismo pido disculpas a los lectores más especializados –como mis colegas psicólogos, los científicos cognitivos, los psicoanalistas, los neurocientíficos, los sociólogos y demás– por esta rápida incursión en un territorio tan rico; espero que disculpen este apresurado abordaje de temas tan complejos. Es mucho el terreno que tenemos que cubrir y sólo podemos tocar de pasada la superficie de cada región. Debo decir también, en este sentido, que, aunque no cite explícitamente el trabajo de Ruben Gur y Harold Sackheim –psicólogos que han estudiado el papel que desempeña el autoengaño en trastornos psicológicos tales como la depresión–, mi enfoque general es perfectamente compatible con el suyo, aunque desde una perspectiva diferente.

Por lo que conozco, la extrapolación que intento hacer del modelo mental del procesamiento de información a los campos de la personalidad, de la dinámica grupal y de la realidad social, no tiene precedentes. Y la hipótesis concreta que inspira esta tentativa consiste en que nuestra experiencia se halla modelada y limitada por el trueque existente entre el sufrimiento y la atención. Este modelo integral de la conducta torna la tarea más fácil, pero no por ello la síntesis a la que aspiro resulta menos formidable.

Éste no es un libro que proporcione respuestas fáciles (sospecho que ningún libro lo es), ni un perfil con que debamos compararnos, sino que simplemente trata de blindar un nuevo mapa de la experiencia humana que subraya especialmente sus facetas más oscuras. La cuestión es cómo funcionan las cosas, no qué hacer con ellas. Confío en que esta nueva comprensión de la mente a la que recientemente ha arribado la ciencia pueda permitirnos comprender un poco más profundamente nuestra vida mental tanto en el plano personal como en el colectivo.

Mi intención es ofrecer al lector una visión más clara que descorra los velos que enturbian nuestra conciencia y nos permita acceder a aquellos dominios que más nos importan: la intimidad de nuestros pensamientos, las relaciones más próximas, los grupos a los que estamos más estrechamente ligados y la construcción consensual de la realidad. Me gustaría explicar de qué modo esos velos se han originado, pero no pretendo determinar, sin embargo, cuál es el mejor modo de rasgarlos, y desde luego tampoco cuándo exactamente deberíamos hacerlo.

Hay una peculiar paradoja implícita al hecho de tener que enfrentarse a esas modalidades de no ver, a esos «nudos», por decirlo en términos de R. D. Laing:

> *El rango de lo que pensamos y hacemos*
> *está limitado por aquello que no advertimos.*
> *Y debido precisamente a que no advertimos*
> *aquello que no advertimos,*
> *hay muy poco que podamos hacer*
> *para cambiar esto,*
> *a menos que advirtamos*
> *el modo en que nuestro fracaso en advertir*
> *determina nuestras acciones y nuestros pensamientos.*

Gregory Bateson acuñó el término «adormecedor» para referirse a la ofuscación que nos impide ver las cosas tal como son. «Adormecer» procede del latín *dormire*, que significa «dormir». «He robado la palabra a Molière —me confesaba Bateson en cierta ocasión—, quien al final de su obra *El burgués gentilhombre* escribe un fragmento en latín macarrónico en que un grupo de doctores medievales examinan oralmente a un candidato a doctor. "¿Por qué piensa que el opio provoca el sueño?", le preguntan. "Porque, mis queridos doctores, el opio contiene principios adormecedores", responde triunfalmente el aspirante.»[8] O, dicho de otro modo, el opio adormece a la gente porque provoca el sueño.

El término «adormecedor» resulta perfectamente aplicable a nuestro caso, ya que, recurriendo a Bateson, los marcos adormecedores serían aquellas fuerzas que, en los márgenes de la conciencia, provocan una especie de sueño en vigilia.

Entre toda la amplia variedad de factores que modelan nuestra conciencia, nuestro principal centro de interés serán estos marcos adormecedores, las desviaciones y las distorsiones que imponemos sobre nuestra atención, impelidos por una necesidad de seguridad. Si pudiéramos vislumbrar los límites que enmarcan nuestra experiencia, dispondríamos de un margen de libertad para que fueran menos constrictivos y, en tal caso, tener la oportunidad de trascender los límites que restringen nuestra acción y nuestro pensamiento.

Mi objetivo se cifra, en suma, en reflexionar sobre las causas de nuestra situación colectiva: ¿Cómo podemos –si somos tan venerables al adormecimiento– despertar? En mi opinión, el primer paso necesario para despertar consiste en darnos cuenta de la forma peculiar en que estamos dormidos.

PRIMERA PARTE

EL DOLOR Y LA ATENCIÓN

EL MIEDO A SER DEVORADO POR UN LEÓN

David Livingstone –el misionero escocés famoso por la frase «¿El doctor Livingstone, supongo?»– sufrió en cierta ocasión el ataque de un león que estuvo a punto de acabar con su vida. Este incidente le impactó tanto que veinte años después todavía se asombraba de la curiosa sensación de desapego que le embargó en aquellos momentos en que, supuestamente, debería haberse visto a merced del pánico:

> Escuché un rugido. Miré hacia un lado y vi un león que estaba a punto de abalanzarse sobre mí... El animal dio un salto y me derribó de un zarpazo en el hombro, y cuando me tuvo inmovilizado en el suelo, comenzó a rugir junto a mi oreja, al tiempo que me zarandeaba como un gato haría con un ratón. La conmoción me produjo un estupor semejante al que debe de experimentar un ratón después de haber sido capturado, y me sumió en una especie de sopor en que, si bien seguía siendo plenamente consciente de todo lo que ocurría, no sentía miedo ni dolor alguno. La situación era parecida a la de los pacientes que se hallan bajo los efectos del cloroformo; estas personas son conscientes de que están siendo operadas, pero no sienten la acción del bisturí.[1]

¿Cómo es posible que el dolor provoque una reacción de insensibilidad? El incidente del doctor Livingstone con el león nos brinda un ejemplo perfecto y un excelente punto de partida para tratar de responder a esta pregunta y explorar la naturaleza de nuestra reacción ante el dolor y de sus implicaciones en nuestra vida mental.[2]

La premisa fundamental de la que partiremos es que la estructura del cerebro proporciona un modelo para comprender los mecanismos neuronales que determinan la respuesta a los diferentes tipos de dolor –desde la tensión psicológica hasta la ansiedad social–, un modelo que, como trataré de demostrar, influye decisivamente sobre nuestra vida psicológica y social.

Digamos que, aunque normalmente no lo concibamos así, el dolor es un sentido más –como la vista o el oído–, un sentido que posee sus propias terminaciones nerviosas y circuitos neuronales (como también sucede, dicho sea de paso, con otro sentido habitualmente soslayado, el del equilibrio). En consecuencia, al igual que ocurre con el resto de los sentidos, nuestra experiencia psicológica del dolor depende de muchas más variables que la mera magnitud del impulso nervioso. Recordemos a este respecto que el miedo a la turbina del dentista o la alegría que acompaña al parto, por ejemplo, modulan nuestra percepción del dolor y la orientan en dos direcciones completamente diferentes.

El cerebro dispone de la capacidad de matizar nuestra percepción del dolor. Esta noción acerca de la plasticidad neurológica del dolor se basa en recientes evidencias científicas que proceden fundamentalmente de la investigación con animales. Durante décadas, los especialistas se mostraron reacios a generalizar a los seres humanos los resultados de las investigaciones realizadas con animales de laboratorio, puesto que, según se creía, su sistema de recepción del dolor era mucho más rudimentario que el humano, el cual se caracteriza por la presencia de centros cerebrales superiores altamente diferenciados. No obstante, los veterinarios sabían desde hacía mucho tiempo que las heridas de un animal se curan más fácilmente cuando se le acaricia la cabeza, una evidencia que también parece sugerir la presencia de una modulación psicológica del dolor.

La investigación detallada de las vías neuronales animales y humanas del dolor terminó revelando que este sistema se articuló en una etapa evolutiva tan temprana que seres tan primitivos como los caracoles y los moluscos comparten, en lo esencial, el mismo diseño que nosotros; un hallazgo que implicaba que los experimentos con animales podrían ayudarnos a comprender la respuesta humana al dolor. En consecuencia, hemos asistido durante la última década a una auténtica explosión de investigaciones acerca de la neurología del dolor.

Pero si bien la activación de determinadas regiones nerviosas específicas del dolor es capaz de provocarlo, la estimulación de otras lo mitiga. Este efecto es tan notable que estimulando una zona concreta del cerebro de una rata se puede mantener al animal completamente inmóvil, sin el uso de ningún tipo de anestésico, mientras se le somete a una operación de estómago. Así pues, según parece, el mismo sistema no sólo se encarga de regular la percepción del dolor, sino también de aplacarlo y desencadenar un efecto analgésico.

Durante mucho tiempo los farmacólogos sospecharon la existencia de algún neurotransmisor capaz de paliar el dolor, pero no fue hasta finales de la década de los setenta que Solomon Snyder, del Johns Hopkins, demostró –simultáneamente a otros investigadores independientes– que las vías cerebrales sensibles a la acción de la morfina están dotadas de células cuyos receptores se ajustan específicamente –como una llave a una cerradura– a la configuración espacial molecular característica de este opiáceo.

Pero ¿qué utilidad podría tener una acción tan específica? Según la opinión de un especialista, «parece muy poco verosímil que este tipo de receptores tan diferenciados haya evolucionado fortuitamente en la naturaleza sólo para interactuar con los alcaloides de la adormidera».

El posterior descubrimiento de las «endorfinas» –neurotransmisores que actúan a modo de opiáceos cerebrales– permitió finalmente responder a esta pregunta, porque las regiones en las que la morfina evoca una respuesta analgésica coinciden precisamente con el campo de acción propio de las endorfinas. De este modo, estos neurotransmisores –conocidos como «morfinas cerebrales endógenas»– constituyen una especie de bálsamo natural para el dolor.

Las endorfinas forman parte de una familia de agentes quími-

cos cerebrales conocidos con el nombre de «opioides».* Los opiáceos –como la morfina y la heroína– surten efecto porque su estructura molecular se asemeja a la de esos opioides cerebrales. Al igual
que ocurre con las drogas de parecida estructura molecular, la
endorfina provoca la misma euforia, la misma sensación de estar
«colocado» y el mismo bienestar que cautiva a los opiómanos.

El descubrimiento de las endorfinas dio lugar a una serie de
investigaciones sobre las circunstancias que determinan su liberación. Al comienzo se investigó en el marco de una amplia variedad
de situaciones físicas estresantes. Así fue como miles de cobayas
vieron sus rabos chamuscados o sus patas sometidas al efecto de
descargas eléctricas, y centenares de personas introdujeron la mano
en un balde de agua helada con el objeto de provocar en ellos la
respuesta de las endorfinas.

Fue entonces cuando tuvo lugar un nuevo hallazgo: la mera
tensión mental puede desencadenar la liberación de estos neurotransmisores o, dicho de un modo más exacto, la aprehensión ex-
perimentada por los voluntarios antes de ser sometidos a las pruebas era capaz, por sí sola, de provocar la liberación de endorfinas.
Y lo mismo resultó también aplicable a otros tipos de tensión psicológica, como evidenció, por ejemplo, la elevada tasa de endorfinas que mostraban los estudiantes que tenían que afrontar exáme-
nes finales.

Parece razonable, por otra parte, que la tensión psicológica pueda

---

*   Desde el descubrimiento de las endorfinas se ha descrito la existencia de otros
muchos opioides cuya acción analgésica es todavía más intensa. Entre ellos, cabe destacar,
por ejemplo, la llamada dinorfina, cuyos efectos son doscientas veces más poderosos que los
de la morfina. Otra hormona mitigadora del dolor fue descubierta por vez primera en un
lugar inverosímil, la pituitaria del camello. Bautizada con el nombre de ß-lipotropina, se
creyó en un primer momento que su principal función era una de las más características de
las hormonas, el desdoblamiento de las grasas. El posterior descubrimiento de las endorfinas propició, no obstante, una investigación más exhaustiva de la ß-lipotropina, descubrién-
dose entonces que contenía la misma secuencia de aminoácidos que una de las endorfinas
conocidas. Y aunque esa molécula no poseía en sí misma ninguna cualidad analgésica, quedó
claramente demostrado que al menos tres de los fragmentos que componen su estructura
molecular son mitigadores activos del dolor. Desde entonces se han descubierto muchas
otras sustancias que también parecen suprimir la respuesta del dolor (y ese número, con toda
seguridad, irá en aumento). Según Snyder, el descubridor de las vías endorfínicas, aunque
de momento sólo conocemos unos veinte o treinta, puede haber más de doscientos tipos de
neurotransmisores cerebrales diferentes.

desencadenar la misma respuesta cerebral que el dolor físico. En el entorno natural, el dolor está ligado al estrés, cuya esencia es la amenaza. De este modo, el animal que huye de un depredador es consciente del peligro mucho antes de llegar a experimentar dolor, como si esta reacción formara parte de nuestro equipamiento natural de respuesta ante el peligro.

Esto precisamente es lo que Hans Selye –pionero de la investigación sobre el estrés– bautizó con el nombre de «respuesta de estrés» o «síndrome de adaptación general». Se trata de un término que tiene un significado muy concreto, aunque haya arraigado en el habla común con connotaciones muy difusas.[3] Selye describió las modificaciones neurofisiológicas que experimenta el cuerpo en respuesta a una lesión, una amenaza de dolor o las meras vicisitudes de la vida. En opinión de Selye, la respuesta de estrés es una reacción universal del cuerpo ante cualquier clase de amenaza y peligro (desde las quemaduras y las bacterias, hasta los osos y las malas noticias).

Dicho de modo sumario, cuando una persona percibe una posible situación estresante, el cerebro ordena al hipotálamo la liberación de una sustancia denominada CRF («factor de liberación cortical»), que llega hasta la pituitaria y provoca la secreción de ACTH (hormona adrenocorticotrópica) y de opioides (particularmente endorfinas).*[4] Es muy posible que éste fuera el sistema de alarma cerebral que se disparase –en los estadios más remotos de nuestra evolución– cuando un tigre de dientes de sable aparecía en el campo visual de nuestros antepasados, aunque hoy en día pueda ser desencadenada por la simple llamada telefónica de un inspector de Hacienda.

Pero ya tenga un origen físico o mental, el dolor es registrado en el cerebro a través de un sistema que puede modularlo. El cerebro, pues, está diseñado de tal modo que el alivio del dolor de-

---

* Aunque no toda situación estresante desencadene la liberación de endorfinas, la ACTH interviene en toda respuesta de estrés. Según Selye, la ACTH es el principal agente químico cerebral implicado en la respuesta de estrés. En la época en que Selye formuló su teoría, sólo se habían identificado algunos neurotransmisores –las endorfinas, por ejemplo, eran completamente desconocidas–, pero hoy en día sabemos que existen muchos más agentes de este tipo.

pende de su misma percepción. Ésta precisamente es la clave de la insensibilidad –a la que regresaremos más adelante– que experimentó Livingstone cuando fue atacado por un león. Pero antes debemos desentrañar el papel que desempeña la atención en todo este proceso.

LA RELACIÓN EXISTENTE ENTRE EL DOLOR
Y LA ATENCIÓN

> Ahora comed, si uno no puede el otro podrá y, si nosotros no podemos, lo harán los Girseau. Las capacidades de Q. C. Lavaplatos Barato se ven reemplazadas –se transforman– por las pautas fundamentales de mis propias capacidades que no le resultan muy cómodas. Q. C. Lavaplatos inframoldeado y creado para hacer bonito, las capacidades animales secuestradas y sometidas al látigo, las secreciones animales...

Este pasaje tiene un sabor casi joyceano, ya que el ritmo de la frase «Ahora comed, si uno no puede el otro podrá», por ejemplo, no desentonaría en el *Ulises*. Pero el hecho es que fue escrito por un paciente esquizofrénico ingresado en una institución mental. Los manuales de psicopatología abundan en ejemplos de este tipo de patrones verbales, que son considerados como uno de los indicadores diagnósticos característicos de la esquizofrenia.[5]

El recargado lenguaje de los esquizofrénicos no es el fruto de ningún esfuerzo deliberadamente poético, sino que se asienta en un problema subyacente: la discontinuidad de la atención. Porque el hecho es que los esquizofrénicos son presa fácil de las distracciones provocadas por los ruidos, los movimientos o los pensamientos. En este sentido, sus extravagantes pautas verbales evidencian el trasfondo de los pensamientos y las asociaciones inconexas.

La focalización de la atención nos permite desconectar o ignorar las distracciones o, cuando menos, reducirlas. Pero en el caso de los esquizofrénicos, las distracciones irrumpen profusamente en el campo de su conciencia con la misma intensidad que el argumento central de su pensamiento, impidiendo de ese modo la articulación de una frase coherente.

La simple construcción de una frase gramaticalmente correcta constituye una tarea de atención extraordinariamente compleja que sin embargo nos parece sencilla porque se ha convertido en algo automático. Hay que tener en cuenta que cualquier idea evoca de inmediato una serie de asociaciones. La palabra «excedente», por ejemplo, suscita diferentes campos semánticos: bonos, Wall Street, dividendos; cosecha, granero, granja; o, incluso, teatro, vacaciones, etcétera.

Una persona sana selecciona tan sólo aquellas asociaciones ligadas al pensamiento que queremos expresar, pero el esquizofrénico carece de la capacidad de inhibir los pensamientos irrelevantes y queda sometido al flujo de conexiones erráticas que revelan sus frases; una clara evidencia, en suma, de una profunda disfunción en su capacidad de atención.

Hace más de un siglo que se conoce esta disfunción, pero sólo recientemente se la ha relacionado con otro rasgo característico también de los esquizofrénicos: su tolerancia al dolor superior a la media.

Una serie de experimentos realizados por el psiquiatra Monte Buchsbaum y un grupo de colaboradores del National Institute of Mental Health aportó pruebas de que ambas condiciones –el déficit de atención y la mayor tolerancia al dolor– se originan a causa de una peculiar anormalidad del sistema endorfínico de los esquizofrénicos.[6]

Son varias las líneas de investigación que coinciden en afirmar que la esquizofrenia va acompañada de una alteración en la liberación de endorfinas. En cierto estudio, se comparó la sensibilidad al dolor de un grupo de diecisiete esquizofrénicos hospitalizados con un grupo control integrado por sujetos normales de la misma edad y sexo. En todos los casos, los investigadores administraron descargas eléctricas de baja intensidad –desde un leve hormigueo apenas perceptible hasta un nivel que la mayor parte de las personas experimentarían como un pinchazo de dolor– en un determinado punto del antebrazo. El resultado de esta investigación evidenció que los esquizofrénicos parecían menos sensibles al dolor que los integrantes del grupo control, un hecho que sólo puede explicarse por la presencia de una tasa de endorfinas superior a la normal.

Pero el equipo de Buchsbaum fue un paso más allá y administró a los esquizofrénicos una dosis de naltroxona (un agente que inhibe la acción de las endorfinas cerebrales), con la intención de verificar si esta sustancia provocaba una disminución de esa acusada tendencia, claro indicador, en tal caso, de la existencia de una estrecha relación entre la insensibilidad al dolor y la tasa de endorfinas. El resultado de esa investigación demostró que la naltroxona multiplicaba por tres la sensibilidad al dolor de los esquizofrénicos (todos los cuales habían sido originalmente clasificados como insensibles al dolor), un resultado que indica claramente que la elevada tasa de endorfinas de los esquizofrénicos es la causa de su analgesia.

Pero la administración de naltroxona también provocó un efecto inesperado en los esquizofrénicos, mejorando –e incluso llegando a normalizar– su capacidad de atención. En vista de ello, el equipo de Buchsbaum abrió otra vía de investigación para determinar la capacidad de atención de un grupo de esquizofrénicos comparándola con un grupo control. Los esquizofrénicos obtuvieron unos resultados muy pobres hasta que se les suministró naltroxona, pero la verdadera sorpresa se produjo cuando los investigadores administraron este agente a los componentes del grupo control, puesto que, también en este caso, la sustancia inhibidora de la endorfina mejoró significativamente su capacidad de atención. Así pues, parece claro que las endorfinas interfieren con el funcionamiento de la atención.*

---

* Esta relación sería mucho más patente en el caso de que existieran centros cerebrales comunes a estas dos funciones mentales (la atención selectiva y la sensibilidad al dolor), algo que Buchsbaum terminó descubriendo, sirviéndose de una técnica que promediaba informáticamente las señales procedentes del cerebro a fin de precisar la región cerebral en que tiene lugar una determinada actividad mental (una técnica que proporciona una

Debemos también destacar, en la interacción entre el dolor y la atención, la acción de otro neurotransmisor –la hormona adreno-corticotrópica (ACTH)–, que muestra un efecto opuesto y complementario al de las endorfinas (ambas sustancias se liberan al inicio de toda respuesta de estrés). De este modo, las endorfinas mitigan el dolor –permitiendo que éste sea ignorado momentáneamente– y disminuyen la capacidad de atención, facilitando de ese modo la negación de la situación dolorosa. La ACTH tiene un efecto radicalmente opuesto. En uno de los experimentos realizados, el grupo de Buchsbaum administró ACTH a pacientes que estaban a punto de someterse a una prueba para determinar su capacidad de respuesta a los cambios luminosos y sonoros. La investigación demostró que la ACTH *mejoraba* su atención, al igual que en un experimento anterior se había comprobado que hacían *los bloqueadores de la acción de las endorfinas*. Según señala el mismo Buchsbaum, otras investigaciones han relacionado también la ACTH con el aumento de la sensibilidad al dolor de las ratas.

En cierto modo, esta hormona modula la acción de las endorfinas, y ambas sustancias cumplen con funciones opuestas: la ACTH aumenta la atención y sensibiliza el sistema nervioso ante el dolor, mientras que las endorfinas actúan precisamente en sentido contrario.

Pero las endorfinas y la ACTH se derivan de la misma molécula y forman parte del mismo equipamiento neuroquímico para hacer

---

imagen topográfica del cerebro en la que la intensidad del sombreado refleja su nivel de activación; una especie de mapa del cerebro que permite reconocer el nivel de actividad de las diferentes regiones).

Esta técnica permitió a Buchsbaum descubrir la existencia de un solapamiento entre las regiones cerebrales que intervienen más activamente en el proceso de la atención selectiva y aquellas otras que tienen que ver con la percepción del dolor. Aunque los datos obtenidos mediante esta técnica son todavía parciales, parecen apuntar al hecho de que el córtex frontal y una sección más posterior –ubicada en el córtex sensorial– resultan claves tanto para el proceso de la atención como para la percepción del dolor. La mayor parte de los efectos constatados por Buchsbaum –como la capacidad de la naltroxona para modificar el nivel de atención y la sensibilidad al dolor de los esquizofrénicos– evidenciaban también cambios en esas regiones.

Existen al menos otras dos agrupaciones celulares –el *locus coreleus* y los núcleos del rafe– a través de las cuales la acción de las endorfinas influye directamente en la atención,[7] inhibiendo su actividad.

frente al dolor. Parece, en suma, que la interacción entre la ACTH y las endorfinas se orquesta siguiendo una secuencia temporal diferente. Así, durante la respuesta de estrés, la hipófisis libera ambos agentes químicos, pero es la ACTH la que actúa más rápidamente y sus efectos pueden ser constatados, en el caso de los seres humanos, en los primeros treinta segundos que siguen a una situación de alarma. El efecto de las endorfinas, sin embargo, es mucho más lento, ya que sólo comienza a manifestarse al cabo de unos dos minutos. Así pues, la respuesta inmediata ante una situación de alarma nos advierte del peligro, mientras que en una segunda fase parece posibilitar la disminución de la sensación dolorosa.

Durante la respuesta de estrés, la ACTH y las endorfinas fluyen en el cerebro, pero es la proporción relativa existente entre ellas la que determina el grado de atención y la sensibilidad al dolor. Estos dos elementos de la experiencia –la insensibilidad al dolor y la disminución de la atención– parecen apuntar hacia el mismo objetivo, ya que la reducción de la atención constituye una forma de aturdir el dolor. Y esta interrelación neuroquímica evidencia, una vez más, la complejidad estructural del diseño de nuestro cerebro.

Así pues, la fisura conceptual existente entre la atención y la percepción de dolor es más artificial de lo que pudiera parecer a simple vista. El cerebro no necesariamente fragmenta las funciones mentales del mismo modo en que lo hacemos nosotros. Según el mismo Buchsbaum, las diferencias existentes entre la investigación científica del dolor y la investigación de la atención se originaron en los objetivos dispares propios de las distintas disciplinas desde las que se abordaron. Asimismo opina que es relevante que los recientes descubrimientos realizados en torno a la estrecha vinculación existente entre la atención y el dolor parezcan indicar «la artificialidad de esta distinción, ya que los mismos neurotransmisores, las mismas estructuras anatómicas y los mismos sistemas de procesamiento de la información» regulan indistintamente el dolor y la atención.

El hecho de que el alivio del dolor y la atención selectiva compartan las mismas vías nerviosas cerebrales –si bien mantienen una relación mutuamente exclusiva–, parece también indicar que el sistema de endorfinas sirve tanto para reducir la atención como para mitigar el dolor. Es decir, la liberación de endorfinas reduce la atención y disminuye el dolor, mientras que la liberación de la ACTH aumenta la atención y agudiza la sensibilidad al dolor.

Esa configuración cerebral es una estructura permanente, ya que las redes neuronales que posibilitan la relación entre el dolor y la atención son el fruto de millones de años de evolución.

Volvamos ahora al «sopor» que se apoderó de Livingstone cuando fue atacado por un león y preguntémonos si la evolución no podría ofrecernos una clave para explicar la curiosa relación existente entre el dolor y la atención.

¿POR QUÉ LA REDUCCIÓN DE LA ATENCIÓN ES CAPAZ DE ALIVIAR EL DOLOR?

El doctor Livingstone llegó a preguntarse si su sorprendente reacción cuando fue atacado por el león no formaría parte del plan divino. En su opinión, ese «estado peculiar» debía deberse a algún propósito superior. Esa situación –conjeturaba Livingstone– «tiene lugar probablemente en todos los animales que son presa de los depredadores; y constituye una providencia misericordiosa de nuestro benévolo creador para aminorar el dolor ante la muerte».

Pero aunque esta presunción no deja de tener un cierto atractivo romántico, parece necesario buscar una interpretación más adecuada. La evolución favorece las respuestas que promueven la supervivencia y la procreación. Un gen que fomentase, por ejemplo, una muerte tranquila no tendría la menor probabilidad de ser transmitido a la descendencia.

Hablando en términos generales, el dolor activa respuestas que favorecen la recuperación y la curación, como, por ejemplo, el retiro, el reposo, la reducción de la actividad metabólica y el descenso de la actividad. Este ciclo de recuperación, sin embargo, tiene escaso valor para la supervivencia si uno está a punto de ser devorado por un animal salvaje, tiene que defender a sus crías o emprender la huida. En esos casos resulta necesario un medio que nos permita dejar provisionalmente de lado la urgente necesidad de atender a una herida dolorosa. Y ésa es precisamente la función que cumplen las endorfinas.

La respuesta de disminución del dolor ante una grave emergencia –como podría ser el ataque de un depredador– constituye un diseño más favorable para la supervivencia que una muerte pacífica y resignada. El pánico absoluto resulta paralizante. Pero la amenaza del depredador agudiza la atención y exige una respuesta que nos permita superar tal situación. ¿Qué mejor que atenuar el dolor y el terror del momento induciendo calma? De ese modo, tendremos la posibilidad de evaluar la situación sin estar tan condicionados por el miedo y por el pánico, y buscar así una respuesta que pueda salvarnos la vida. Éste es precisamente el estado descrito por Livingstone.

La estimulación de ciertas partes de las vías endorfínicas también provoca, al menos en los animales de laboratorio, respuestas de agresividad y defensa. Después de una lucha territorial, por ejemplo, las ratas presentan una fuerte analgesia, lo cual parece indicar la existencia de una tasa elevada de endorfinas que sugiere que el sistema de reducción del dolor se halla estrechamente ligado a los sistemas destinados a hacer frente a las amenazas y los peligros. Así pues, parece razonable suponer –a título puramente especulativo– que el sistema de alivio del dolor ha evolucionado como parte de un equipamiento que permite al cerebro recuperarse ante el desafío de una amenaza física.

Ésta es, pues, una teoría alternativa a la de Livingstone. La capacidad de supervivencia se transmite a los miembros de la especie que, cuando deben enfrentarse a una amenaza inmediata, se hallan mejor dotados para ignorar el dolor. El alto valor de supervivencia de la respuesta de reducción del dolor explicaría por qué se halla inscrito en las áreas más primitivas del cerebro, en aquellos dominios que compartimos con especies más antiguas que la nuestra. De hecho, se ha constatado la existencia de receptores de opiáceos en todas las especies examinadas, incluyendo, por ejemplo, las sanguijuelas, que disponen de un sistema nervioso sumamente rudimentario.

Otra línea de investigación apoya la tesis de que la liberación de endorfinas resulta apropiada para hacer frente a las situaciones de emergencia, pero no para la recuperación posterior. Un equipo de investigación de la Universidad de California en Los Ángeles descubrió un aumento de la tasa de endorfinas en las ratas que no podían evitar, de ningún modo, las descargas eléctricas a las que se las sometía.[8] Cuando, por el contrario, podían eludir dichas descargas se constató, en cambio, la presencia de una liberación de no opioides. Se dedujo, pues, que las descargas evitables resultaban menos amenazadoras que las que no podían eludirse.

Según afirman los investigadores, esta diferencia en la reacción –ante distintos tipos de estrés– tiene también sus efectos sobre el desarrollo de los tumores. Así, cuando se aplicaba una descarga inevitable a ratas de laboratorio afectadas de tumores cancerígenos, se aceleraba su ritmo de crecimiento. Cuando, por el contrario, las ratas disponían de la posibilidad de evitar la descarga, la tasa de desarrollo del tumor permanecía estable. Las endorfinas podrían desempeñar un papel fundamental en este proceso, porque cuando las ratas con tumores recibían una dosis de un antiopioide –como la naltroxona, por ejemplo–, la tasa de crecimiento del tumor disminuía y la vida del animal se prolongaba. Esta pauta nos sugiere que, si bien los opioides embotan el dolor, inciden de manera negativa en la curación.* Este hecho tiene notables implicaciones porque, si bien el sistema de endorfinas de reducción del dolor tiene un valor de supervivencia inmediato ante una situación de emergencia, no parece resultar la respuesta más adecuada en el proceso de recuperación.

El sistema de insensibilización al dolor necesita discriminar de algún modo entre las ocasiones en que se requiere un alivio inme-

---

* En una investigación más detallada sobre este particular, un equipo de investigadores de la Universidad de California de Los Ángeles llevó a cabo un experimento para determinar los efectos de ambos tipos de descarga en la actividad del sistema inmunológico de las ratas. Esta investigación descubrió que las ratas sometidas al tipo de descargas que suscitan la acción de los opioides vieron mermada su actividad inmunológica, tanto en lo que respecta a la respuesta antitumor de los linfocitos-T como de las células «asesinas naturales». Sin embargo, en el grupo de ratas tratadas con naltroxona (el antagonista de los opioides) y sometidas a las mismas descargas inevitables –y estimulantes de los opioides–, no se constató ninguna de estas alteraciones del sistema inmunológico. Así pues, la conclusión de este experimento fue que la supresión de la respuesta de endorfinas desequilibra el sistema inmunológico y que «los péptidos opiáceos están directamente implicados en los efectos del estrés sobre el cáncer y el sistema inmunológico».

diato del dolor y aquellas otras en que se precisa una respuesta diferente. Existen testimonios, en este sentido, de soldados heridos que han experimentado un estado similar al de Livingstone, aunque para muchos el dolor seguía presente. Así pues, parece que el sistema de insensibilización al dolor se dispara de manera selectiva.

Aunque existan ciertas reglas racionales para discernir entre los momentos en que resulta necesario ignorar el dolor y aquellos otros en que no, el sistema de endorfinas parece tener sus propias exigencias. Y estas exigencias, por otra parte, siguen siendo un misterio, ya que se continúa ignorando cómo un mecanismo tan filogenéticamente primitivo como éste es capaz de distinguir entre un león y el pago de una hipoteca.

Pero no cabe la menor duda de que, considerado a largo plazo, la capacidad de ignorar el dolor en determinadas circunstancias puede resultar sumamente provechosa. Tanto la percepción del dolor como la insensibilidad a éste tienen un elevado valor de supervivencia. Pero ¿por qué es necesario disminuir la atención para apaciguar el dolor? A simple vista, parece que esta clase de respuesta tiene un escaso valor de supervivencia. ¿Con qué función evolutiva puede cumplir la reducción de la atención? Y aunque únicamente podamos especular sobre ello, el león de Livingstone parece sugerirnos una posible respuesta.

Una herida grave es un asunto de vida o muerte que exige toda la atención. Y ante tal situación, la supervivencia debería dictar una concentración involuntaria y refleja al dolor. De hecho, en la mayor parte de los casos, el sistema del dolor focaliza la atención en la fuente que provoca el daño. No obstante, cuando la atención se ve compulsivamente atraída hacia las heridas y no hacia el animal agresor, la víctima puede darse por muerta. En tales casos, la atención debe trascender la mera respuesta refleja al dolor, algo que sólo pueden proporcionar las endorfinas. Y si bien ello merma la atención, su valor de supervivencia resulta innegable. El sistema del dolor constituye, pues, un legado neurológico cuya antigüedad testimonia su extraordinario valor como estrategia de supervivencia.

A mi juicio, el mecanismo que nos lleva a reducir la atención para mitigar el dolor constituye una pauta que también se refleja en los dominios social y psicológico. Actualmente, para los hombres y las mujeres el dolor físico no suele ser habitual, pero sí lo es el sufrimiento psicológico derivado de la falta de autoestima, la pérdida o el temor, que, curiosamente, se afronta con una estrategia diseñada hace millones de años, cuando el hombre tenía que hacer frente a amenazas de naturaleza mucho más rudimentaria.

Así pues, la estrategia mediante la cual el cerebro se enfrenta al dolor físico disminuyendo su percepción nos proporciona un modelo que también resulta aplicable a los sufrimientos de naturaleza psicológica y social. Queda, todavía, por dilucidar si el mecanismo cerebral operante implicado en ambos casos es el mismo. Sin embargo, mi objetivo en este libro es mucho más modesto, y consiste en esbozar «la pauta que conecta», la pauta que vincula la percepción del dolor con la capacidad de desconectarnos de él; una pauta que –como veremos más adelante– se repite una y otra vez en cada una de las facetas y niveles de organización más significativos del comportamiento humano.

EL SUFRIMIENTO MENTAL
BLOQUEA LA COGNICIÓN

Una sola vez en la vida me he visto paralizado por el miedo. Fue con ocasión del examen de cálculo del primer curso de universidad, un examen para el que no me había preparado lo suficiente. Visto desde la distancia que proporciona el tiempo, parece un suceso sin mayor trascendencia, pero aquel día se me antojaba el más importante.

Todavía recuerdo el momento de aquella mañana de primavera en que entré en el aula con el corazón embargado por un fatal presentimiento. En esa misma sala había asistido a muchas clases de historia, humanidades y física. Era un gran anfiteatro con sillas de madera, que tenían respaldo recto y un brazo en que apoyarse para escribir, en semicírculo. Los amplios ventanales nos ofrecían un paisaje de bosques y colinas. Estaba habituado a mirar por ellos, ensimismado en mis pensamientos, mientras algún profesor nos instruía sobre los cartagineses, Henry James o la constante de Planck.

Esa mañana, sin embargo, no podía ver más allá de las ventanas y tampoco puedo decir que prestara la menor atención al aula. Mientras caminaba hacia la silla ubicada junto a la puerta, mi vista permaneció clavada en el suelo. Tampoco recuerdo haber levantado la mirada mientras distribuían los cuestionarios del examen a lo largo de la filas, ni cuando llegó el momento de alargar el brazo para recoger el mío, ni cuando abrí las tapas azules del cuestionario.

Del suelo de madera emanaba un olor a barniz viejo, sentía claramente en mis oídos los latidos de mi corazón y la ansiedad atenazaba la boca de mi estómago mientras mi mirada permanecía clavada en las hojas en blanco del examen.

Bastó con echar un rápido vistazo a las preguntas para darme cuenta de que no tenía la menor posibilidad de aprobar. Durante una hora permanecí con la vista fijada en esa página mientras mi mente no dejaba de dar vueltas y más vueltas a las consecuencias de mi negligencia. Y como si fuera un disco rayado, mi pensamiento se veía desbordado por el miedo. Permanecía inmovilizado en el asiento, como un animal paralizado por la acción del curare. Mi mano sostenía el lápiz en un equilibrio inmóvil y mis ojos no podían apartar la mirada de la página en blanco.

Lo que más me sorprendió de ese angustioso lapso de tiempo fue lo encogida que se hallaba mi mente. Durante esa hora, no hice el menor intento de pergeñar algo que se asemejara a una respuesta, ni me entretuve fantaseando, simplemente me hallaba atenazado por el miedo, esperando que mi tortura llegara a su fin.

Cuando acabó el examen, me levanté como un zombi, dejando la hoja en blanco en mi sitio.

La ansiedad bloquea el proceso de la cognición. La esencia de la ansiedad es la intromisión de la angustia en canales mentales y físicos que deberían hallarse despejados. Las preocupaciones recurrentes, por ejemplo, pueden llegar a invadir nuestro sueño y mantenernos despiertos la mayor parte de la noche, y los miedos que se imponen sobre el resto de los pensamientos son capaces de distraernos de lo que estemos haciendo. Cuando la ansiedad desemboca en el pánico –como me ocurrió a mí durante el examen de cálculo que acabo de describir–, su intensidad termina bloqueando por completo los pensamientos y acciones.

La ansiedad confunde las emociones con las cogniciones, entremezclando la pauta de activación de la respuesta de emergencia con la toma de conciencia de que existe una amenaza. Hay muchas clases de ansiedad, pero todas ellas amalgaman los datos cognitivos con los hechos biológicos, que pueden manifestarse entonces como el síntoma más relevante. En este sentido, la preocupación es el correlato funcional de las palpitaciones del corazón, ya que ambos estados poseen la misma dinámica subyacente, una respuesta frenética de tensión.

El elemento clave de la respuesta de estrés no es tanto el peligro como la *amenaza* de peligro. La característica central de la información que suscita la respuesta de estrés es la incertidumbre, una incertidumbre que dispara un estado de alerta para corroborar la eventualidad de una amenaza. El leve movimiento de las ramas puede implicar así la presencia de un depredador. No es de extrañar que aquellos pequeños primates que se ponían en guardia ante la menor amenaza hayan sido los únicos cuyos descendientes han podido sobrevivir y escribir libros al respecto.

En un sentido amplio, toda novedad –toda situación desconocida que escape a la rutina– debe ser explorada (aunque sólo lo sea de un modo superficial). Cualquier situación nueva es, por definición, algo desconocido que genera incertidumbre y siempre entraña la posibilidad de una amenaza.

El cerebro hace frente a lo nuevo activando rápidamente la respuesta de estrés, aunque ello no necesariamente conlleve una actividad externa. La relación existente entre la respuesta de estrés y el proceso de atención es recíproca, ya que, si bien la atención activa la respuesta de estrés, esa misma activación estimula los centros de la atención. Y en el caso de que la amenaza se vea confirmada, la respuesta de estrés será más intensa.[9] De este modo, la excitación que produce toda novedad tiene su correlato neuronal: lo nuevo predispone al cuerpo para la acción provocando en él una excitación de baja intensidad.

La respuesta universal ante la novedad en las especies animales es la «respuesta de orientación», una combinación entre el incremento de la actividad cerebral, la agudización de los sentidos y la atención. La alerta inmóvil del gato que vigila a un pájaro es una expresión de esta respuesta de orientación. Y lo mismo hace la persona que afina el oído para discernir si el extraño sonido que ha escuchado en la ventana lo ha originado un ladrón o el gato.

Si el suceso que provoca la respuesta de orientación se registra como familiar y no amenazador –¡no es más que el gato!–, el cerebro y el cuerpo retornan a un estado de menor excitación; pero en el caso de que la información sea interpretada como amenazadora –¡es un ladrón!–, la respuesta de orientación termina desencadenando una respuesta de estrés.

El nivel de activación cerebral depende de la diferencia existente entre lo que se espera y lo que se encuentra. Cuando los sucesos son rutinarios, el hipocampo –circunvolución del lóbulo temporal– mantiene bajo el nivel de excitación, en cuyo caso los datos son percibidos ecuánimemente. El hipocampo es capaz de registrar los estímulos familiares sin que el resto del cerebro tenga que orientarse hacia ellos, haciéndose así cargo de las tareas rutinarias.

Un informe neurológico sobre la atención describe la función del hipocampo en los siguientes términos:

> Cuando recibimos a alguien en el umbral de nuestra casa no necesitamos procesar conscientemente las paredes, el marco de la puerta, etc. Pero estos *inputs* sensoriales sirven para orientar nuestra conducta de modo que, si ocurriera un terremoto, por ejemplo, *prestaríamos* atención inmediatamente a todos esos estímulos que anteriormente nos pasaban inadvertidos.[10]

La importancia del hipocampo resulta patente en los casos en que ha sido extirpado quirúrgicamente. Entonces «cualquier cambio ambiental adquiere las proporciones de un seísmo... Los *inputs* se entrometen, distraen y llegan, de este modo, a desorganizar los procesos activos de codificación... que guían el comportamiento». El hipocampo, pues, impide que el cerebro convierta cada suceso en una situación de emergencia, y evita que el desempeño de cualquier operación rutinaria se vea interferido por la intrusión de *inputs* irrelevantes.

En el caso del estrés, una parte de la respuesta cerebral que desencadena la descarga de ACTH tiene lugar a través de las vías que ascienden desde el tallo cerebral hasta el hipocampo.[11] Esas vías potencian también la atención, evidenciando, en consecuencia, su íntima relación con el estrés, ya que siempre que la atención supera cierto umbral, se liberan esteroides ligados al estrés.

Los agentes químicos cerebrales liberados por la respuesta de estrés predisponen a la persona para hacer frente al peligro. Y esto significaba, en nuestra remota evolución, luchar o huir. Luego, cuando el peligro desaparecía, el cuerpo podía relajarse. Sin embargo, el advenimiento de la civilización dejó obsoleto ese tipo de respuestas, con lo cual nos vemos en la desagradable situación de tener que cocernos, por así decirlo, en nuestra propia salsa.

En la medida en que nos adentramos en el dominio de lo psicológico, la causa del dolor se torna más abstracta y más difusa. La mordedura de un león es algo concreto y uno puede hacer algo al respecto (huir o, en el caso de ser atrapado, inundar el cerebro de endorfinas). Pero el sufrimiento mental es de una naturaleza mucho más sutil. La tensión originada por los problemas económicos, un cónyuge poco comunicativo o la angustia existencial, por ejemplo, no tiene una fácil solución. En estos casos, la lucha y la huida son respuestas inadecuadas que no hacen más que empeorar la situación.

Así pues, si bien la activación provocada por el estrés constituye una clase de respuesta muy apropiada para hacer frente a las situaciones de emergencia, mantenerse de continuo en ese estado representa un auténtico desastre. La activación constante conduce a estados patológicos como la ansiedad, o a desórdenes psicosomáticos como la hipertensión, enfermedades que son el resultado final de la respuesta de estrés, el costo, en suma, de una predisposición constante a hacer frente a la emergencia.

Ésa es la respuesta que subyace a la reacción ante la percepción de una amenaza. Desconectarse de la amenaza es una forma de poner fin a la activación del estrés. De hecho, la atención selectiva nos brinda un alivio a los peligros y sufrimientos mentales. La negación constituye, pues, el correlato psicológico de desviar la atención de la amenaza característica de las endorfinas. Y en mi opinión, esa negación –en sus múltiples facetas– tiene también un efecto analgésico.

LA ANSIEDAD ES TENSIÓN FUERA DE LUGAR

La ansiedad es el polo extremo del continuo de activación cotidiana. Cualquier esfuerzo –ya sea el de resolver un complejo problema intelectual como el de devolver un servicio de tenis– implica la activación de una reserva de energía.

No obstante, cuando la activación es desproporcionada con respecto a la tarea concreta que tenemos que llevar a cabo, el monto extra de energía se convierte en ansiedad. Y, en tal caso, el grado de activación que resultaría adecuado para enfrentarse a una determinada tarea es tan intenso que interfiere con la situación e impide la emisión de una respuesta adecuada.

Durante el estado de ansiedad, la atención queda atrapada en la fuente de la amenaza, dificultando así que la conciencia se fije en otras cosas. Este déficit de atención en condiciones de estrés se halla ampliamente documentado. En un estudio, ya clásico, se sometió a un grupo de voluntarios a una inmersión marina simulada dentro de una cámara de presión.[12] Los ostensibles cambios evidenciados por la instrumentación de la cámara –ubicada realmente bajo el agua– reproducían las condiciones físicas que acompañan a una auténtica inmersión en las profundidades del mar, y generaban, en consecuencia, en los sujetos cierta sensación de peligro. Los voluntarios, a quienes se había encomendado una determinada tarea, debían, además, controlar el parpadeo de una luz. La investigación demostró que cuanto mayor era la ansiedad, mayor era también la tendencia a dejar de prestar atención a la luz.

La idea de que la ansiedad reduce la atención no es nueva. Samuel Johnson ya lo dijo en su tiempo en términos religiosos: «No cabe duda, Señor, de que cuando un hombre sabe que va a ser ahorcado, su mente permanece extraordinariamente concentrada.»

Cuando la respuesta de estrés activa nuestra atención, ésta se focaliza en la amenaza inmediata; algo muy adecuado, por cierto, cuando la atención y la activación corporal son proporcionales a la amenaza. Pero la tensión de la vida moderna rara vez permite esa opción. Lo más frecuente es que tengamos que seguir con nuestras ocupaciones cotidianas mientras hacemos frente a una determinada amenaza (seguir acudiendo al trabajo mientras estamos divorciándonos o pagar los impuestos a pesar de la grave enfermedad que atraviesa nuestro hijo).

Es como si la atención focalizada en la amenaza perdurase incluso cuando debiéramos aplicarla a otros asuntos, porque los pensamientos al respecto irrumpen intempestivamente en nuestra mente (un hecho, por otra parte, que queda reflejado en la misma definición operativa de la ansiedad, que indica precisamente este proceso de intrusión).

El papel de la intrusión en la ansiedad ha sido descrito con todo lujo de detalles por el psiquiatra Mardi Horowitz: «La intrusión se refiere a ideas y sensaciones dolorosas incontrolables que resultan difíciles de disipar y a la representación directa o simbólica del evento estresante.»[13] Una definición que describe perfectamente la forma en que la ansiedad merma la capacidad de atención debido a la irrupción espontánea de pensamientos y sentimientos en nuestra conciencia.

En un experimento muy simple Horowitz demostró que la ansiedad afecta a nuestra conciencia. Varios grupos de voluntarios tenían que visionar dos películas, una de ellas de contenido medianamente estresante –pudiendo elegir, en este caso, entre un documental sobre el ritual de circuncisión de los miembros adolescentes de una tribu o un reportaje sobre los accidentes laborales en una carpintería–, y otra más neutra, en la que se veía a un hombre corriendo. Después de ver las películas, los sujetos tuvieron que valorar una serie de sonidos (como más elevado, inferior o igual al precedente), una tarea que, aunque monótona, exigía un estado de alerta sostenida. Cada cierto tiempo, tenía lugar una pausa en la que los voluntarios debían reseñar por escrito lo que había pasado por su mente durante la ejecución de la prueba. No resulta sorprendente que los voluntarios señalasen la intrusión de más imágenes retrospectivas correspondientes a las películas sobre la circuncisión o los accidentes laborales que al filme más anodino. Y cuanto más conmocionada se había sentido la persona, mayor era el número de intrusiones.

Basándose en una investigación minuciosa de decenas de pacientes aquejados de síntomas de estrés, Horowitz enumeró las múltiples apariencias y disfraces que adopta la intromisión de la ansiedad. La lista es amplia y resulta muy instructiva, porque cada una de la formas de intromisión constituye un aspecto diferente de la respuesta de tensión. De todas ellas, cabe destacar las siguientes:[14]

- *Arrebatos de emoción*: sentimientos que afloran y desaparecen súbitamente en lugar de perdurar como un estado de ánimo predominante.
- *Preocupaciones y pensamientos obsesivos*: una conciencia continua del evento estresante que irrumpe de manera recurrente, más allá de los límites del pensamiento necesario para resolver un problema.
- *Ideas intrusivas*: sorpresivas y súbitas, pensamientos que no tienen nada que ver con la tarea mental en curso.
- *Pensamientos, sensaciones y emociones persistentes* o ideas que la persona es incapaz de detener.
- *Hipervigilancia*: un estado de alerta, indagación y búsqueda desproporcionada, que se caracteriza por una tensa expectativa.
- *Insomnio*: imágenes e ideas persistentes que dificultan la conciliación del sueño.
- *Malos sueños*: pesadillas y despertares angustiosos, así como cualquier otro trastorno onírico. Esta clase de sueños no presenta necesariamente contenidos que se hallen directamente relacionados con la vida real.

• *Sensaciones espontáneas*: la emergencia indeseable y súbita en la conciencia de sensaciones especialmente intensas que no tienen que ver con la situación del momento.

• *Reacciones de sobresalto*: inseguridad, cobardía o quedarse en blanco ante estímulos que no tendrían por qué suscitar tales reacciones.

La ansiedad, como evidencian los síntomas señalados, interfiere de muchas formas diferentes, pero sea cual fuere la forma que adopte, obstaculiza nuestro rendimiento general. Como se señalará más adelante, el antídoto más directo del que disponemos es la misma atención o, para ser más exactos, la negación y la *inatención*. Pero para poder comprender la forma en que la negación contribuye a reducir la ansiedad, debemos antes entender el papel fundamental que desempeña la cognición en la respuesta de estrés, especialmente la cognición de una amenaza.

LA AMENAZA SE HALLA DONDE
UNO LA PERCIBE

Un pequeño teleférico avanza oscilante sobre las escarpadas gargantas que conducen a la cumbre más elevada de los montes Tatra, en Polonia. En su interior se apiña una docena de personas, incluyendo a un viajero que describe las diferentes reacciones de los otros pasajeros:

> Para las ancianas polacas ataviadas con sus *babushkas*, se trataba de una distracción de fin de semana. Para los tres o cuatro niños que había en la cabina, era una gran aventura. Para mi esposa –que tiembla hasta en el tramo del funicular que une la isla de Roosevelt con la ciudad de Nueva York–, era un acontecimiento capaz de provocar un infarto. Y, para el conductor, en fin, todo resultaba tan habitual que ni siquiera le prestaba la menor atención y seguía absorto en la lectura de su periódico junto a una ventana que se abría sobre el abismo.[15]

Los hechos son aquello en lo que uno los convierte. Lo que puede apasionar a un niño aburre al conductor y lo que distrae a una anciana polaca puede aterrar a una neoyorquina. Así pues, es nuestra interpretación de los hechos la que puede terminar convirtiéndolos en una fuente de estrés. Éste es el principio fundamental de una visión especialmente instructiva acerca del estrés y del modo en que lo afrontamos, un modelo que ha sido desarrollado por Richard Lazarus, psicólogo de la Universidad de Berkeley.

En opinión de Lazarus, el estrés aparece cuando las demandas del entorno desbordan –a los ojos de la persona– sus propios recursos (subrayemos aquí que el elemento fundamental de esta formulación es «a los ojos de la persona»). No se trata, pues, de que los eventos sean esencialmente abrumadores, puesto que lo realmente abrumador es la interpretación que les damos. Un determinado acontecimiento –un divorcio, un despido o un parto– puede percibirse como una amenaza, como un reto o como una liberación, dependiendo de las circunstancias, de la actitud y de la estimación que la persona haga de sus propios recursos.

La naturaleza, pues, de una amenaza es altamente subjetiva. Lo realmente importante no es el suceso *en sí* sino su significado. Cuando los sucesos *son considerados* como amenazas, se dispara la respuesta de estrés. Así pues, el estrés es la consecuencia de una valoración cognitiva de los acontecimientos.

Una vez que la persona ha considerado una determinada situación como potencialmente amenazadora, su respuesta de estrés será proporcional al valor que le atribuya. En el laboratorio de Lazarus, unos estudiantes participaron en un experimento en el que debían permanecer sentados a la espera de una descarga eléctrica que se producía a intervalos que oscilaban entre los treinta segundos y los veinte minutos.[16] La prueba determinó que el nivel de estrés estaba directamente relacionado con el grado de amenaza percibida por parte de los sujetos:

> El intervalo de un minuto, por ejemplo, proporcionaba suficiente tiempo para que el sujeto asimilara la idea perturbadora de que iba a experimentar dolor cuando se produjera la descarga, pero no era tan prolongado como para llegar a cuestionar la realidad de la amenaza. Cuando, por el contrario, el lapso era de unos cinco minutos, la reflexión le llevaba a revaluar la situación y a decirse algo así como: «Es muy improbable que un profesor universitario me someta a una descarga muy intensa» o «Ya he pasado por situaciones parecidas en otros laboratorios y, en consecuencia, no tengo por qué preocuparme». En el caso de que el intervalo se prolongara veinte minutos, las valoraciones [...] eran diferentes y los

sujetos comenzaban a experimentar ansiedad, tal vez porque pensaban que una espera tan prolongada sólo podía depararles algo realmente doloroso.[17]

Todos nosotros estamos familiarizados con estos interminables monólogos internos en que la inquietud se alterna con el intento de tranquilizarnos a nosotros mismos. Lo que menos importa en esos casos son los detalles concretos del asunto, porque la esencia de esos monólogos se reduce siempre al grado de amenaza que representa, y para poder determinar la magnitud de la amenaza debemos recurrir a la respuesta de orientación. Dependiendo, pues, de la respuesta que se requiera en un determinado momento, el mecanismo de orientación aumentará o disminuirá el nivel de estrés.

Como muestra la figura 1, un evento sólo provoca una reacción de estrés cuando es valorado como una amenaza. Esa valoración da comienzo a una espiral en la que sucesos que en otras circunstancias nos parecerían neutros, van adquiriendo el sesgo negativo característico de la ansiedad (un mecanismo, por cierto, que siempre se halla presente en los ataques de ansiedad).

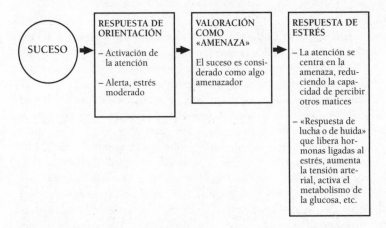

FIGURA 1. Secuencia de la respuesta de estrés: aparición de un nuevo evento que evoca la respuesta de orientación, valorándolo como una amenaza y disparando, en consecuencia, la respuesta de estrés.

El psiquiatra Aaron Beck describe el caso de un paciente, un hombre de unos cuarenta años que había sido ingresado en la sala de urgencias de un hospital de Denver aquejado de un ataque agudo de ansiedad, cuyos efectos perduraron hasta el momento en que regresó a su hogar de Filadelfia:

> ... Recordaba que cuando el telesilla había alcanzado la cima se dio cuenta de que le faltaba el aire (probablemente a causa del enrarecimiento de la atmósfera) y creyó que podía tratarse del síntoma de una enfermedad cardíaca. Entonces recordó también a su hermano, quien, después de haber pasado por una situación similar, había muerto de una trombosis coronaria pocos meses atrás. Al considerar la posibilidad de estar padeciendo una trombosis coronaria, se sintió más ansioso. En un determinado momento comenzó a sentirse débil, a transpirar abundantemente y llegó a perder el conocimiento. Había interpretado que los síntomas que padecía corroboraban su idea de estar sufriendo un ataque al corazón y de hallarse al borde de la muerte. Cuando finalmente fue examinado en la sala de urgencias, seguía sin creer en la normalidad de su electrocardiograma y pensaba incluso en «la posibilidad de que la exploración no hubiera logrado detectar la enfermedad».[18]

De no haber caído presa de la excitación característica del estrés de la preocupación que le producía el miedo a padecer una enfermedad coronaria, este hombre podría haber revaluado su reacción inicial como una respuesta normal a la altura y no como el síntoma de un ataque cardíaco. Fue su persistente inquietud la que le llevó a servirse de cada fragmento de información como una confirmación de la realidad de la amenaza. Y la ansiedad no remitió hasta que varias semanas después, cuando se hallaba en condiciones de comprenderlo, Beck le señaló la posibilidad de que su «ataque cardíaco» no hubiera sido más que una falsa alarma.

Solemos confiar en la revaluación para hacer frente a una amenaza. De este modo, cuando logramos reconsiderar la valoración inicial de la amenaza como una no amenaza (la alarma de incendios no era más que un taladro, la carta de Hacienda era una devolución y no el aviso de una auditoría, etc.), desaparece la carga de tensión que acompañaba a esa interpretación. Entonces es cuando nos damos cuenta de que el vertiginoso descenso por la montaña rusa no es más que un entretenimiento o que esa imagen que nos aterra pertenece a la ficción de una película. La escena de *El perro andaluz* –el corto surrealista de Luis Buñuel– que nos muestra el ojo de una joven cortado por una cuchilla de afeitar nos proporciona un buen ejemplo de situación que debe ser revaluada:

> La gente todavía se queda sin aliento cuando contempla esta escena. No hay forma de amortiguar la inmediatez de su violencia. El hecho de que la misma joven reaparezca poco después con los dos ojos felizmente indemnes y de que la película nos muestre que el ojo diseccionado pertenecía a un animal muerto... no resulta, sin embargo, tan consolador como cabría esperar. Y aunque la escena haya dejado ya de sobresaltarme, cada vez que la veo debo arrellanarme nuevamente en mi butaca y recordar que el ojo que está siendo cortado *no* pertenece a una mujer, a un ser humano ni a un ser vivo.[19]

La evaluación tiene lugar en la primera fase de la respuesta de orientación y desencadena una reacción cognitiva cuyo objetivo es dar con la respuesta más adecuada a la situación. Pero cuando esta evaluación es inadecuada –y la amenaza, en consecuencia, no se desvanece–, es necesario recurrir a otras estrategias.

LA SERENIDAD PARA ACEPTAR LAS COSAS
QUE NO PUEDO CAMBIAR

En 1962 el psiquiatra Robert Lifton pasó varios meses en Hiroshima entrevistando a muchos *hibakusha* (supervivientes de la bomba atómica):

> Las primeras entrevistas me dejaron profundamente impresionado y emocionalmente exhausto [...] Pero a los pocos días mis reacciones cambiaron. Escuchaba las descripciones de los mismos horrores, pero ya no me afectaban del mismo modo. Me concentraba en las pautas recurrentes que comenzaba a detectar en las respuestas –lo que se supone que era mi obligación como científico–, y aunque en ningún momento llegué a insensibilizarme al sufrimiento, se impuso rápidamente una distancia más cómoda entre los *hibakusha* y yo. Esa distancia era, a mi juicio, absolutamente imprescindible no sólo desde el punto de vista de las exigencias intelectuales del trabajo que debía llevar a cabo, sino también desde la perspectiva de mis necesidades emocionales.[20]

Lifton, que era psicoanalista, describió su respuesta como una especie de *coping* –un término que, técnicamente hablando, alude a las estrategias internas disponibles para hacer frente a las situaciones minimizando el coste psicológico–, la serie de operaciones cognitivas capaces de aliviar la activación del estrés, modificando nuestra propia reacción en lugar de tratar de cambiar el evento estresante.

Una de las frases más utilizadas en las reuniones de Alcohólicos Anónimos se refiere a las dos principales modalidades de *coping*: «Concédeme, Señor, la serenidad para aceptar las cosas que no puedo cambiar, el coraje para modificar las que pueda transformar y la sabiduría necesaria para distinguirlas.» En este sentido, se puede llevar a cabo una acción para tratar de eliminar la amenaza (por ejemplo, llamar al agente de seguros, acudir a urgencias o pagar la deuda), una estrategia que Lazarus denomina *coping* «instrumental»; o bien, la persona puede tratar de tranquilizarse a sí misma. Es el llamado *coping* «centrado en la emoción».

En el entorno primitivo, la primera de estas estrategias –emprender una acción directa para superar la amenaza– pasaba necesariamente por la lucha o la huida, pero en la actualidad existen amenazas de naturaleza mucho más ambigua e incierta que requieren otra clase de respuesta.

Cuando consideramos que una situación conlleva una amenaza, se dispara una respuesta de estrés que nos deja a merced de las hormonas cerebrales y de las preocupaciones ligadas a la percepción de peligro. Es lo que denominamos ansiedad. Una amenaza puede desencadenar una amplia gama de respuestas emocionales –desde el enfado hasta la depresión–, pero la ansiedad es la más frecuente de todas ellas. El objetivo del *coping* emocional es calmar la inquietud, porque en el caso de que ésta se mantenga en estado puro interferirá con la atención de una u otra de las formas descritas por Horowitz.

Más adelante se describirá con más detalle cómo estas interferencias pueden obstaculizar el buen funcionamiento de los procesos cognitivos. Por el momento, digamos tan sólo que la ansiedad provoca interferencias a la hora de procesar la información que nos llega, dificultando la revaluación de la situación amenazante. De este modo la misma ansiedad impide la reconsideración de la situación y la consiguiente eliminación de la sensación de hallarse en peligro.

En el caso de que la revaluación fracasara, puede recurrirse a una u otra forma de negación. En el curso natural de recuperación de un acontecimiento traumático –como la muerte de un ser querido o la pérdida de un trabajo–, parece presentarse una alternancia natural entre la negación y la intrusión. El psiquiatra Mardi Horowitz señala que después de todo acontecimiento vitalmente importante la intrusión y la negación se alternan sugiriendo así la existencia de diferentes etapas en el proceso de adaptación. Horowitz[21] confeccionó una lista de las posibles formas de negación tan extensa como la de variedades de la intromisión que mencionábamos en el capítulo anterior. Entre ellas cabe destacar:

• *Evitar las asociaciones*: impedir toda asociación que tenga que ver con el evento en cuestión que pudiera seguirse de lo que se dice o se piensa.

• *Insensibilidad*: la sensación de no tener sentimientos o la presencia de emociones apropiadas que permanecen inadvertidas.

• *Respuestas planas*: una limitación en la capacidad de reacción emocional.

• *Disminución de la atención*: imprecisión o imposibilidad de centrarse en la información relevante (incluyendo los pensamientos, los sentimientos y las sensaciones físicas).

• *Ofuscamiento*: atención difusa que entorpece el estado de alerta y resta importancia al evento.

• *Pensamiento constrictivo*: el fracaso en la búsqueda de otros posibles significados distintos a los aparentemente evidentes, que va acompañado de una menor flexibilidad mental.

• *Memoria imprecisa*: incapacidad para recordar los hechos o sus pormenores; una especie de amnesia selectiva a la hora de relatar los acontecimientos.

• *Rechazo*: afirmar o pensar que los significados evidentes no son tales.

• *Bloqueo mediante la fantasía*: evitar la realidad o sus implicaciones mediante pensamientos infundados acerca de lo que pudiera haber sido o podría ser en el futuro.

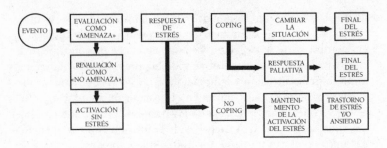

Figura 2: Estrategias para interrumpir el estrés. Si el evento valorado inicialmente como amenaza puede revaluarse posteriormente como no amenaza, no se produce la respuesta de estrés. En el caso contrario, las estrategias de *coping* pueden ser externas (transformar la situación para que el evento deje de constituir una amenaza), o internas (mitigar de algún modo la excitación). Y en el caso de que estas estrategias fracasen o no se intenten siquiera, la excitación puede terminar provocando enfermedades ligadas al estrés y/o estados de ansiedad.

El principio operativo que subyace a todas estas formas de negación es que cada una de ellas constituye una forma de enajenar de la conciencia los hechos problemáticos. Estas tácticas, por otra parte, son un adecuado contrapunto a las formas de intromisión mencionadas anteriormente. La negación y la intromisión son pues dos facetas igualmente insanas de la atención (porque la primera de ellas supone una evitación mientras que la segunda implica una invasión). No obstante, aunque las múltiples variedades que puede adoptar la negación no nos lleven a una valoración más realista de lo que está ocurriendo, pueden constituir un antídoto eficaz contra la ansiedad.

Entre las maniobras intrapsíquicas tendentes a mitigar la ansiedad, Lazarus incluye el abuso de la bebida y las drogas, una clase de respuesta paliativa que reduce la ansiedad sin cambiar un ápice la situación original. En su opinión, esta estrategia es completamente normal «porque existen muchas causas de estrés en la vida frente a las que poco o nada podemos hacer. Lo mejor en tales casos sería tratar de cuidar los propios sentimientos [...] las personas sanas recurren de continuo a paliativos –como tomar una copa o un tranquilizante, por ejemplo–, sin que ello termine necesariamente abocando a una enfermedad. La negación, la racionalización y la evitación de los pensamientos negativos son también respuestas paliativas, que, cuando no interfieren con la actividad adaptativa, resultan sumamente provechosas».[22]

Las respuestas paliativas son intrínsecamente gratificantes por el mero hecho de ser capaces de relajar la tensión. Pero lo que resulta satisfactorio se convierte fácilmente en hábito. Existe una clara evidencia de que los paliativos a los que solemos recurrir –ya se trate del Valium o del Jack Daniels, por ejemplo– dan lugar fácilmente a conductas adictivas. Y lo mismo ocurre, en mi opinión, con las estrategias mentales a las que solemos recurrir para afrontar la ansiedad.

Hablando en términos generales, los paliativos cognitivos caen dentro de lo que Freud denominaba «mecanismos de defensa», y su poder reside en su capacidad para mitigar la ansiedad. Como señala Lazarus –y como también afirmaba el mismo Freud–, los paliativos son la norma y todas las personas saludables recurren, en mayor o menor medida, a ellos. Pero los paliativos mentales no nos permiten prestar atención con claridad y, en este sentido, nos impiden ver las cosas tal como son. Por ello, cuando la ansiedad asedia nuestra mente, aun cuando se halle encubierta por una sofisticada maniobra mental, tiene lugar una merma en la eficacia de nuestra atención. La negación, pues, impide el ejercicio pleno y decidido de la atención.

Hace muy poco que hemos comenzado a considerar la mente como un procesador de información para comprender el modo en que funciona la ansiedad, las defensas que erigimos para contenerla y el precio mental de esta tentativa. Pero, para poder llegar a estimar con detalle las dimensiones de esta maniobra, deberemos comenzar revisando el modelo operativo contemporáneo de la mente. Sólo entonces estaremos en condiciones de analizar el trueque existente entre la ansiedad y la atención y el autoengaño que conlleva esta tentativa.

SEGUNDA PARTE

LOS MECANISMOS DE LA MENTE

EL MODELO FREUDIANO DE LA MENTE

Al igual que ocurre con tantos otros conceptos psicológicos, Sigmund Freud fue el primero en proponer una visión contemporánea sobre el funcionamiento de la mente. En el séptimo capítulo de *La interpretación de los sueños*, publicado en 1900, Freud describió cómo la mente gestiona la información.[1] De esta forma, determinó lo que, casi un siglo después, sigue siendo una explicación acertada de cómo la mente recopila, utiliza y almacena la información y del modo en que este proceso se halla condicionado por el trueque entre la ansiedad y la atención.

Según el modelo freudiano, el procesamiento de la información atraviesa una serie de estadios, el primero y el último de los cuales –la «percepción» (el punto en que la mente recibe un estímulo sensorial) y la «respuesta» (la actividad motora), respectivamente– coinciden con los datos de que disponía la fisiología de la época, que recién acababa de descubrir el fundamento neurológico de los reflejos (la secuencia refleja estímulo-respuesta se hallaba ampliamente aceptada y no es de extrañar que Freud también la compartiese).

Esta sencilla secuencia –que se origina en el plano sensorial y concluye en la respuesta motora– se ajusta al modelo «estímulo-respuesta» del arco reflejo propuesto por Pávlov, que había terminado convirtiéndose en el paradigma fundamental de la psicología conductista para explicar el comportamiento del ser humano. Si esto hubiera sido todo, Pávlov y Freud hubieran coincidido plenamente en su concepción acerca de la naturaleza de la conducta humana. Los conductistas, sin embargo, consideraban que todo lo que había entre el estímulo y la respuesta era una «caja negra», inaccesible a la observación y poco merecedora por tanto del menor interés científico. Pero ese dominio, en cambio, era el terreno favorito de Freud, cuyo objeto de estudio se centraba en llenar el vacío existente en la «caja negra» que había entre el estímulo y la respuesta.

Según el modelo freudiano de la mente, la información «fluye» –como diríamos actualmente– a través del aparato psíquico del modo representado linealmente en la figura 3, desde la sensación inicial a la respuesta final. Pero la mente no se limita a transmitir la información que discurre por ella sino que también la transforma. Lo que el ojo ve y lo que escucha el oído no son más que una serie de ondas y un determinado tipo de vibraciones, respectivamente. En el momento en que la imagen y el sonido se convierten en recuerdo, han experimentado ya una transformación sustancial en la clase de información que transmiten.

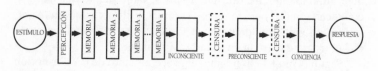

FIGURA 3.   Adaptación del modelo freudiano de la mente presentado en *La interpretación de los sueños*. La información comienza siendo organizada a través de diferentes subsistemas de la memoria, luego pasa al inconsciente y al preconsciente –atravesando las correspondientes censuras–, hasta llegar a la conciencia. Como consecuencia de todo ello, puede tener lugar una respuesta.

En cada una de las etapas de este proceso de transmisión de información tiene lugar una selección que elimina determinados aspectos de lo que se capta, permitiendo, en cambio, que otros sigan adelante. De este modo, después de la percepción –la primera etapa del proceso–, la información pasa fugazmente por el primer «sistema de memoria». Es así como la memoria$_1$, como podríamos llamarla, transforma las sensaciones en recuerdos al mismo tiempo que las registra y las transmite.

La capacidad predictiva de Freud queda patente en su afirmación de que la percepción carece de memoria propia y toma fugazmente nota del mundo sensorial, pero no almacena impresiones permanentes. Freud descubrió que las funciones de *recepción* y *registro* de las señales sensoriales son independientes, un hecho verificado posteriormente por la neurofisiología del córtex sensorial. No fue hasta 1960 que su descripción del proceso perceptual encontró una corroboración científica gracias al descubrimiento experimental de lo que actualmente se denomina «almacenamiento sensorial», la impresión inmediata y efímera del mundo sensorial.

Luego —como muestra la figura 3— la memoria$_1$ transmite la información a una serie de sistemas de memoria (todos ellos inconscientes). Por ello, no somos conscientes del flujo de la información hasta una fase muy posterior. Pero a pesar de ser esa información ajena a nuestro conocimiento consciente, no deja —en opinión de Freud— de afectarnos: «Aquello que denominamos nuestro «carácter» reposa sobre las huellas registradas en la memoria de nuestras impresiones, y precisamente las impresiones que han actuado más intensamente sobre nosotros, o sea, las de nuestra temprana infancia, son las que no se hacen conscientes casi nunca.»[2]

Según el modelo propuesto por Freud, para que un recuerdo pueda aflorar a la conciencia debe pasar desde el sistema de la memoria hasta el dominio que él denominaba «inconsciente». Pero el inconsciente no tiene acceso directo a la conciencia y el material procedente del inconsciente debe atravesar antes por una región —a la que Freud denominó «preconsciente»— que, según su modelo, constituye la puerta de acceso a la «conciencia». Sólo cuando es suficientemente poderosa la energía mental que acompaña a un determinado pensamiento preconsciente, éste se hará consciente y se convertirá en el centro de nuestra atención.

Si los pensamientos que afloran con neutros, esta fase no presenta ningún inconveniente; pero, en opinión de Freud, resulta problemática cuando se trata de pensamientos «prohibidos», ya que en tal caso es muy probable que terminen distorsionados en su camino desde el inconsciente hasta el preconsciente y la conciencia.

En esta coyuntura mental, continúa Freud, existen varios tipos de censura. Sin embargo, mientras que en estado de vigilia la censura elimina de la conciencia los pensamientos prohibidos, cuando dormimos esa censura puede ser fácilmente burlada. Freud formuló este modelo de mente para explicar cómo los sueños revelan de forma compleja la información secuestrada, ya que durante el sueño los pensamientos prohibidos arriban a la conciencia de manera distorsionada.

Según Freud, la información procedente del inconsciente debe atravesar la censura antes de llegar a la conciencia. Es precisamente en este proceso de filtrado donde se desecha el material que produce ansiedad. Los recuerdos pueden ser muy recientes o muy remotos (como ocurre, por ejemplo, con la mirada desalentada que recibió el niño de su madre o el tono de voz airado que una mujer recuerda de su más temprana infancia. En cualquiera de los casos, es precisamente en esta etapa cuando el flujo de información puede verse distorsionado y utilizado para alejar de la conciencia las ideas y los hechos amenazadores.

Freud distinguía dos clases de censura. La primera cumple con la función de impedir que los recuerdos inaceptables penetren en el preconsciente, mientras que la segunda, ubicada entre el preconsciente y la mente consciente, actúa como una válvula de seguridad. Así pues, aunque la información amenazadora pueda llegar al preconsciente –y de este modo acceder al umbral de la conciencia–, la segunda censura acaba eliminando los hechos que no pueden afrontarse fácilmente.

Las investigaciones posteriores a Freud han demostrado que el fundador del psicoanálisis fue más bien cauto al señalar los posibles puntos de distorsión de la información. Esta cautela excesiva se basa en su incomprensión de que el flujo de la información no tiene por qué ser lineal, sino que puede hallarse entretejido en una serie de subsistemas paralelos mutuamente interrelacionados. De hecho, la mente no transmite la información a través de una sola vía (como si se tratara de un tren que fuera de una ciudad a otra), sino que se vale de circuitos superpuestos (piense, por ejemplo, en el trazado del metro o de las autopistas de una gran ciudad). Así pues, en un modelo de estas características, las probabilidades de distorsión de la información son mucho mayores que las que nos sugiere el propuesto por Freud.

En cualquiera de los casos, la descripción de Freud de cómo la mente gestiona la información nos ha proporcionado varios elementos clave –que han pasado a formar parte integral de la visión contemporánea– que nos permiten comprender la forma en que la mente puede llegar a distorsionar la información:

• La información fluye y va siendo transformada a medida que discurre por una serie de subsistemas interrelacionados.

• Antes de ser consciente, la información es inconsciente.

• Los filtros y la censura seleccionan y distorsionan la información.

EL FILTRO INTELIGENTE

¿Cuáles son en su opinión las letras que completarían las siguientes palabras?

s_x_

mie_

pu_ _

No debería haber problemas para completar estas palabras, tan sugerentes como inapropiadas. Pero imagine que se halla en un salón muy concurrido, junto a un desconocido, pronunciando en voz alta las palabras que sugieren estas letras. En tal caso, sus respuestas podrían adquirir otro cariz, aunque sólo fuera para evitar la vergüenza... Y lo mismo podría ocurrir con su pensamiento.

Dos décadas después de concluida la Segunda Guerra Mundial, se llevaron a cabo numerosas investigaciones para tratar de determinar cómo magnificamos o minimizamos lo que percibimos en función de su relevancia emocional. Pero aunque se publicaron varios centenares de estudios al respecto, prácticamente ninguno de ellos acertó a clarificar adecuadamente la situación. Sin embargo, el problema no radicaba tanto en el planteamiento de la investigación como en la comprensión vigente por aquel entonces del modo en que la mente procesa la información.[3]

Volviendo a la pregunta que da comienzo al presente capítulo, en el caso de que su respuesta fuera «saxo», «mies» y «puro», habría razones para sospechar que usted no se ha permitido *percibir* alternativas más comunes o que ha evitado *comunicarlas*. ¿Dónde se hallaría entonces –hablando en términos más técnicos– el *locus* de la distorsión?, ¿en su percepción o en su respuesta? En el caso de que la deformación se asentase en la respuesta, se podría presumir que las palabras más sugerentes fueron las que primero acudieron a su mente, pero que rápidamente se vieron desplazadas por alternativas más aceptables. Si, por el contrario, la deformación hubiera tenido lugar en la etapa de percepción, usted *no podría* ser consciente de las palabras más sugerentes y la actividad censora de la mente permanecería inexorablemente fuera del alcance de su conciencia.

Las implicaciones que se derivan de ambas alternativas son completamente diferentes, ya que, mientras que un sesgo en la respuesta constituiría un ejemplo de hipocresía social (lo cual, por cierto, no tendría nada de sorprendente), un sesgo perceptual significaría la existencia de un núcleo inconsciente que impone sus juicios sobre todo lo que percibimos, modelando la experiencia para adaptarla a nuestras prioridades.

Durante muchos años se consideró que ambas posibilidades eran mutuamente excluyentes. En 1966 se llevó a cabo un exhaustivo análisis de los datos a favor y en contra de ambas tesis recogidos a lo largo de más de dos décadas de investigaciones que no pudo, sin embargo, llegar a dilucidar claramente la cuestión.[4] La conclusión de los investigadores que llevaron a cabo dicho análisis trató de conciliar ambas posturas, ya que, puesto que no tienen por qué ser incompatibles, las dos podrían estar en lo cierto. Así pues, la censura puede ocurrir tanto en la fase de percepción como en la de respuesta, una posibilidad que encaja perfectamente con la visión actualmente aceptada sobre el modo en que la información discurre –o se estanca– en la mente.

Después de que Freud formulase su teoría, en el séptimo capítulo de *La interpretación de los sueños*, transcurrió medio siglo antes de que los psicólogos experimentales llegaran a considerarla seriamente. Desde la década de los veinte, el predominio del conductismo había convertido en tabú para la mayor parte de los psicólogos lo que ocurría en el interior de la mente. Pero cuando la investigación psicológica volvió a ocuparse de nuevo del funcionamiento de la mente, recibió un inesperado impulso procedente de un campo inverosímil: el desarrollo de la aviación.

El siguiente paso importante en la investigación sobre la forma en que la mente procesa la información fue dado, en 1958, por el psicólogo británico Donald Broadbent,[5] cuyos intereses eran muy diferentes a los de Freud. En los años inmediatamente posteriores a la Segunda Guerra Mundial, Broadbent trabajaba en la British Royal Navy. En esa época, los controladores de vuelo se hallaban desbordados por el extraordinario desarrollo de la aviación y, en consecuencia, del tránsito aéreo. Broadbent se percató de que éstos recibían mucha más información visual y auditiva de la que podían procesar, y se preguntó cómo la mente podía llegar a clasificar semejante aluvión de datos.

Al igual que Freud, el psicólogo británico utilizó un diagrama de flujo para describir la forma en que la mente procesa la información, que muestra que las personas reciben más datos sensoriales de los que pueden asimilar (véase figura 4). Esa información se almacena en la memoria a corto plazo –una instancia muy similar al almacenamiento sensorial– y luego pasa a un «filtro selectivo» que acaba desestimando la mayor parte de la información, quedándose tan sólo con la que requiere una atención más minuciosa. Esta etapa es aparentemente instantánea, porque bastan unas pocas milésimas de segundo para que la mente clasifique la avalancha de datos procedentes del almacenamiento sensorial y elimine los irrelevantes antes de que la información arribe a la conciencia.

Broadbent suponía que la mente debe filtrar la información que llega a través de los sentidos porque sólo dispone de una capacidad limitada. A su juicio, el filtro selectivo constituye una etapa esencial de este proceso que desempeña la función de embudo, puesto que el tramo del canal propio de la siguiente etapa –la llamada «memoria a corto plazo» o «memoria primaria»– es limitado.

La memoria primaria es la región de la percepción que cae bajo el campo de la atención y a la que, para nuestros propósitos actuales, denominaremos simplemente «conciencia». El contenido de esa región es lo que consideramos que ocupa «nuestra mente» en un determinado momento, la ventana de que disponemos para asomarnos al flujo frágil y fugaz de la experiencia.

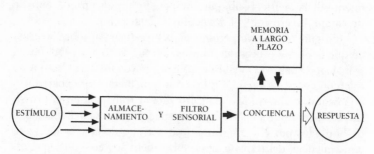

FIGURA 4.   Modelo de la mente propuesto por Broadbent, levemente modificado. A medida que los estímulos sensitivos arriban al almacén sensorial, van siendo analizados, clasificados y filtrados en su camino a la conciencia (o memoria a corto plazo).

Según el modelo de Broadbent, el intercambio de información entre la conciencia y la memoria a largo plazo tiene lugar en dos sentidos; de este modo, lo que se encuentra en la memoria a largo plazo puede ser evocado por la conciencia y lo que está en la conciencia ocupa también un lugar en la memoria. Sólo la información que alcanza la conciencia será retenida durante un largo período de tiempo o, dicho de otro modo, sólo podremos recordar aquello a lo que hayamos prestado la suficiente atención. La conciencia, pues, es la puerta de acceso a la memoria y al mismo tiempo el filtro selectivo controla lo que llega a la conciencia. Pero ¿qué es exactamente lo que controla ese filtro?

En opinión de Broadbent, lo que determina que un mensaje concreto sea captado no depende tanto de su significado como de sus características físicas más burdas (el volumen o el contraste por ejemplo). Pero esta hipótesis fue descartada tras llevar a cabo nuevos experimentos sobre el llamado «efecto cóctel». En una fiesta o en un restaurante lleno de gente, el campo auditivo de los presentes está saturado de conversaciones simultáneas, pero, contrariamente a la hipótesis de Broadbent, no escuchamos simplemente la voz más intensa. Por ejemplo, si tenemos que escuchar un aburrido relato de las últimas vacaciones, los problemas de una relación que se tambalea o un negocio a punto de ser cerrado, resulta fácil abstraernos de lo que se está diciendo y sintonizar con una conversación más interesante, especialmente si creemos haber escuchado pronunciar nuestro nombre. Y dado que los *sonidos* que llegan a nuestros oídos suelen tener el mismo volumen, no cabe duda de que lo que los diferencia es el grado de *atención* implicado.

Esto quiere decir que el *significado* de la información es de algún modo verificado antes de que alcance el filtro, lo cual contradice la afirmación de Broadbent de que el filtro conecta o desconecta basándose tan sólo en la magnitud física del mensaje. Así pues, el filtro parece estar dotado de cierta inteligencia y se adapta a la importancia que reviste el mensaje para la persona.

Esto tiene importantes consecuencias para la forma en que debe estar organizada la estructura de la mente. Para que un filtro inteligente –capaz de aprehender el significado– pueda ponerse en funcionamiento en el brevísimo intervalo de tiempo en que se produce el almacenamiento sensorial, la disposición de los elementos de la mente debe poder experimentar un cambio radical. Así pues, si el filtro es inteligente, la mente debe estar dotada de algún circuito que conecte la etapa encargada de llevar a cabo las cogniciones –que reconoce los significados– con la etapa que recuerda y organiza la impresión original. Así pues, un modelo lineal como los propuestos por Freud o Broadbent no funcionaría.

El hecho es que el significado se almacena en la memoria a largo plazo. Lo que se requiere, tal como muestra la figura 5, es un *bucle* que conecte la memoria a largo plazo con las etapas iniciales del procesamiento de la información. Este bucle de retroalimentación permite que el almacenamiento sensorial clasifique sus contenidos extraídos del amplio repertorio de la experiencia en función de los significados y las comprensiones acumuladas a lo largo de toda una vida que se hallan almacenadas en la memoria a largo plazo. El juicio que nos permite determinar si algo es «útil» o «irrelevante» sólo puede establecerse gracias al conocimiento acumulado en la memoria a largo plazo. Cuando la mente accede a este depósito de las experiencias, preferencias y objetivos vitales, el filtro clasifica la masa de impresiones que le asaltan a cada momento e inmediatamente sintoniza con lo que más le importa.

De hecho, los teóricos contemporáneos consideran que la información que pasa a través del almacenamiento sensorial se ve sometida a un proceso de escrutinio y filtrado según su significado y relevancia. En opinión del psicólogo cognitivo Matthew Erdelyi, «la memoria a largo plazo constituye el principal filtro que decide qué información procedente del almacenamiento de la memoria a corto plazo se eliminará (y, por tanto, se alejará de la conciencia), determinando indirectamente de ese modo cuál será la información que aceptará para su almacenamiento final en la memoria a largo plazo».[6]

FIGURA 5.   Adaptación libre del modelo simplificado de la mente de Donald Norman. En la primera etapa del flujo de la información, la memoria filtra la percepción –en función de su relevancia–, determinando así lo que llega a la conciencia.

Todo eso significa que los contenidos de la conciencia llegan a nosotros preseleccionados, clasificados y empaquetados, en un proceso que sólo perdura una fracción de segundo.

Existen razones de peso para que la mente esté diseñada de este modo. El hecho de que la información que se transmite desde el almacenamiento sensorial a la conciencia se vea tamizada por un filtro inteligente sólo puede resultar beneficioso porque, en caso contrario, la conciencia se vería colapsada. Y si bien la información de que dispone la conciencia parece limitada, hay que tener en cuenta que antes de ser almacenada se ha visto sometida a un exhaustivo proceso de escrutinio, sin olvidar los datos desestimados y que parecen haberse evaporado.

Cuanto más ordenada se halle la información en el almacenamiento sensorial, con mayor eficacia podrá operar la siguiente etapa, la conciencia. Si la cantidad de información es desproporcionada, la conciencia termina bloqueándose, como ocurre, como ya hemos visto, en una situación de ansiedad. Es muy importante que este filtro funcione bien, para evitar la continua distracción que supondría el exceso de datos irrelevantes. En el caso de que el filtrado fuera mínimo, nos veríamos sujetos a todo tipo de distracciones, como les sucede a los esquizofrénicos.

La idea de que la información atraviesa un filtro inteligente contribuyó al surgimiento de la visión predominante en la actualidad del modo en que los datos discurren a través de la mente. El diagrama de flujo más utilizado actualmente –del que la figura 5 constituye una versión simplificada– fue concebido por Donald Norman en 1968.[7] Según ese modelo, la información que nos llega a través de los sentidos se ve sometida automáticamente a un minucioso escrutinio por parte de la memoria a largo plazo o, dicho de un modo más exacto, por la memoria «semántica» (el depósito de significados y conocimientos acerca del mundo). A este respecto, cada conjunto de sonidos es proyectado automáticamente hacia una «dirección» de la memoria semántica que le dota de sentido. Si por ejemplo escuchamos la palabra «rugido», nuestra memoria semántica reconocerá su significado, pero si lo que escuchamos es un rugido, la memoria semántica también reconocerá que ese sonido dista mucho de ser una palabra.

Todo este proceso de filtrado tiene lugar al margen de la conciencia, porque a ella sólo llegan aquellos mensajes pertinentes a la actividad mental en curso. Si por ejemplo estamos buscando un restaurante, únicamente percibiremos las señales correspondientes y no aquellas que nos adviertan de la proximidad de una gasolinera; asimismo, en el caso de que hojeemos un periódico, sólo nos daremos cuenta de los ítems que más nos interesan. Así pues, únicamente lo que resulta útil atraviesa el filtro, llega a la conciencia y ocupa ese espacio mental.

La percepción es, en opinión de Norman, una cuestión de grado. Cuando se examina la información entrante, la memoria semántica no necesita tener en cuenta cada detalle, sino que tan sólo debe seleccionar lo que resulta relevante para el momento. En este sentido, la información secundaria solamente es analizada de manera somera hasta que se constata su irrelevancia. Es entonces cuando los datos importantes se ven sometidos a un procesamiento más minucioso. Si estamos hojeando un periódico y de pronto leemos nuestro nombre, parecerá como si éste «saltara» ante nuestra vista. Es muy probable que el resto de las palabras que hayamos leído hasta entonces sean procesadas sólo de manera parcial y finalmente desechadas mientras que nuestro nombre –que es siempre relevante– exija un procesamiento más minucioso.

Este modelo de la mente presenta varias implicaciones importantes. La principal de ellas es que nos permite inferir que la información es escrutada por la memoria en cada una de las etapas de su procesamiento, y que la memoria no sólo escanea la información sino que también la filtra según su relevancia. Todo este procesamiento tiene lugar *antes* de que la información acceda a la conciencia, y es lo que justifica que sólo una mínima fracción de los datos disponibles en un determinado momento puedan atravesar los filtros y llegar a la conciencia.

Pero eso no significa que la atención permanezca completamente pasiva, ya que pese a todo todavía podemos decidir qué examinar, y modular de ese modo la operación de filtrado. Pero la actividad de selección jamás resulta directamente accesible a la conciencia, y ésta sólo puede actuar indirectamente sobre ella gracias a la memoria a largo plazo. En consecuencia, nosotros podemos recuperar información y llevarla a la conciencia desde la memoria a largo plazo. Así pues, si bien la vía que conecta al filtro inteligente con la conciencia tiene un solo sentido, existe una vía de doble sentido entre la conciencia y la memoria a largo plazo. En conclusión, la memoria a largo plazo –el almacén de la experiencia de toda nuestra vida– tiene mayor incidencia sobre el flujo de información del que normalmente le atribuimos.

¿CUÁNTO PODEMOS RETENER EN LA MENTE?

Algunas personas que padecen ceguera como resultado de un golpe o una lesión cerebral, y no por algún daño en el sistema ocular, pueden hacer cosas notables. Cuando por ejemplo se coloca un objeto frente a ellos, no podrán decir qué es o dónde está, y en el caso de que se les pida que se dirijan hacia el objeto, responderán que es imposible porque no pueden verlo. Pero si se les insiste en que lo *intenten*, lo encontrarán con una precisión capaz de asombrarles incluso a ellos mismos.

Esta extraordinaria capacidad se denomina «visión ciega» y permite que, según Anthony Marcel –psicólogo de la Universidad de Cambridge que ha investigado el fenómeno–, esas personas dispongan de una visión extraordinaria aunque *ignoren* que pueden ver. Utilizando una cámara de alta velocidad, Marcel rastreó minuciosamente los movimientos de los brazos, las manos y los dedos de los sujetos mientras trataban de alcanzar objetos que no podían ver conscientemente. Y tal como demostró la película, su precisión era ciertamente pasmosa.

¿Cómo explicar esa enigmática habilidad? La comprensión neurológica de la «visión ciega» es que las lesiones cerebrales que han provocado la ceguera de estos pacientes se halla restringida a aquellas regiones nerviosas que desempeñan un papel en la conciencia y no a aquellas otras ligadas a la visión en sí. De este modo, lo que el ojo sano «ve» no llega a la parte del cerebro que permite la visión consciente. Por ello, el fenómeno de la «visión ciega» sugiere la sorprendente posibilidad de que una parte de la mente puede saber exactamente lo que el sujeto está haciendo sin la menor intervención de la parte que supuestamente sabe (es decir, la conciencia).

Otro experimento llevado a cabo por Marcel mostró que, en lo que respecta a las personas normales, la mente dispone también de la capacidad de conocer *sin que la conciencia sepa lo que se conoce*. Marcel realizó este descubrimiento de manera casi inadvertida mientras estudiaba el modo en que leen los niños. La técnica que utilizó consistía en proyectar palabras sobre una pantalla a una velocidad tal que algunas de ellas no podían leerse. Cuando finalmente les pidió a los niños que adivinaran las palabras, quedó sorprendido por la presencia de «errores inteligentes», ya que algunos niños mencionaban palabras que estaban estrechamente ligadas al significado de la que había sido proyectada (como «día» por ejemplo, en lugar de «noche»).

Intrigado, Marcel procedió a estudiar sistemáticamente el fenómeno. Entonces proyectó las palabras durante sólo milésimas de segundo (una velocidad tal que los sujetos ni siquiera podían advertir que habían visto la palabra). Luego pedía a los participantes que eligieran entre un par propuesto similar o igual a la palabra que acababa de ser proyectada. Así, por ejemplo, si la palabra que los sujetos *no habían visto* era «libro», la semejante podía ser «libre» y la asociada «leer».

La investigación demostró que aunque los sujetos no tenían la menor conciencia de cuál era la palabra que habían visto el índice de aciertos superaba asombrosamente el 90 por ciento.

Los resultados de estas investigaciones sobre lo que Marcel denomina «lectura inconsciente» y sobre la «visión ciega» son inexplicables en términos de nuestra concepción habitual de la mente. Sin embargo, los investigadores han adoptado la premisa de que la mayor parte de las actividades mentales –o al menos las más relevantes– tienen lugar fuera del alcance de la conciencia.

La validez de esta propuesta gira en torno a dos hechos: la capacidad de la conciencia –es decir, la cantidad de información que puede procesar simultáneamente– y la capacidad de la mente para llevar a cabo sus operaciones de manera inconsciente. En este sentido, la psicología cognitiva considera que la capacidad de la conciencia es de «siete más menos dos» (el título, por cierto, de un famoso artículo sobre el particular escrito por George Miller).[8] Basándose en una minuciosa revisión de la evidencia disponible, Miller propuso que la memoria a corto plazo sólo podía procesar simultáneamente unos siete «chunks» de información, aproximadamente (el «chunk» es el término técnico que se emplea para referirse a la unidad mínima de información). Cada una de las diferentes cifras de un determinado número telefónico constituye un chunk. Por ello, los números de más de siete cifras –diez o doce, por ejemplo– suelen ser difíciles de recordar... a menos que sean «rechunkados», recordando un determinado prefijo como si de una unidad se tratase (el 93 de Barcelona o el 91 correspondiente a Madrid, pongamos por caso).

Una estimación más alta, llevada a cabo por Herbert Simon, restringe la capacidad de la memoria a corto plazo a unos cinco chunks más menos dos. Pero es evidente que si la conciencia tiene una capacidad tan limitada y la información debe atravesar ese estrecho canal para poder alcanzar la memoria a largo plazo, debe existir en algún lugar una especie de embudo de información. La masa de datos que arriban al umbral del almacenamiento sensorial es abrumadora y la transferencia desde este punto hasta el estrecho canal de la conciencia exige un filtrado masivo de la información.

Pero no todos los teóricos coinciden en que la mente descarta tal cantidad de información. Hay psicólogos –como Ulric Neisser, por ejemplo– que cuestionan la idea de que necesariamente debe existir un límite a esa capacidad, y algunos de sus argumentos, por cierto, fueron proporcionados curiosamente por Gertrude Stein.[9]

En la última década del siglo pasado –antes de llegar a convertirse en una conocida figura de los ambientes literarios de París–, Gertrude Stein fue una alumna predilecta del psicólogo William James en la Universidad de Harvard. Bajo la tutela de James, Stein –contando con la colaboración de un compañero de estudios llamado Leon Solomons– puso a prueba la idea de la capacidad de la conciencia, mucho antes de que la psicología contara con un modelo al respecto.

Stein y Solomons estaban interesados en la escritura automática, un tópico ocultista que causaba furor en las postrimerías del siglo XIX. El sujeto en cuestión sostiene un lápiz sobre el papel y espera a que aquél comience a moverse por sí solo sin el menor esfuerzo consciente. Se entiende que todo lo que se escriba en esas condiciones procede de alguna instancia ajena a la mente consciente. Si se tiene una inclinación a la psicología, es muy probable que se considere que la escritura automática se origina en la mente inconsciente de la persona, pero alguien atraído por el esoterismo puede que interprete que es un mensaje procedente del mundo espiritual.

Solomons y Stein actuaron como sus propios conejillos de Indias y decidieron aprender a escribir automáticamente. Para ello, al principio copiaban las palabras que les dictaba el otro mientras leían simultáneamente algún otro texto. Es decir, Solomons leería una historia en voz baja mientras escribía al mismo tiempo las palabras que le dictaba Stein. Es de suponer, en tal caso, que la lectura de la historia ocupara la mente consciente, dejando el acto de escribir las palabras dictadas a alguna instancia mental ajena a la conciencia.

Ése fue el primer paso de su adiestramiento, un adiestramiento que terminó permitiéndoles llevar a cabo con notable destreza ambas funciones simultáneamente. Luego pasaron a leer ambos en voz alta dos historias diferentes mientras cada uno de ellos debía copiar lo que el otro estaba leyendo. A partir de entonces emprendieron lo que propiamente podría denominarse escritura automática, mientras seguían leyendo una historia en voz alta (para evitar prestar atención a lo que la mano estaba haciendo). Más que escribir al dictado, la mano quedaba así libre para escribir «automáticamente».*

* Sólo podemos hacer conjeturas con respecto a la incidencia de este entrenamiento en el rendimiento literario posterior de la señorita Stein. La conclusión de Ulric Neisser, que ha recopilado los detalles del experimento de Stein y Solomons, es que «lo que se escribe espontáneamente en esas condiciones no resulta demasiado interesante. Y lo mismo parecía opinar Gertrude Stein».

Pero la metodología seguida en este experimento, llevada a cabo por dos estudiantes universitarios en la última década del pasado siglo, no era tan rigurosa como la actual. Es por ello que Neisser, intrigado por la posibilidad de que Stein y Solomons hubieran expandido los límites de la cognición, propuso a dos estudiantes graduados, Elizabeth Spelke y William Hirst, que replicasen el mismo experimento ochenta años después. Spelke y Hirst contrataron entonces a dos estudiantes de la Universidad de Cornell para que invirtieran una hora al día durante todo un semestre para repetir el mismo protocolo seguido por Stein. Cada uno de ellos leería historias cortas mientras escribía el texto que les dictaba uno de los investigadores. Pero esta investigación, a diferencia de la de Stein, fue adecuadamente controlada. Por ejemplo, cada estudiante podía poner en marcha un cronómetro cuando empezaba a leer la historia y detenerlo cuando acababa y luego tenía que responder a un cuestionario escrito para verificar su nivel de comprensión del argumento del relato.

Al comienzo, a los estudiantes les resultaba imposible leer y escribir al mismo tiempo, y su lectura quedaba interrumpida cada vez que tenían que escribir una palabra dictada. La alternativa que eligieron fue la de leer lentamente y comprender un poco. Pero eso tampoco parecía funcionar demasiado bien. Sin embargo, a pesar de las dificultades iniciales, los estudiantes terminaron dominando la tarea al cabo de unas seis semanas. Al final de ese período eran capaces de leer y comprender lo que leían mientras escribían lo que se les dictaba sin que se produjera ninguna clase de interferencia.

Éste y otros estudios posteriores en los que se introdujeron leves variaciones llevaron a Neisser a concluir que las personas pueden ejecutar dos tareas mentales igualmente complejas al mismo tiempo. «Ese hecho –subraya Neisser– desafía la noción de que toda actividad compleja implica un único canal con una capacidad limitada.» Se podría concluir, basándonos en esta experiencia, que los límites de la atención son relativamente flexibles.

Una tercera posibilidad, formulada por los psicólogos cognitivos Donald Norman y Tim Shallice, terminó reconciliando la objeción de Neisser con la hipótesis de Miller.[10] Norman y Shallice propusieron que la mente puede procesar *paralelamente* varios canales de información, pero que sólo una pequeña fracción de dicha información cae dentro del marco de la conciencia, porque la cantidad de información que ésta puede manejar es limitada. No obstante, un número desconocido –aunque considerable– de canales de procesamiento operan fuera del marco de la conciencia y nunca se convierten en objeto de conocimiento. Esta visión coincide con la de Miller, al afirmar que la amplitud de nuestra conciencia se halla limitada, pero no niega la hipótesis de Neisser de que no existe un límite para la cantidad *total* de datos que la mente puede procesar. La necesaria conclusión es que la mayor parte de esa información llega a la mente sin la menor intervención de la conciencia.

De hecho, todos llevamos a cabo un gran número de actividades simultáneamente: conducimos mientras mantenemos una conversación con nuestro acompañante, escuchamos la radio, tomamos una hamburguesa y prestamos atención a las señales de tráfico. Pero podemos hacer todas esas cosas porque son secuencias de actos automáticos que pueden ser ejecutados sin la menor intervención de la conciencia, ya que no requieren de una atención especial.

Donald Norman nos ofrece una adecuada descripción del funcionamiento de las actividades conscientes e inconscientes:

> Mientras estoy sentado ante la máquina de escribir mecanografiando este texto, mis recursos conscientes se ocupan de determinar la intención. Luego observo las palabras que van escribiéndose en el papel. Doy una intención consciente a la forma de las frases y a su integración en una estructura superior. En ocasiones, selecciono las palabras que mejor expresan el concepto que pretendo transmitir y mantengo esas palabras en la conciencia mientras voy dando forma a la frase sobre el papel. Normalmente no soy consciente de la selección de las palabras ni de la actividad de mecanografiar, sino que escucho a mi «voz interior» pronunciar las palabras... y luego las veo reflejadas sobre el papel.[11]

Esta disposición evita que tengamos que preocuparnos por los pormenores insignificantes de nuestra vida. Así, no es preciso anticipar la tecla que pulsaremos, dónde pondremos el pie en el siguiente paso que demos, la presión que debemos ejercer para abrir la puerta o cuál será la palabra que diremos a continuación, ya que es el inconsciente el que se ocupa de todos esos detalles, dejando libre a la conciencia para que pueda dedicarse a cuestiones más importantes, como *qué* escribir, *dónde* ir, *qué* puerta abrir o *qué* matiz subrayar. El inconsciente ejecuta lo que la mente consciente decide y quiere, pero también puede albergar sus propias intenciones. Y en tal caso, deberíamos acomodar nuestro modelo de la mente agregándole un nuevo camino que represente el flujo de información y la ejecución de una respuesta que elude por completo la intervención de la conciencia.

Gran parte de nuestra vida se desenvuelve de manera automática. Con mucha frecuencia, sobre todo cuando llevamos a cabo una actividad rutinaria, ni siquiera decidimos lo que haremos a continuación sino que simplemente lo ejecutamos sin más. Los planes sólo son necesarios cuando nos alejamos de las rutinas habituales. «Si por ejemplo –dice Norman– decidimos comprar pescado en el camino de regreso a casa, deberemos mantener una imagen activa de la "pescadería" en la mente hasta el momento en que lleguemos al punto crítico... porque si ésta desaparece antes de nuestra memoria, lo más probable es que lleguemos a casa con las manos vacías.»

Norman ha estudiado estos momentos detalladamente y ha recopilado más de doscientos ejemplos de lo que podríamos denominar «lapsus posfreudianos»: mientras alguien cocina puede meter la ensalada en el horno, la tarta en el refrigerador y dejarlos ahí durante varias horas; un deportista puede entrar en la ducha y arrojar su camiseta al servicio en lugar de dejarla en el cesto de la ropa sucia; una persona dice, «quiero que seas como yo», en lugar de decir «quiero que seas tú mismo»; el automóvil se detiene y el conductor se desabrocha la correa del pantalón en lugar del cinturón de seguridad; vertemos el zumo de naranja dentro de la taza de café y tapamos la taza de café con la tapa del azucarero, etc.

En opinión de Norman, estos lapsus evidencian la existencia de una secuencia articulada de actos automáticos. Y los califica como «posfreudianos» porque no necesariamente están motivados por impulsos ocultos, sino que ocurren en virtud de los posibles errores que pueden acompañar a la ejecución de cualquier secuencia compleja. En este sentido, los *lapsus linguae* freudianos constituyen una subclase de distorsiones menos inocentes y más específicas que las analizadas por Norman.

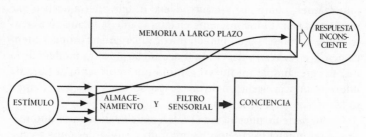

FIGURA 6.   Flujo de información de una rutina automática en la que toda la secuencia –desde la llegada del estímulo percibido hasta la ejecución de la respuesta– tiene lugar de manera inconsciente.

El aprendizaje de cualquier nueva tarea requiere la máxima atención para asimilar todos los procesos de la misma. El nivel de maestría sólo se alcanza cuando la tarea puede realizarse sin pensar siquiera en ella o ejecutarse de manera automática. Una vez que esta información ha sido bien codificada en la memoria, las pistas, los eventos y las respuestas que se requieren pueden ser ejecutados de manera casi inadvertida.

En este sentido, la pericia constituye una especie de sobreaprendizaje. A diferencia de lo que ocurre con el novato, la persona experta no tiene que pensar en los pasos que debe dar. Por ello, cuando alguien le preguntó al antiguo campeón mundial de ajedrez José Capablanca cuántas posibilidades veía sobre el tablero cuando estaba pensando una jugada, él respondió: «¡Sólo una, la correcta!»

Cuando las cosas funcionan de forma fluida, ejecutamos muchas actividades de manera inconsciente; pero la presencia de alguna dificultad nos obliga a parar un momento o a adoptar un ritmo más lento a la hora de llevar a cabo nuestras tareas.

Los lapsus nos fuerzan a reconducir la atención hacia las rutinas que no han funcionado. Y mientras tiene lugar la reparación, nuestra conciencia permanece ocupada con actividades que habitualmente discurren por canales inconscientes paralelos y disponemos de poca o ninguna atención consciente para invertir en otras cuestiones.

La figura del «profesor despistado» –el intelectual tan absorto en sus pensamientos que apenas dispone de atención para la ejecución de las tareas más rutinarias– constituye el contrapunto de esta intrusión en la conciencia de los canales automáticos. Elsa, la esposa de Albert Einstein, contó en más de una ocasión que no era infrecuente ver cómo su marido se ponía el abrigo y se dirigía al vestíbulo para ponerse los zapatos, para encontrarlo en el mismo sitio al cabo de una hora, perdido en sus pensamientos. Pero en lo que respecta a la mayoría de las personas, cuando las tareas son rutinarias y están bien aprendidas, los límites de la atención son bastante flexibles y la mente inconsciente puede procesarlos sin el menor problema.

Emmanuel Donchin, un investigador pionero en el estudio de la psicobiología cognitiva, lo ha expresado con una claridad meridiana:

> La idea de que el procesamiento de la información es fundamentalmente preconsciente y de que permanece inaccesible a la conciencia, es tan clara que me parece incuestionable.
>
> Existe una copiosa evidencia de que cualquier actividad va acompañada de una ingente cantidad de procesamiento paralelo sumamente veloz a lo largo de muchos y muy diversos canales que se activan de forma automática sin el menor control consciente.
>
> Esto es algo que ocurre de continuo y a una extraordinaria velocidad. Nuestra investigación ha evidenciado que la mente reconoce una palabra a los 150 milisegundos de verla. Pero el hecho es que, en los siguientes 100 milisegundos, no es posible procesar nada más. La conciencia es un sistema de capacidad limitada. Habitualmente ignoramos –y tampoco es preciso que sea de otro modo– la mayor parte del trabajo realizado por nuestra mente. No tengo la menor idea de la forma en que busco algo en la memoria o del modo en que llego a articular frases gramaticalmente correctas. Ya es lo suficientemente difícil tener que procesar las pocas cosas de las que necesariamente tenemos que ser conscientes.
>
> Metafóricamente hablando, el 99,9 por ciento de la cognición es inconsciente. Y tendríamos graves problemas si todo fuera consciente.[12]

En resumen, la mayor parte de lo que hacemos queda fuera del campo de la conciencia y se articula según secuencias bien aprendidas. Reservamos la conciencia para las tareas que son particularmente exigentes, o la dejamos como un espacio libre para la atención activa, para el pensamiento, la toma de decisiones o las fantasías que ocupan nuestra conciencia durante la mayor parte de las horas de vigilia. Como concluye un texto de psicología cognitiva, «la conciencia es la excepción y no la regla [...] y, por su misma naturaleza, el pensamiento consciente parece ser algo muy especial. Y no sólo es único sino que también es algo más bien raro».[13]

Casi hemos completado ya el modelo de la mente que se deriva de todas estas conclusiones. Todavía nos queda por explicar, sin embargo, la inteligencia que orienta a estas rutinas inconscientes, la conciencia que selecciona y filtra la experiencia y que define el rango de nuestra conciencia; sistemas, todos ellos, cuya articulación es cuasi automática. Pero nuestra vida mental es rica, aguda y plena. ¿Dónde se oculta entonces el fantasma que anima a esta máquina y que le otorga las cualidades de una mente viva?

EL CONOCIMIENTO NOS LLEGA
ESTRUCTURADO

A los cuatro años de edad tenía una vívida fantasía sobre la construcción de realidad. En esa época solía entretenerme con la idea –inocua pero ciertamente algo paranoide– de que, dondequiera que fuese y viera lo que viese, tropezaría con una serie de bloques semejantes a esas calles de los estudios de Hollywood que vistas desde un lado parecen reales, pero que contempladas desde la parte posterior se revelan como meras fachadas.

Estaba, pues, completamente seguro de que las casas, los árboles, los automóviles, los perros y la gente con los que me encontraba por las calles eran simples decorados erigidos poco antes de que yo llegara, que desaparecerían apenas me alejase. Lo mismo pensaba que ocurría con las habitaciones en que entraba, que eran construidas cuando llegaba y derribadas en cuanto las abandonaba.

Suponía que toda esta hercúlea tarea era llevada a cabo por algún grupo o fuerza que se hallaba fuera del alcance de mi vista. Imaginaba una ingente cantidad de trabajadores ocultos entregados a la febril y silenciosa labor de erigir esos escenarios en cuanto me acercaba a ellos y de desmantelarlos afanosamente apenas me alejaba. Y todo ese trabajo era realizado por unas manos que nunca podía ver directamente y con un objetivo y un propósito que se me escapaban.

Esa fantasía pueril constituye, en mi opinión, una metáfora muy adecuada para describir el funcionamiento de nuestra mente.

Nuestra experiencia es elaborada, instante tras instante, más allá de nuestra conciencia, en los dominios de la mente que registran, seleccionan y filtran de continuo la masa de información que los sentidos y la memoria ponen a nuestra disposición.

Solemos albergar la ilusión de que somos nosotros quienes determinamos la amplitud y la dirección de nuestra conciencia, pero por el contrario los hechos parecen apuntar a un funcionamiento más semejante a mi fantasía infantil, un funcionamiento en el que la mente se ve organizada por fuerzas invisibles cuya función es la de ofrecernos una realidad ya construida, una realidad que sólo aprehendemos en su versión final. Es como si hubiera unos tramoyistas invisibles que se ocuparan de erigir a cada instante un escenario –el mundo que nos rodea y nuestro propio mundo interno– con todo lujo de detalles.

Pero ¿cuál es la naturaleza de esas presencias que parecen ocultarse en nuestra mente? ¿Y de dónde proceden?

Esas presencias somos nosotros, ese «nosotros» que resume el conjunto de todas las experiencias de nuestra vida. Según dice James Britton en *Language and Learning*: «La experiencia es caleidoscópica; la experiencia de cada momento es única e irrepetible. Hasta que no logramos agrupar los ítems de acuerdo a su similitud, no podemos tener expectativas ni realizar ningún tipo de predicción. Y, en ausencia de éstas, no podemos hacer absolutamente nada con el momento presente.»

La percepción es una construcción interactiva. No basta pues con la información que nos proporcionan los sentidos, porque para que tenga algún significado, hace falta un contexto que la organice y la dote de sentido.

Los paquetes de datos organizados que dan sentido a nuestra experiencia son los «esquemas», los ladrillos con que se construye el edificio de la cognición.[14] Esos esquemas encarnan las reglas y las categorías que dan un sentido coherente a la experiencia bruta. Todo conocimiento y toda experiencia se articulan según estos esquemas, que son «el fantasma de la máquina», la inteligencia que orienta el flujo de información que discurre a través de la mente.

Jean Piaget, el psicólogo suizo precursor de la psicología evolutiva, investigó el cambio de los esquemas que jalonan el proceso del desarrollo infantil. Desde esta perspectiva, el desarrollo cognitivo es acumulativo o, lo que es lo mismo, la comprensión surge de lo que ya hemos aprendido.[15] Así pues, nos convertimos en lo que somos y aprendemos lo que sabemos gracias a los esquemas que vamos adquiriendo a lo largo del camino. Los esquemas también se desarrollan con el paso del tiempo y aquellos con los que contamos en un determinado momento son el producto final de toda nuestra historia.

Piaget recurría a los conceptos de «asimilación» y «acomodación» para describir la forma en que nuestra interacción con el mundo va conformando estas estructuras mentales. Así pues, en la medida en que aprendemos, nuestros esquemas van transformándose. De niño vivía en California, y allí aprendí que los árboles sin hojas estaban muertos. De modo que cuando veía imágenes de árboles fantasmales y sin hojas creía que estaban muertos. Cuando más tarde me trasladé al Este supe que algunos árboles perdían sus hojas en invierno, pero eso no significaba necesariamente que estuvieran muertos.

Cuando no logramos corregir un esquema para que se adapte a los hechos, nuestra percepción puede ser un tanto extraña. Tal vez sea útil, para ilustrar este particular, traer a colación el chiste –contado por Ulric Neisser– del hombre que va al psiquiatra porque cree que está muerto.[16] Tras varias sesiones, el psiquiatra comprueba que el paciente sigue aferrado a su ilusión, de modo que le dice:

–Usted habrá oído, por supuesto, que las personas muertas no sangran.

–Sí –responde el paciente.

Entonces, el psiquiatra coge un alfiler y le pincha el brazo.

–¿Qué opina usted ahora? –pregunta el psiquiatra.

–Bueno –replica el paciente–. Ahora sabemos que las personas muertas *también* sangran.

En cierto modo, un esquema es como una teoría, una creencia sobre la forma en que funciona la experiencia. En palabras del psicólogo cognitivo David Rumelhart, un esquema es «una especie de teoría informal, privada y no articulada sobre la naturaleza de los eventos, los objetos o las situaciones con que nos encontramos. El conjunto total de los esquemas de que disponemos para interpretar el mundo constituye en cierto modo nuestra teoría privada sobre la naturaleza de la realidad».[17]

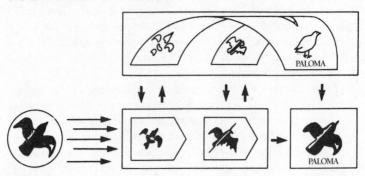

Figura 7.   Cuando el ojo registra una determinada impresión, los esquemas analizan instantáneamente sus atributos –por ejemplo, el color y la forma– y buscan todos sus posibles significados a medida que la información atraviesa el filtro y el almacenamiento sensorial. Después, el significado seleccionado y la percepción apropiada «estalla» en la conciencia.

Gracias a los esquemas mentales somos capaces de ir más allá de los datos brutos. Así pues, si vemos un automóvil podemos presumir la existencia de una serie de características –como el volante, el depósito de gasolina, los asientos, etc.–, aunque no lleguemos a percibirlas directamente. Como ocurre con cualquier teoría, un esquema comporta un conjunto de suposiciones que consideramos plenamente fundamentadas. Esto es precisamente lo que nos permite formular interpretaciones que van más allá de la evidencia inmediata que nos proporcionan los sentidos. Y todo este armazón cognitivo hace posible, en suma, que podamos abrirnos paso a través de la ambigüedad propia del mundo con que tenemos que bregar.

Y, al igual que ocurre con las teorías, los esquemas también pueden ser revisados, en cuyo caso nuestro conocimiento aumenta. Los esquemas son teorías que se ponen continuamente a prueba. Por ello, cuando aparece una situación ambigua, recurrimos a ellos para tratar de aclararla. La idoneidad de cada esquema que aplicamos a una situación confusa se pone a prueba automáticamente.[18]

La mayor parte del tiempo confiamos plenamente en nuestros esquemas. Pero cuando el esquema no parece ser lo suficientemente adecuado –cosa que ocurre, por ejemplo, cuando vemos un rostro en la multitud, pero no estamos seguros de si se trata de una persona que conocemos–, nos vemos obligados, al igual que sucede con cualquier teoría, a contrastar la adecuación del esquema con nuevas evidencias. Podría ser ella, pero ¿qué hace aquí a esta hora? Y a medida que vamos acercándonos, nos preguntamos: ¿se parece a ella?, ¿se mueve como ella?, ¿se viste como ella?; preguntas destinadas a corroborar la teoría de que «es ella».

Los estereotipos son simplemente una variedad de los esquemas. El siguiente relato de la psicóloga cognitiva Susan Fiske acerca del estereotipo de los trabajadores de altos hornos nos dice muchas cosas acerca de la dinámica general de los esquemas:

> Desde que me trasladé a Pittsburgh he descubierto un nuevo estereotipo [...] el «obrero», cuyo prototipo es, en mi opinión, el trabajador de altos hornos. El estereotipo en cuestión puede ser varón o hembra, pero, independientemente de su sexo, es invariablemente machista y desaseado. Siempre bebe cerveza Iron City, lo aborda todo como si se tratase de una lucha, e invariablemente lleva camiseta de tirantes [...] Mi estereotipo, obviamente, se almacena como la abstracción de un ejemplo genérico, no como una recopilación de todos los obreros de altos hornos existentes y que jamás he tenido la oportunidad de conocer, aunque el estereotipo también contiene ejemplos concretos. Soy proclive a ignorar la información que no concuerda con el estereotipo que me he forjado [...] [mientras] tiendo a recordar perfectamente la información que cuadra con él, como alguien, por ejemplo, que lee la revista *Hustler*.[19]

Los esquemas pueden tener que ver con dominios inmensos o minúsculos, pero operan en todos los niveles de la experiencia y afectan a todos los niveles de abstracción. «Del mismo modo que las teorías pueden versar sobre lo grande o sobre lo pequeño –dice Rumelhart– los esquemas pueden representar cualquier orden del conocimiento, desde las ideologías y las realidades culturales hasta el conocimiento de la forma adecuada de construir una oración, el significado de una palabra o las pautas [sonoras] que se asocian a una determinada letra del alfabeto.»[20]

La noción de esquema también es, en sí misma, un esquema. Y como tal, es el relato más prometedor que podemos contarnos a nosotros mismos acerca de los relatos que nos contamos. Los esquemas constituyen la dinámica organizadora de nuestro conocimiento, y comprender su funcionamiento equivale a comprender la comprensión.

COMPRENDER LA COMPRENSIÓN

Los esquemas son las unidades fundamentales de la experiencia. Y al igual que ocurre con las moléculas, nos permiten organizar los elementos menores en una totalidad útil. Sólo cuando la experiencia se organiza en esquemas resulta realmente provechosa. De hecho, un esquema refleja tanto una comprensión de la experiencia como una información acerca del modo de utilizar ese conocimiento.

Stephen Palmer, discípulo de Rumelhart y Norman, demuestra este punto con el siguiente jeroglífico:

Todos estos elementos forman parte de una totalidad, pero a falta de un contexto adecuado carecen por completo de significado. Las distintas líneas son ciertamente sugestivas, pero ninguna de ellas, considerada de forma aislada, basta para proporcionarnos una interpretación adecuada. Para poder comprender el contexto que da sentido a todos estos fragmentos, observe la imagen que aparece en la página 116. Sólo después de haber visto esa página y de

haber tomado conciencia del texto, sabrá que todos los elementos
anteriores forman parte del mismo rostro. El rostro es inmediatamente reconocible, pero, en ausencia del marco de referencia que
proporciona el contexto, los distintos elementos que lo componen
no resultan fácilmente identificables. Es cierto que las líneas podrían sugerirnos una interpretación adecuada (a fin de cuentas, la
serpenteante tercera figura bien podría tratarse de una nariz que
finalmente nos condujera al reconocimiento de una cara, pero no
cabe la menor duda de que este proceso resulta mucho más sencillo cuando el esquema de la «cara» organiza nuestra percepción de
los distintos elementos que la componen.

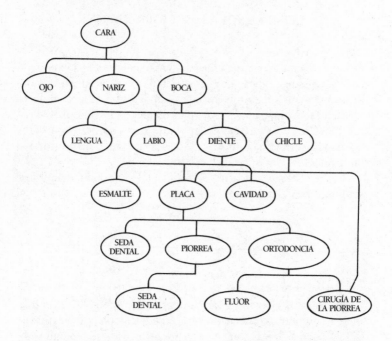

FIGURA 8.   El curso del pensamiento se atiene a esquemas interrelacionados. La
«cara», por ejemplo, podría terminar conduciendo, por asociación de pensamientos, a una próxima visita al dentista, relacionando así los distintos esquemas que
se muestran en la figura anterior.

Como dijeron hace mucho tiempo los psicólogos de la Gestalt, la totalidad es algo más que la suma de las partes y, además, les proporciona un significado. Una vez que sabemos que algo es una «cara», se abre un amplio abanico de posibilidades para utilizar la información. Existe una red que articula el esquema de la cara con otros tipos de información —como el rostro de los amigos, el cuidado del cutis, la atracción, la expresión facial, el color de los ojos, etcétera—, cada uno de los cuales puede, a su vez, estar asociado a miles de datos diferentes de información. Es por ello que la activación de un determinado esquema estimula también otros esquemas relacionados con él. El «ojo», por ejemplo, puede activar esquemas tales como «la primera vez que me puse gafas», «los ojos grandes son atractivos», «el glaucoma se origina en un exceso de presión en el globo ocular», etc. Afortunadamente, los esquemas sintonizan directamente su franja de asociaciones con la gama pertinente al momento, sin alejarse mucho ni quedar tampoco atrapados en ellas.

Los esquemas constituyen el armazón que sustenta la interpretación de los acontecimientos. Y del mismo modo que los acontecimientos pueden ser muy complejos y poseer múltiples derivaciones, estos paquetes de datos organizados que dan sentido a nuestra experiencia también se hallan extraordinariamente interrelacionados. Un tren asociativo es un mapa de las distintas carreteras que relacionan diferentes esquemas.

Los esquemas, que se van conformando a lo largo de la vida, son la estructura de los recuerdos almacenados; su inventario configura el contenido de la memoria a largo plazo de una persona. Los esquemas y la atención se hallan estrechamente relacionados. La atención activa estimula los esquemas relevantes, y éstos, a su vez, orientan el foco de la atención. En nuestra memoria existe un amplio repertorio de esquemas que permanecen latentes hasta que son activados por la atención, y entonces determinan los aspectos de la situación en los que nos centraremos.

La interrelación existente entre la atención y los esquemas sitúa a una y otros en el centro del tema que ahora nos ocupa. Los esquemas no sólo determinan las cosas que percibimos, sino también aquellas que *ni siquiera* advertimos. Consideremos, a este respecto, la pregunta que se formula Ulric Neisser: «Siempre hay más cosas por ver y más por conocer. ¿Por qué, entonces, no las vemos y no nos preocupamos por conocerlas?»

La respuesta de Freud y Broadbent –implícita en sus respectivos modelos de la mente– es que filtramos la experiencia para ver tan sólo lo que necesitamos ver y para saber únicamente lo que precisamos saber. Según Neisser, sin embargo, no se trata tanto de que descartemos esa información tras haberla filtrado, sino que en realidad no la recibimos. Es decir, desde este punto de vista, los datos no recibidos quedan fuera del filtro.

Son nuestros esquemas los que seleccionan esto o aquello y los que determinan el alcance de nuestra atención. Consideremos, por ejemplo, el simple acto de mirar. ¿Vemos realmente lo que estamos *mirando*? En opinión de Neisser, sólo vemos lo que *queremos* ver. Para respaldar su tesis, grabó durante un minuto a cuatro jóvenes jugando al baloncesto, con la particularidad de que, a los treinta segundos de grabación, una atractiva mujer con una gran sombrilla blanca atravesaba el campo de juego durante unos cuatro segundos. Luego Neisser mostró el vídeo a varios sujetos, a quienes les pidió que presionaran una tecla cada vez que los jugadores se pasaban la pelota. Cuando Neisser preguntó si habían observado alguna cosa inusitada, ninguno de ellos mencionó a la mujer de la sombrilla blanca. No parecían haberla advertido siquiera, porque el esquema que orientaba el foco de su atención se mantuvo centrado en la pelota. Cuando luego volvieron a visionar la cinta, todos se sorprendieron al advertir la presencia de la mujer.

Este experimento es el equivalente visual a lo que, en un capítulo anterior, denominamos «efecto cóctel», una percepción selectiva que se halla continuamente activa. En este mismo momento, por ejemplo, usted está haciendo lo mismo porque son sus esquemas los que dotan de significado a los signos impresos. Así pues, mientras está concentrado en lo que lee, ignora lo que está ocurriendo en su visión periférica. El mero hecho de llamar la atención sobre este particular puede hacer que usted cobre súbitamente conciencia del entorno visual que rodea a estas palabras. No es difícil, por otra parte, darse cuenta de este efecto. Mantenga, por ejemplo, su vista centrada en el punto que hay más abajo mientras desvía su atención a los márgenes blancos de la página, a los bordes del libro e incluso a lo que rodea al libro mismo:

●

Mientras usted está leyendo, percibe las palabras pero no se da cuenta de los márgenes de la página y de lo que la rodea. Su atención está localizada hacia algo concreto, tal como les ocurría a los sujetos del experimento de Neisser. Por ello, no se da cuenta de lo que es irrelevante hasta que algo lo convierte en relevante. Es decir, la atención está guiada por el esquema de la lectura hasta el momento en que otro esquema entra en juego y dirige su atención a los bordes de la página.

Los esquemas orientan la atención a fin de seleccionar qué percibir y qué ignorar. Veamos, a continuación, una descripción muy adecuada del modo en que operan los esquemas orientando la atención de un hombre hacia las mujeres:

> ... usted se da cuenta de que toda la vida ha estado seleccionando a las mujeres. Demasiado alta, demasiado baja, gruesa, delgada, desaseada, nerviosa... Pero el hecho es que, si no estuviera interesado, ni siquiera las *miraría*. Su ojo está continuamente activo en busca de rostros hermosos, cabellos sedosos, cinturas estrechas, firmes caderas, etc. Se trata, pues, de un fenómeno eficaz de descarte, porque cuando buscamos un determinado objeto el ojo suprime en un instante otros mil.[21]

Cuando las emociones activan los esquemas, les confieren un poder especial. Las emociones y los pensamientos forman parte del mismo proceso.* El pensamiento despierta sentimientos y éstos a su vez orientan a los pensamientos. La estrecha relación existente entre el pensamiento y la emoción puede verse en una representación de los esquemas de una persona que tiene miedo de las serpientes y encuentra una en el siguiente escenario:[22]

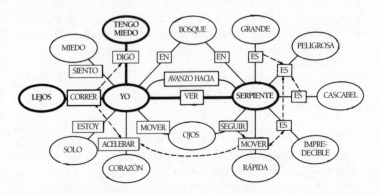

FIGURA 9.   Los esquemas de una persona que tiene miedo a las serpientes con que puede tropezar en un paseo solitario por el bosque. Las emociones, al igual que el miedo, son poderosos activadores de los esquemas relevantes.

Una persona mientras camina sola por el bosque divisa una enorme serpiente que avanza hacia ella. Parece una serpiente de cascabel y podría ser venenosa. Su rápido y sinuoso movimiento hace que el ritmo cardíaco se acelere. Las serpientes son impredecibles, piensa la persona muy asustada. Y aunque está completamente sola, profiere un impulsivo: «¡Dios mío, estoy aterrado!», y echa a correr.

* Aunque nadie cuestione que la cognición y la emoción están estrechamente relacionadas, actualmente existe un debate en torno a la relación exacta que mantienen; concretamente, en torno a la cuestión de si es el pensamiento el que precede a la emoción o viceversa.

Los esquemas que guían los pensamientos, las reacciones emocionales y el comportamiento constituyen facetas estrechamente relacionadas de la misma reacción (véase figura 9).

Emociones como el miedo activan extraordinariamente los esquemas y los convierten en focos obligatorios de atención. El enfado, la tristeza y la alegría (y, en el caso que nos ocupa, la ansiedad) cautivan nuestra atención y nos arrastran. Como vimos en la primera parte, los esquemas de amenaza y preocupación potenciados por la ansiedad penetran intrusivamente en la conciencia. Como muestran las distintas variedades de la negación, la misma atención constituye un antídoto contra esta clase de intrusiones.

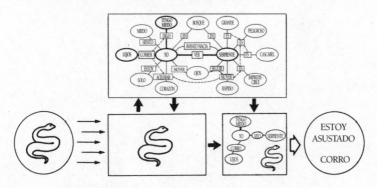

FIGURA 10.   Secuencia cognitiva de alguien que ve una serpiente en el bosque, se asusta y sale corriendo. Los esquemas que se activan orientan la atención, la comprensión y la acción.

Las manos ocultas que en mi escenario infantil construían la realidad entre los bastidores de la conciencia son los esquemas. Éstos son la inteligencia en acción, ya que orientan el análisis de los estímulos sensoriales en el almacenamiento sensorial, simplificándolos, organizándolos y eliminando todo lo que no resulta relevante. Son los que controlan la información que se transmitirá al almacenamiento sensorial, filtrándola en función de las prioridades y de su grado de relevancia. Los esquemas determinan el foco de nuestra atención y, por consiguiente, qué es lo que accederá a la conciencia. Y cuando se hallan a merced de emociones como la ansiedad, tienden a imponerse con una fuerza especial.

Otra implicación derivada de este modelo es que los esquemas son como los leones que guardan el umbral de la conciencia y determinan qué accederá a ella y lo que quedará fuera de su campo.

LA CONCIENCIA NO ES UN ESTADIO
OBLIGATORIO

Si el procesamiento de la información crítica tiene lugar sin la necesaria intervención de la conciencia, la mayor parte de lo que pensamos y hacemos se halla sometido a influencias que no podemos llegar a percibir. La certeza de Freud al respecto le llevó a postular la existencia de tres instancias diferentes de la conciencia: el inconsciente –la más importante de todas ellas–, el preconsciente y el consciente. Según el psicólogo cognitivo George Mandler, el modelo de Freud se ajusta perfectamente al modo en que los esquemas actúan para orientar la atención.[23] El estadio preconsciente se halla a mitad de camino entre el inconsciente y el consciente, y conforma el bastidor de nuestra vida mental. Es ahí, en opinión de Mandler, donde descansa el trasfondo de esquemas con mayor o menor grado de activación. Y el hecho de que se estimulen unos u otros varía constantemente, pero el más activo será el que finalmente alcance la conciencia.

Un esquema activado domina la conciencia, emerge y enfoca nuestra atención en una determinada dirección. Cuando caminamos por la calle, sin percatarnos siquiera de la presencia de un perro, el esquema que se ocupa de los perros se aproxima, sin embargo, a la región preconsciente. Por ello, en el mismo momento en que escuchamos un gruñido, el esquema relativo a «perro» –o incluso a «mordedura de perro»– se activa muchísimo más y advertimos conscientemente la presencia del animal. Pero mientras el esquema permanezca inactivo en la memoria a largo plazo –en espera del momento de salir a la superficie–, se halla en una región muy semejante al inconsciente.

Durante muchos años, la mayor parte de los psicólogos –a excepción de aquellos de orientación psicoanalítica– cuestionaba la existencia de zonas que se hallaran más allá de la conciencia o, en el caso de admitir la existencia del inconsciente, afirmaban que su influencia sobre la conducta era secundaria. Este debate irrumpió en el dominio de la opinión pública cuando, a comienzos de la década de los sesenta, una empresa de publicidad afirmó haber incrementado considerablemente las ventas de coca-cola y palomitas de maíz emitiendo mensajes subliminales durante la proyección de una película; una afirmación que la comunidad psicológica desestimó.

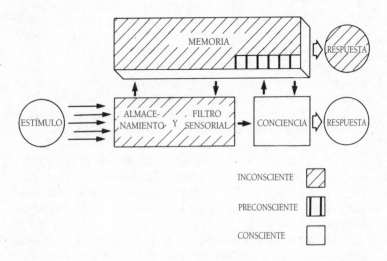

FIGURA 11.   Las tres instancias de la conciencia: el almacenamiento, el filtro sensorial y la mayor parte de la memoria a largo plazo son inconscientes. El preconsciente es la parte de la memoria a largo plazo en que se activan parcialmente los esquemas. Los esquemas más activos son los que finalmente alcanzan la conciencia.

Hasta ese momento, se consideraba que el material subliminal, es decir, los estímulos que se presentan tan rápidamente que no pueden ser advertidos por la conciencia –independientemente de nuestra atención– tampoco pueden ser percibidos.

Pero la evidencia de que existe una percepción inconsciente seguía cobrando fuerza. De este modo, a principios de los años setenta, una revisión más completa de la literatura sobre las investigaciones llevadas a cabo al respecto terminó concluyendo la plausibilidad de la percepción subliminal.[24] Paralelamente, también fue desarrollándose una estructura teórica que permitía explicar cómo se producía tal percepción. Hacia 1977, aunque la idea todavía despertaba algunas reticencias, la mayor parte de los científicos cognitivos admitía ya plenamente la realidad de la percepción inconsciente. Veamos, a este respecto, la siguiente cita, que ilustra la forma en que los psicólogos se planteaban el debate:

> La cuestión fundamental de si las personas pueden responder a un estímulo en ausencia de la capacidad de informar verbalmente de su existencia, sería hoy contestada afirmativamente por muchos más investigadores que hace una década [...] y es muy posible que este cambio se deba a que actualmente disponemos de mejores métodos experimentales y al convincente argumento de que la percepción subliminal [...] [es el resultado] del [...] proceso de filtrado selectivo de la atención.[25]

En los años posteriores el peso de la evidencia del procesamiento inconsciente de la información ha llegado a ser abrumador. Y no se trata ya de meros argumentos teóricos, sino de los resultados de experimentos muy rigurosos. En 1980 un equipo de psicólogos publicó en la revista *Science* una serie de datos que demostraban que las personas manifestaban una marcada preferencia por ciertas formas geométricas –concretamente octógonos irregulares– a las que habían estado expuestas sin haber tenido un conocimiento consciente de ello.[26] Según mostraban esos datos, solemos elegir lo que nos resulta más familiar, aun cuando esa familiaridad sea inconsciente.

En la misma línea se llevó a cabo otra importante investigación que ha puesto también de manifiesto que la información que nunca llega a la conciencia tiene, no obstante, una influencia determinante en nuestro modo de percibir y de actuar. Howard Shevrin, de la Universidad de Michigan, midió las ondas cerebrales de decenas de estudiantes voluntarios mientras se les mostraban diferentes series de palabras e imágenes.[27] La presentación duraba tan sólo unas milésima de segundo, por lo que los voluntarios no podían ser conscientes de su significado. Mientras tanto, los sujetos debían establecer asociaciones libres en voz alta.

La investigación demostró que los mensajes tenían un impacto considerable sobre el proceso de la asociación libre. Cuando por ejemplo los sujetos veían la imagen de una abeja, sus asociaciones libres giraban en torno a palabras como «insecto», «aguijón» y «miel». Así pues, a pesar de que no sabían cuál era la palabra o la imagen en cuestión, quedó sobradamente demostrado que percibían el mensaje por vía no consciente y que, en consecuencia, los esquemas relativos a esos conceptos se activaban.

La explicación de Shevrin se ajusta perfectamente al modelo operativo de la mente que estamos describiendo:

> Sólo somos conscientes de un pequeño porcentaje del total de estímulos que impactan nuestros sentidos. Continuamente estamos seleccionando lo que activa nuestra atención, movidos principalmente por la necesidad, el interés y la relevancia de la percepción. *No obstante, el proceso de selección es, en sí, inconsciente.* Experimentamos que algo «irrumpe» en la conciencia, pero existe todo un complejo proceso inconsciente que organiza esa «irrupción». [...] Si consideramos conjuntamente las investigaciones realizadas sobre la atención y la percepción subliminal, parece suficientemente probada la existencia de una actividad cognitiva y emocional en nuestro cerebro anterior a su emergencia en la conciencia.[28]

El modelo psicológico que hemos estado describiendo se ajusta perfectamente a esta versión del funcionamiento de la mente. Los esquemas actúan de fondo, en las inmediaciones de lo que hemos denominado «memoria a largo plazo» –aunque quizá fuera mejor utilizar un término más genérico como «inconsciente»–. La mente es consciente del significado de un suceso antes de que éste penetre en la conciencia. Esta preconsciencia supone que los esquemas activos que se hallan fuera del alcance de la conciencia filtran y dan forma a la experiencia antes de que ésta aflore en ella, como si sólo «irrumpiera en la conciencia» una vez que los esquemas más relevantes hubieran sido plenamente activados.

Pero como sugieren los resultados de la investigación, los esquemas pueden guiar la conciencia mientras permanecen fuera de ella y no podemos observar su identidad sino tan sólo sus efectos. En palabras de Freud, «la observación de la neurosis nos ha enseñado que una idea latente o inconsciente no necesariamente tiene que ser débil».

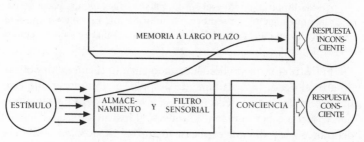

FIGURA 12.   En cualquier respuesta inconsciente, la información fluye directamente desde el filtro y el almacenamiento sensorial a la memoria, sin que la conciencia participe en este proceso. La respuesta también se ejecuta fuera del ámbito de la conciencia. Éste es el camino que siguen las rutinas automáticas y toda clase de fenómenos que ocurren fuera de la conciencia. Adviértase que esto es posible gracias a la existencia de canales paralelos de acción y de percepción, uno consciente y el otro inconsciente.

Asimismo, este modelo permitiría explicar otros fenómenos que durante mucho tiempo han estado confundiendo a los estudiosos de la mente (véase figura 12). Ernest Hilgard, un destacado investigador de la hipnosis de Stanford, relata una demostración del poder de la hipnosis en una clase en que se sugestionó un voluntario previamente hipnotizado para que se quedara provisionalmente sordo. Mientras duró su «sordera», el sujeto no se alteró lo más mínimo ante sonidos tan estridentes como un escopetazo y el entrechocar de grandes ladrillos.[29]

Mientras se llevaba a cabo el experimento, un estudiante preguntó si «alguna parte» del sujeto podía ser consciente de esos sonidos, ya que sus oídos presumiblemente no habían dejado de funcionar. El instructor entonces susurró las siguientes palabras al estudiante hipnotizado:

> Como usted sabe, ciertas regiones del sistema nervioso llevan a cabo actividades en las que no interviene la conciencia [como] la circulación de la sangre [...] También puede haber procesos intelectuales de los que no somos conscientes, como los que se expresan durante [...] los sueños. De modo que, aunque por los efectos de la hipnosis ahora está sordo, tal vez exista alguna parte de usted que oiga mi voz y procese la información. En tal caso, quisiera que levantara el dedo índice de su mano en señal de asentimiento.[30]

El instructor quedó desconcertado cuando el sujeto hipnotizado alzó el dedo. Inmediatamente después, el voluntario dijo que había sentido que su dedo índice se levantaba, pero no sabía por qué y quería saber la razón. Entonces, el instructor sacó al sujeto del trance y le pidió que explicase lo que había sucedido. «Recuerdo –dijo– que usted me dijo que me quedaría sordo cuando contara hasta tres y que recuperaría la audición cuando me pusiera la mano sobre el hombro. Luego hubo un completo silencio durante un rato. Era un tanto aburrido permanecer sentado y absorto en un problema estadístico. En eso estaba pensando cuando, de pronto, sentí que mi dedo se levantaba. Eso es lo que quisiera que usted me explicara.»

La explicación de Hilgard (suponiendo que creamos al voluntario) es que la mente tiene la capacidad de registrar y almacenar información sin la intervención consciente de la persona. Bajo determinadas circunstancias, es posible establecer contacto con esa «conciencia inconsciente» –a la que Hilgard denomina «observador oculto»–, ajena todavía a la conciencia de la persona.

Desde el sorprendente descubrimiento de esa capacidad, Hilgard ha llevado a cabo numerosos experimentos que confirman la solidez de la hipótesis del observador oculto. En un estudio sobre la analgesia hipnótica, Hilgard hipnotizó a una joven y le pidió que sumergiera una mano en un balde de agua helada sin que ella experimentara el menor dolor. Entonces Hilgard ordenó que con la otra mano –ajena a la conciencia de la mujer– rellenara un cuestionario que clasificaba la escala de dolor, que evidenció un aumento del nivel de ansiedad, dentro del rango de lo normal. Mientras tanto, cuando se le preguntaba, la joven decía sin embargo que no experimentaba dolor.

Una línea todavía más insólita de investigación –el estudio de los casos de personalidad múltiple– consolidó aún más la validez de la hipótesis de una cognición ajena a la conciencia. Se trata de casos tan fascinantes que han confundido durante mucho tiempo a la psiquiatría y han despertado el interés del gran público (ya se han publicado varios libros y se han filmado algunas películas al respecto, como *Las tres caras de Eva* y *Sybil*.

El siguiente relato periodístico es un ejemplo del enigma que suponen los casos de subpersonalidades independientes que habitan la misma mente:

Un agudo dolor despertó a Marianna del sueño. Entonces, encendió la luz de la mesilla y vio las manchas rojas de sangre cubriendo la pantalla. Antes de levantarse de la cama contó treinta finos cortes de navaja en sus brazos y piernas. Sobre la mesa había garabateada una nota: «AVISO A MARIANNA. *Basta ya de mentiras. Detén al niño o lo mataré.* El Destripador.»

Se trataba de una amenaza de muerte, pero también era un intento de suicidio porque Marianna, el Niño y el Destripador habitaban el mismo cuerpo. El Destripador, una violenta personalidad masculina muy dada a la venganza, estaba fuera de sí porque el Niño, un mocoso de cuatro años de edad, había estado contando al psiquiatra los secretos más recónditos que el Destripador había ocultado durante muchos años. Su despreciable acción pretendía conseguir el silencio del Niño. Nunca se le había ocurrido que él, el Niño y Marianna compartían el mismo cuerpo. Pero lo cierto es que lo que no compartían era el mismo dolor. Por ello, desde el punto de vista del Destripador, se trataba de personas diferentes y no se daba cuenta de que la muerte del Niño suponía también su propia muerte.[31]

Nuestro modelo es capaz de incluir tanto al «observador oculto» como a la personalidad múltiple,* ya que ambos requieren de la existencia de facultades mentales que operen al margen de la conciencia. Nuestro modelo permite demostrar, en suma, que la conciencia no es una estación de paso obligatoria de la información que fluye a través de la mente.

Una línea de investigación completamente diferente subraya la importancia de la información inconsciente. La experiencia quirúrgica acumulada demuestra que los pacientes que se hallan bajo los efectos de la anestesia no pueden oír ni recordar lo que ocurre en la sala de operaciones, lo cual permite que el cirujano pueda hacer comentarios jocosos, a veces a expensas del paciente.

Un grupo de investigadores de un hospital de rehabilitación de Chicago estudió qué efectos tenía un determinado mensaje dado a unos pacientes sometidos a una intervención quirúrgica de espalda,[32] mientras se hallaban bajo los efectos de la anestesia total y, con toda seguridad, no tendrían la menor conciencia de lo que había ocurrido en la sala de operaciones.

La complicación postoperatoria más frecuente de este tipo de intervenciones es la incapacidad de orinar voluntariamente, un problema que suele ser resuelto mediante la aplicación de una sonda. Los investigadores de este equipo se centraron en la posible evitación de esa solución, de modo que, cerca ya del final de la operación, mientras el paciente todavía se hallaba bajo los efectos de la anestesia, el cirujano llamaba al sujeto por su nombre y le dirigía las siguientes palabras:

> La operación ha ido bien y pronto habrá concluido. Tendrá que pasar los próximos dos días acostado sobre su espalda sin poder moverse. Sería, pues, una buena idea que usted relajase los músculos de la zona pélvica, porque eso le ayudaría a orinar y no necesitará que le sondemos.

---

* El caso de la personalidad múltiple requiere un ajuste adicional de nuestro modelo, que nos obligaría a aceptar también la existencia de subcensuras que operan en la memoria a largo plazo para mantener las rutinas y las experiencias de cada una de las subpersonalidades separadas de las del resto. Con este leve ajuste, nuestro modelo podría contemplar también esta eventualidad, si asumimos que, cuando una subidentidad ocupa la conciencia, las otras permanecen desconectadas.

Los resultados fueron sorprendentes porque, según los investigadores, ninguno de los pacientes a los que se insinuó esa posibilidad necesitó la implantación de una sonda después de la operación, mientras que la mitad de los sujetos sometidos a la misma operación, pero a los que no se había formulado tal sugerencia –grupo de control– tuvieron que ser sondados.

Otro grupo de investigadores médicos abordó más directamente la cuestión.[33] Durante la intervención se ponía en marcha una grabación, que llegaba al paciente anestesiado a través de unos auriculares, en la que se le sugería que cuando alguno de los miembros del equipo investigador fuera posteriormente a entrevistarle, «será muy importante que usted se rasque la oreja para que podamos saber que ha escuchado este mensaje». Los resultados demostraron que durante las entrevistas más del 80 por ciento de los pacientes que habían recibido la sugerencia se rascaron la oreja (la mayoría llegaron incluso a hacerlo seis o más veces).

La percepción, por tanto, no necesariamente tiene que ser consciente. El peso de la evidencia aportada por la investigación apoya esta conclusión y todos los modelos imperantes sobre el funcionamiento de la mente lo asumen completamente. De hecho, es muy posible que el acto más crucial de la percepción consista en tomar una decisión con respecto a qué entrará o no en el dominio de la conciencia. Este filtrado tiene lugar antes de que cualquier cosa arribe a la conciencia y la misma decisión es tomada fuera de su campo de acción.

La posterior decisión voluntaria de prestar atención a algo concreto tiene en consecuencia un alcance limitado. William James sugirió que la atención deliberada y consciente es la esencia de la voluntad. Pero las evidencias que hemos estado revisando, sin embargo, nos sugieren que sólo es libre dentro de ciertos límites. Así pues, lo que se presenta ante nuestra conciencia –y dentro de lo cual podemos elegir una cosa u otra– se halla, por así decirlo, determinado de antemano. Es como si la atención pudiera moverse libremente pero siempre dentro de un campo restringido. Nunca podemos saber cuál es la información que nuestros esquemas desestiman, porque no podemos prestar atención a la operación de filtrado que lleva a cabo la selección.

Las piezas están ahora en su lugar. Nuestro modelo de la mente muestra que existe una inteligencia –personificada por los esquemas– que controla, filtra y selecciona la información. De modo que el grueso de esta operación resulta ajeno a nuestra conciencia. Pero ¿cuáles son las implicaciones que tiene todo esto en el trueque –anteriormente mencionado– entre la ansiedad y la atención? Ésta, precisamente, será la pregunta que trataremos de responder en la tercera parte.

LOS SECRETOS DEL YO

LA MEMORIA DE JOHN DEAN

«Mi mente no es una grabadora, pero ciertamente registra los mensajes que se emiten.» Estas palabras, pronunciadas por John Dean el mes de junio de 1973 en la audiencia del caso Watergate, no dejan de ser irónicas, porque poco tiempo después –cuando estalló el escándalo al saberse que el presidente Nixon había ordenado la grabación de todas las conversaciones que se sostenían en el despacho Oval–, Dean tuvo la posibilidad de verificar la inexactitud de esta afirmación.

El largo y exhaustivo testimonio de Dean ocupaba 245 páginas, donde se recogían todos los sucesos y conversaciones en que participó durante los muchos meses en que estuvo implicado en las actividades ilegales del caso Watergate. Su declaración era tan prolija que el incrédulo senador Inouye preguntó: «¿Tiene usted siempre la misma facilidad para recordar tan escrupulosamente conversaciones que han ocurrido varios meses atrás?»

Ésa fue la pregunta que despertó el interés de Ulric Neisser en determinar la precisión de la memoria de Dean, cotejando sus recuerdos con una copia de la grabación de las conversaciones originales,[1] una comparación que evidenció tan sólo una coincidencia de carácter general. Pero las patentes discrepancias resultaron muy instructivas, porque parecían dictadas en buena medida por lo que bien podríamos calificar como una «memoria engañosa» que hubiera distorsionado selectivamente ciertos detalles, con el objetivo de resaltar el papel desempeñado por el propio Dean en el desarrollo de los acontecimientos.

Consideremos los hechos ocurridos el 15 de septiembre de 1972, un día en el que el gran jurado tenía que pronunciarse sobre la culpabilidad de los que por aquel entonces eran principales encausados (incluidos Howard Hunt y Gordon Liddy), y en el que Dean se mostró exultante por haber conseguido detener la investigación en esa instancia.

Esa tarde, Dean había sido llamado al despacho Oval para sostener una entrevista con Nixon y Haldeman que duró unos cincuenta minutos. Éste fue el contenido de su declaración:

> El presidente me pidió que me sentara. Ambos parecían estar de muy buen humor y me recibieron muy cordialmente. Entonces, el presidente me dijo que Bob –refiriéndose a Haldeman– le había mantenido puntualmente informado de mis actividades en el caso Watergate. El presidente me felicitó por mi trabajo, me dijo que se daba cuenta de las dificultades de una empresa de esas características y afirmó estar muy satisfecho de que las acusaciones no hubieran ido más allá de Liddy. Yo le respondí que simplemente me había limitado a cumplir con mi cometido, que otras personas se habían ocupado de cosas mucho más difíciles [...] y que había hecho todo lo que estaba en mi mano para detener la investigación y mantener al margen a la Casa Blanca. Luego agregué que todavía quedaba un largo camino por recorrer antes de que el asunto concluyera y que no podía prometerle que algún día no me viera en la obligación de revelar todo lo que sabía.[2]

Ésta fue la declaración que Dean repitió una y otra vez –con pocas variaciones– en el curso del juicio. Pero, en opinión de Neisser, el grado de concordancia entre su testimonio y lo que revelaba la grabación era ciertamente limitado:

> La comparación evidenció que el relato de Dean tenía muy poco que ver con los hechos. Porque Nixon no dijo ninguna de las cosas que Dean le atribuyó. No le pidió que se sentara, tampoco le dijo que Haldeman lo había mantenido al corriente de todo, ni que estaba satisfecho de su trabajo –no, al menos, en esa parte de la

conversación–, ni había referencia alguna a Liddy y las acusaciones. Por otra parte, tampoco parecía haber demasiada congruencia en cuanto a las cosas que se supone que había dicho el mismo Dean, como que se había limitado a cumplir con su cometido, que algún día todo el asunto podría salir a relucir, etc. (en realidad, dijo exactamente lo contrario, es decir, que no se iba a cometer ningún error). Así pues, aunque el relato de Dean resultara plausible, en realidad, era totalmente inexacto.[3]

La conclusión a la que Neisser arribó cuando trató de establecer la naturaleza de estas distorsiones fue que el testimonio de Dean no describía tanto lo ocurrido en la reunión como sus propias *fantasías* al respecto. «En opinión de Dean –sostiene Neisser–, Haldeman *debería* haber informado a Nixon de su excelente trabajo y Nixon *debería* haberse mostrado satisfecho de que las acusaciones se hubieran detenido en Liddy (y el primero de ambos puntos era, con mucho, el más importante). Además, Dean *debería* haber advertido a Nixon de que todo el asunto podría terminar saliendo a la luz pública –como finalmente ocurrió–, en lugar de insistir –como realmente hizo– en que todo iba a salir a la perfección.»[4]

El hilo argumental de toda esta serie de seudorrecuerdos es el «pensamiento engañoso». Dean, por ejemplo, concede gran importancia al hecho de que el gran jurado hubiera interrumpido la investigación, por ello pone esa alabanza en boca de Nixon. Pero lo cierto es que Nixon jamás pronunció esas palabras, al menos no del modo en que Dean lo relata. No cabe duda, pues, de que se trataba de un deseo profundo de Dean y que ese mismo deseo terminó modelando sus recuerdos.

El análisis realizado por Neisser demuestra que la memoria –al igual que la atención– es sumamente vulnerable a las distorsiones. La memoria y la atención están tan íntimamente ligadas que bien podríamos decir que la memoria es atención pasada y que sólo podemos recordar en el momento presente aquello de lo que hemos sido conscientes en el pasado. Así pues, la memoria se halla expuesta a una doble amenaza, porque además de la distorsión original, existe la posibilidad de distorsionar también su posterior recuerdo.

«¿Y esto es algo que nos ocurre a todos nosotros? –se pregunta Neisser–. ¿Es la memoria algo construido, elaborado y centrado en uno mismo?» Aunque sea difícil responder científicamente a esta cuestión basándose en un solo caso, Neisser se plantea si no habrá algo de John Dean en todos nosotros: «Era su ambición la que reorganizaba sus recuerdos, ya que aunque tratara de atenerse a la verdad, no podía dejar de resaltar el papel que desempeñó personalmente en cada uno de los hechos. Tal vez otra persona hubiera podido observar más desapasionadamente, reflexionar con mayor precisión e informar con más exactitud. Desafortunadamente, sin embargo, estas características parecen más bien escasas.»[5]

Quizá Dean distorsionó deliberadamente los hechos o se engañó a sí mismo creyendo su versión. Pero en cualquiera de los casos su reconstrucción patentiza claramente la existencia de una memoria selectiva.

El caso del escándalo de John Darsee –un investigador de la Harvard Medical School que fue denunciado por falsear los resultados de sus investigaciones– resulta también ilustrativo en este sentido.

Según afirmaba un artículo periodístico, después de que «varios jóvenes investigadores habían descubierto, atónitos, el falseamiento de los datos de una investigación llevada a cabo por Darsee», éste admitió haber amañado los resultados, pero insistió, sin embargo, en la exactitud del resto de sus investigaciones.[6]

Después de que un examen exhaustivo demostrara que Darsee llevaba años tergiversando los resultados de sus investigaciones, éste escribió una carta a la comisión federal de investigadores «en la que afirmaba que, si bien no recordaba haber falsificado ningún dato, reconocía que la investigación había dejado bien patente la falsificación y su papel en ella».

Si creemos en el contenido de la carta de Darsee. –«Parece que algo ha sucedido, parece que he hecho algo, pero es algo que ignoro o no recuerdo haber hecho»–, ésta constituye un auténtico alegato sobre el poder de la mente para autoprotegerse aun después de que los hechos hayan sido admitidos. Los casos de Dean y de Darsee constituyen ejemplos públicos de un hecho privado. No cabe la menor duda de que somos muy proclives a negar y distorsionar los hechos, a engañarnos, en suma, a nosotros mismos. Pero, como pronto veremos, la misma estructura de la mente favorece esta clase de autoengaño.

QUIEN CONTROLA EL PASADO
CONTROLA EL FUTURO

Según Bertrand Russell, «la importancia que atribuimos a nuestro pasado se acrecienta con el paso del tiempo, y se suele creer que las emociones pasadas fueron más vívidas e intensas de lo que en realidad fueron. De este modo, si algo es cierto, deberá ser olvidado y, si se olvida, dejará de ser cierto». Esta visión de las cosas encuentra su expresión más siniestra en una consigna recogida en la novela de Orwell, *1984*: «Quien controla el pasado controla el futuro, y quien controla el presente controla el pasado.» Pero *¿quién* controla el pasado en el dominio de nuestra mente?

La memoria es nuestra propia autobiografía y su autoría corresponde al «yo», un conjunto de esquemas especialmente poderoso –denominado también en ocasiones «sistema del yo» o «sensación de identidad»– que define la sensación de identidad y del mundo, y determina de ese modo lo que entendemos por «yo», «mí» y «mío».

La construcción del yo es un proceso muy lento que se inicia en la infancia, y es muy probable que constituya el conjunto más esencial de esquemas de que dispone nuestra mente. Sus orígenes se remontan a las tempranas interacciones que sostuvimos con nuestros padres, y su desarrollo sigue el cauce de los surcos creados por la relación con ellos, con nuestra familia y con nuestros parientes; es decir, con todas las personas y acontecimientos significativos de nuestra vida. El sistema del yo determina el modo en que la persona filtra e interpreta la experiencia, y es el responsable de la reelaboración –al servicio del yo– de la experiencia pasada que hemos testimoniado en los casos de Dean y Darsee. Pero, para hacerlo, el yo recurre a los mismos instrumentos –y, en consecuencia, sucumbe a las mismas tentaciones– que caracterizan a un estado totalitario. Por ello, el yo actúa como un censor que selecciona y distorsiona el flujo de la información.

En un artículo titulado «The Totalitarian Ego»,[7] el psicólogo social Anthony Greenwald, establece un paralelismo entre el yo y los dictadores, proporcionándonos un esbozo del yo que se deriva de numerosas áreas de investigación. «Los rasgos más sobresalientes de este retrato –según él– son [...] sesgos cognitivos que se corresponden estrechamente con los aparatos de control mental y propaganda [...] característicos de los regímenes políticos totalitarios.» No obstante, «puede haber buenas razones para que el yo se comporte como un dictador –prosigue Greenwald–, ya que lo que parece despreciable como sistema político puede, no obstante, cumplir con un propósito adaptativo en la organización personal del conocimiento.»

En tanto que recopilador y observador central de la vida, el yo desempeña el mismo papel que un historiador... aunque la imparcialidad no se cuente entre sus virtudes. Como Greenwald destaca –y el ejemplo de Dean ilustra palmariamente–, «el pasado se recuerda como si se tratara de una obra de teatro en la que el yo fuera el principal protagonista». La revisión comprehensiva de los datos procedentes de la investigación, evidencia, en opinión de Greenwald, que el yo «fabrica y reelabora la historia recurriendo a métodos que no despertarían desde luego la admiración de ningún historiador».

Veamos ahora algunos de los datos experimentales aportados por Greenwald para sustentar su tesis de que nuestra vida mental está teñida por el egocentrismo. En este sentido, hay que comenzar diciendo que los hechos se recuerdan mejor cuanto más tienen que ver con uno mismo o, dicho de otro modo, que la mayor parte de los integrantes de un grupo se perciben como si ellos fueran el centro de atención. Quienes, por su parte, deben tomar decisiones en cuestiones de política internacional suelen considerar que los actos de naciones muy alejadas geográficamente son amenazas directas, cuando en realidad no son más que el reflejo de las condiciones locales. Y todo el mundo suele considerar que lo que les sucede es fruto del destino, como cuando a alguien le toca la lotería.

Por otra parte, la gente es proclive a atribuirse los éxitos pero no los fracasos, otra clase de sesgo egocéntrico que se trasluce en ocasiones en el uso que hacemos del lenguaje. Así, por ejemplo, cuando nuestro equipo pierde un partido, solemos decir que «han perdido», mientras que si vence, nos vanagloriamos diciendo que «hemos ganado». En este sentido, un implicado en un accidente explicaba al agente de la compañía de seguros: «El poste de teléfonos se me aproximaba a toda velocidad. Traté de apartarme de su camino, pero no pude hacer nada porque se me vino encima.» Un ejemplo deliberadamente irónico de esta clase de lapsus sobre esta modalidad de egocentrismo nos lo proporciona el mismo Greenwald en una nota de agradecimiento que escribe a pie de página:

> El autor está dispuesto a asumir la plena responsabilidad de las buenas ideas que puedan encontrarse a lo largo de este texto. Debo agradecer, sin embargo, la ayuda y comentarios de las siguientes personas… [Aquí sigue una larga lista de nombres.] Si esta palpable muestra de gratitud pudiera ser considerada como una prueba de incompetencia, el lector debe saber que ha sido hecha a sugerencia de Robert B. Zajonc y revisada por Robert Trivers.

Un signo inequívoco del egocentrismo del yo es el fracaso de los esquemas para asimilar nueva información, un sesgo muy evidente por ejemplo en la tendencia de los investigadores a desdeñar los datos que no concuerdan con su hipótesis. Las personas se aferran a toda clase de creencias a pesar de las evidencias y razones que apuntan en sentido contrario.

En opinión de Greenwald, todos estos sesgos y autoengaños se hallan tan profundamente arraigados porque cumplen con una función adaptativa y permiten preservar la integridad de la organización del conocimiento de que dispone el yo. Dicho de un modo más exacto, estos errores reflejan la tendencia del yo a codificar la información en torno a un principio organizativo central: lo que importa al yo. En ausencia de esta clase de organización estructural, el conocimiento y el comportamiento se articularían de cualquier modo, pero gracias a ella la nueva información se asimila de forma ordenada y útil, que permite su fácil recuperación.

Dicho en otras palabras, el hecho de que el yo constituya el marco de referencia central alrededor del cual se organizan la memoria y la acción conlleva la ventaja estructural de que los conocimientos relevantes se constelen en torno a un único esquema organizativo. La analogía que emplea Greenwald para clarificar este punto es el sistema de clasificación utilizado en las bibliotecas: «Una vez que hemos decidido atenernos a un determinado sistema de clasificación, lo más adecuado será seguir con él y no modificarlo [...] cada vez que aparezca un nuevo sistema de catalogación.» En este sentido, podríamos decir que el yo constituye algo parecido al sistema métrico decimal de nuestra mente.

En su revisión de la noción del yo, Seymour Epstein llama la atención sobre lo inadecuada que puede ser la imagen que las personas tienen de sí mismas, una incongruencia que no siempre está ligada —como ocurre en los casos descritos por Greenwald— a sesgos de naturaleza positiva:

> Personas muy competentes se sienten en ocasiones profundamente ineptas, personas inferiores se sienten superiores, otras con un aspecto anodino se creen hermosas, mientras que hombres y mujeres guapos se consideran poco atractivos. Pero tal vez lo más sorprendente sea el hecho de que ciertas personas que han llevado vidas ejemplares se martiricen con sentimientos de culpa que les llevan incluso a no querer seguir viviendo, mientras que otros, culpables de crímenes horrendos, no parecen experimentar el menor remordimiento de conciencia.[8]

Según Epstein, estas percepciones se basan en la autoestima de la persona. Cierta escuela de pensamiento afirma que el sistema del yo encarna la sensación de estima y de valor y que toda amenaza a esa visión de uno mismo es particularmente angustiosa y da origen a la inexorable necesidad de recuperar la integridad. En este sentido, la información que cuadra con la propia imagen del yo es fácilmente asimilada (la predisposición de Dean, por ejemplo, a informar sobre la importancia que Nixon había atribuido a sus esfuerzos), pero los datos que la amenazan son difíciles de admitir (su olvido de que el presidente no pronunciase, de hecho, ninguno de los elogios que recuerda).

La información que amenaza el yo –aquella que no respalda la historia que uno se cuenta acerca de sí mismo– supone también una amenaza para la autoestima. Y esta clase de amenazas constituye una fuente importante de ansiedad. En el caso de los animales, el estrés está ligado al peligro físico, pero en el caso de los seres humanos basta con un desafío a la autoestima para desencadenar un ataque de ansiedad.

En el siguiente ejemplo, el psiquiatra Aaron Beck describe un caso de baja autoestima de uno de sus pacientes deprimidos que refirió haber experimentado lo siguiente en el intervalo de sólo media hora:

> Su esposa se irritaba porque los niños se vestían muy despacio y él pensaba: «Soy un mal padre porque no sé educar a mis hijos.» Entonces se dio cuenta de que eso también debía significar que era un mal esposo. Mientras conducía de camino al trabajo pensaba: «Debo ser un pésimo conductor porque todo el mundo me adelanta.» Cuando llegó al trabajo se dio cuenta de que no era el primero y pensó: «No presto la suficiente atención a mi trabajo, de hacerlo, hubiera llegado más temprano.» Luego, cuando vio todos los papeles que se amontonaban sobre su escritorio, concluyó: «Soy un pésimo organizador porque de lo contrario no tendría tanto trabajo acumulado.»[9]

En opinión de Beck, esta tendencia pesimista constituye la marca distintiva de la depresión, que en su opinión consiste en una activación crónica de los esquemas negativos del yo. Cuando la depresión es leve, dice Beck, la persona alberga pensamientos negativos sobre sí misma, pero todavía conserva cierta objetividad. Sin embargo, cuando la depresión es más severa, este pensamiento se ve completamente sujeto a ideas negativas acerca de su propio yo.

Cuanto más se activen estos esquemas negativos del yo, mayor distorsión ejercerán sobre el pensamiento y menor será en consecuencia la capacidad para comprender que estos pensamientos depresivos no son más que distorsiones. En los casos más severos, la idea que tiene de sí misma la persona deprimida se halla completamente a merced de preocupaciones autocondenatorias incontrolables.

Los esquemas del yo deprimido, prosigue Beck, conducen finalmente a la persona «a considerar sus experiencias como derrotas o pérdidas irreversibles. Y, consecuentemente, el individuo deprimido suele terminar definiéndose como un "perdedor" o una víctima». Beck establece una comparación entre la percepción distorsionada del yo, propia de la persona deprimida, y la visión más equilibrada de alguien que no se halla en las garras de este trastorno:[10]

ESQUEMA DEL YO DEPRIMIDO	ESQUEMA DEL YO SANO
1. Tengo miedo	Soy moderadamente temeroso, generoso y bastante inteligente
2. Soy un cobarde despreciable	Tengo más miedo de lo que la gente cree
3. Siempre he sido y siempre seré un cobarde	Mis miedos fluctúan en función del momento y de la situación
4. Tengo un defecto de carácter	Evito muchas situaciones y tengo muchos miedos
5. No puedo hacer nada puesto que soy un ser esencialmente débil	Puedo aprender estrategias para afrontar las situaciones y luchar contra mis temores.

Epstein propone que los esquemas –a los que él denomina «postulados»– se hallan jerárquicamente organizados dentro del sistema del yo. Los más inferiores son aquéllos ligados a hechos menores puntuales como por ejemplo: «Soy un buen jugador de tenis» o «A la gente le gusta cómo toco el piano». Los superiores, por su parte, podrían ser enunciados así: «Soy un buen atleta» o «La gente sabe que soy un buen músico». Por último, aquellos que ocupan el escalafón superior serían comparables a la siguiente afirmación: «Soy una persona digna de alabanza.»

Los primeros pueden verse desmentidos por los hechos sin que ello implique una gran amenaza para la propia autoestima, como ocurre cuando se pierde un partido de tenis o no se consiguen los aplausos del público después de tocar el piano, situaciones, en suma, que no conllevan una pérdida grave de la autoestima. En cambio, cuando lo que está en juego es un esquema de orden superior, el peligro resulta mucho más elevado. No cabe la menor duda, por ejemplo, de que tanto Dean como Darsee tuvieron que hacer frente a un grave desafío a su autoestima cuando el primero tuvo que testificar ante el Senado y el segundo hubo de defenderse de las acusaciones de haber falsificado los resultados de su investigación.

Los padres poco afectuosos, los hermanos rivales y los compañeros hostiles pueden contribuir a disminuir la autoestima, mientras que las experiencias positivas con esas mismas personas pueden incrementarla:

> Las personas con alta autoestima –afirma Epstein– llevan, en efecto, en su interior un padre orgulloso de los éxitos de su hijo y tolerante con sus fracasos. Esta clase de individuos tiende a tener una visión optimista de la vida y es capaz de tolerar el estrés sin llegar a sentirse excesivamente ansiosa. Y aunque pueden desilusionarse y deprimirse ante experiencias puntuales, las personas con una adecuada autoestima se recuperan rápidamente, del mismo modo que lo hacen los niños que están seguros del amor de su madre.[11]

Sin embargo, las personas con una baja autoestima suelen arrastrar el peso psicológico de un padre duro e intransigente. Son sujetos proclives a la hipersensibilidad y al fracaso, demasiado predispuestos a sentirse rechazados y que tardan en asimilar las decepciones. Su visión de la vida es tan pesimista como la del niño que no está seguro del amor de sus padres.

Un esquema sano del ego permite reducir la ansiedad provocada por cualquier amenaza a la imagen de uno mismo recurriendo a ciertas estrategias mentales. De este modo, los sucesos pueden ser recordados, reinterpretados y sesgados selectivamente. Cuando los hechos objetivos no confirman el sistema del yo, una reelaboración más subjetiva puede hacerlo. Si, por ejemplo, me considero una persona buena e íntegra y los hechos no sustentan esa visión, puedo seguir conservando mi propia autoestima distorsionando mi visión de los hechos.

Como ya hemos visto anteriormente, los recursos que hacen posible esta distorsión se hallan completamente fuera del alcance de la conciencia. Gracias a este filtrado previo a la conciencia, el sistema del yo puede mejorar su representación de los acontecimientos. De ese modo, basta con fomentar una visión acabada y pulida de nosotros mismos porque el trabajo sucio se lleva a cabo entre bastidores. Ciertas investigaciones sugieren que las personas deprimidas sirven peor al yo que las no deprimidas, quienes consideran la vida impregnada de un «halo ilusorio» de positividad. Esa clase de reinterpretaciones de la realidad al servicio de nuestro propio yo tiene lugar en algún momento en todos nosotros, pero rara vez nos damos cuenta de ello. Después de todo, el engaño se gesta discretamente en las bambalinas del inconsciente y nosotros sólo somos sus meros receptores, unos impostores inocentes, los sujetos pasivos de una impostura, en suma, ventajosa.

EL SISTEMA DEL YO: «YO BUENO», «YO MALO» Y «NO YO»

Los esquemas, al igual que las imágenes del yo, cambian de continuo a lo largo de la vida. Pero las imágenes pasadas del yo dejan su huella, y nadie tiene una imagen de sí mismo plenamente integrada, una versión exclusivamente armoniosa de su yo. Los diferentes estadios vitales van sedimentando en nosotros una serie de yos superpuestos que pueden ser más o menos coherentes entre sí. Es por ello que cuando aparece una nueva imagen predominante del yo, como ocurre cuando una adolescente tímida y desgarbada se convierte en una mujer elegante y sociable, el yo «elegante» nunca termina de borrar por completo al «desgarbado».

De esta forma, los traumas a los que nos enfrentamos durante la vida pueden estimular una imagen previa del yo. Según afirma Mardi Horowitz:

> Si una persona tiene un accidente y pierde algún miembro o si es despedida de su trabajo, puede tener lugar un brusco retroceso de una imagen del yo competente a otra –presente aunque latente– del yo inepto y defectuoso […] Supongamos, por ejemplo, el caso de una persona que tiene una imagen predominante y relativamente estable de sí misma como alguien competente, que actúa a modo de principio organizador fundamental de sus procesos mentales. Su-

pongamos también que esa persona tiene una imagen del yo, latente e inactiva, por la que se ve fundamentalmente inepta [...] En tal caso, cuando esa persona se vea en la situación de afrontar una pérdida o una afrenta, contará con dos imágenes distintas del yo –la adecuada y la incompetente–, y en algún momento esta última puede llegar a ser predominante, dando entonces lugar a una reacción provisional de excesiva vulnerabilidad.[12]

El psiquiatra Harry Stack Sullivan ha llegado a la misma conclusión desde una perspectiva interpersonal, presentándonos un modelo simple y plausible de cómo aprendemos a entregar parte de nuestra atención a cambio de un alivio de la ansiedad.[13] Sullivan ha rastreado el origen de este proceso en el aprendizaje infantil que nos recompensa cuando somos buenos y nos castiga cuando somos malos. Cuando el cuidador es desaprobador, el bebé experimenta ansiedad por la pérdida de cariño. De este modo, al igual que ocurre con el juego de «frío o caliente», el niño va aprendiendo a comportarse evitando la desaprobación y despertando la ternura.

Es así como el bebé se ve obligado inevitablemente a enfrentarse y superar determinadas situaciones (como, por ejemplo, diferenciar entre el aseo y las heces o entre la comida y las cosas que no puede meterse en la boca). El grito cargado de ansiedad o enojo de una madre –«¡No! ¡Caca!»– puede, en palabras de Sullivan, llevar al bebé «de una condición de moderada euforia a otra de profunda ansiedad», operando con la misma eficacia que un cachete. El amplio abanico de posibles actos desaprobatorios por parte de la madre –desde la simple reprimenda hasta la explosión abierta del enojo– suscita una respuesta proporcionalmente ansiosa en el niño. Esta ansiedad influye de forma más o menos directa en el curso del desarrollo del pequeño.

La historia de las alabanzas y censuras que reciba el niño determina el modo en que éste definirá su propia experiencia. Según Sullivan, existen tres clases de experiencia que son esenciales para el desarrollo de la identidad. En su opinión: «Las recompensas, la ansiedad y el enojo repentino personifican las tres fases de lo que será el *yo*», a las que denomina, respectivamente «yo bueno» y «no yo».

La ternura refuerza al «yo bueno», que se conforma en función de todas las ocasiones en que el sujeto se siente «bueno» y amado, y determina gran parte de nuestra conducta a lo largo de la vida. Según Sullivan «el tópico fundamental acerca del "yo" depende de la forma en que se desarrolla el yo bueno», el que a todos nos gusta creer que somos.

El «yo malo» está ligado a las experiencias en que diferentes grados de desaprobación han terminado generando niveles correspondientes de ansiedad en el niño. El «yo malo» es una sensación de identidad ligada a la ansiedad, la culpabilidad y la vergüenza de ser desobediente. Esta clase de ansiedad es interpersonal, puesto que el niño desobediente se siente privado de amor, lo que a su vez genera más ansiedad. El «yo malo» tiene que ver con las cosas que hacemos –o hicimos–, de las que nos sentimos arrepentidos y nos gustaría no haber hecho. Un escritor recuerda un incidente que ejemplifica sarcásticamente al «yo malo»:

> … Uno de los pocos recuerdos insuficientemente reprimidos de mis patéticos días de la escuela primaria tiene que ver con unas niñas llamadas Emily Johnson y Betty. Durante un examen de aritmética, Emily se volvió riendo hacia Betty y le dijo: «Ahora se está hurgando la nariz», a lo que la otra respondió con un divertido «¡Sí!». Entonces fue cuando miré a mi alrededor, esperando en vano que no estuvieran hablando de mí. Desde ese momento el miedo reemplazó a la indiferencia en mis relaciones con el sexo opuesto.[14]

El «no yo», por último, tiene que ver con un dominio de la experiencia completamente diferente. Porque, si bien el «yo malo» suscita ansiedad, sus contenidos –los detalles concretos que generan la ansiedad– permanecen en la conciencia. Pero no sucede lo mismo con el «no yo», que, según Sullivan, gira en torno a experiencias que él mismo califica como «emociones misteriosas», sentimientos de terror y pánico tan intensos que desarticulan toda posibilidad de comprender siquiera lo que está ocurriendo. Una vez que una «emoción misteriosa» se apodera de la mente, expulsa fuera de la conciencia la causa que la originó. Sullivan afirma que los sucesos que dan forma al «no yo» son el fruto de una «ansiedad tan intensa y tan repentina que resulta imposible, para las rudimentarias capacidades con las que cuenta el niño en ese momento, dotarlas del menor sentido o conseguir un asidero que le permita permanecer seguro ante las circunstancias concretas que dictaron la experiencia».

La ansiedad frustra toda posibilidad siquiera de comprender lo que está ocurriendo y, en ese sentido, genera una gran confusión. Los esquemas que organizan al «no yo» permanecen fuera de la conciencia, y la persona sólo sabe que ha ocurrido algo sumamente angustioso pero no puede encontrar palabras para expresarlo. Esos momentos, dice Sullivan, están preñados de temor, rechazo y terror indefinidos. A falta de un contenido que confiera un sentido a esos intensos sentimientos, el mejor modo de referirse a ellos es calificarlos como «misteriosos».

Estas experiencias de ansiedad perturban el principio organizador de la conciencia, el sistema del yo. Según Sullivan, además de organizar eficazmente la información, el sistema del yo cumple con otra misión esencial: evitar la ansiedad. El sistema del yo «se organiza para evitar o reducir la ansiedad –real o imaginaria– que suele acompañar a las experiencias imprevistas desagradables».[15]

De este modo, el sistema del yo es tanto una especie de radar primordial que nos permite detectar la ansiedad como el sistema que pone en marcha los mecanismos necesarios para mantenerla alejada de nosotros. Se trata de un sistema que permanece continuamente activo, advirtiendo, dice Sullivan, «lo que uno no llega a advertir», y que desempeña su función operando sobre la experiencia misma.

El niño, continúa Sullivan, se ve obligado a llevar a cabo esta maniobra porque el mundo no siempre permite que nuestras *acciones* pongan fin a la causa de la ansiedad (la misma observación que hace Richard Lazarus con respecto a las estrategias de *coping* de que disponemos para hacer frente al estrés). Porque cuando el *locus* de la ansiedad es inamovible, la única alternativa con que contamos consiste en modificar nuestra forma de *percibir* el mundo. El niño, por ejemplo, tiene una experiencia muy temprana de la frustración cuando no puede conseguir lo que desea. «El descubrimiento de que existen cosas inalcanzables, y en consecuencia de que existen situaciones ante las que se es completamente impotente», resulta a la vez inevitable y generador de ansiedad.

El niño tiene que aprender a relacionarse con esa clase de ansiedad mediante lo que Sullivan denomina «maniobras de seguridad», operaciones que le permiten falsear su propia conciencia para tranquilizarse. «Por ello –dice Sullivan–, antes incluso del final de la infancia, el niño trata los objetos inalcanzables *como si no* existieran», como si dijera «dado que no puedo tenerlo, lo negaré».

Sullivan –que formuló su teoría en la década de los cuarenta– describió las operaciones realizadas por el yo para protegerse de la ansiedad. Como veremos más adelante, Sullivan –que era neofreudiano– elaboró su teoría sobre las «maniobras de seguridad» basándose en el modelo freudiano de los «mecanismos de defensa». Así pues, tomando a Freud como punto de partida, observó que este tipo de operaciones se originan «en una instancia muy ajena a lo que propiamente podríamos denominar conciencia».

Pero Sullivan, al igual que Freud, elaboró su teoría basándose en datos clínicos, una práctica que los investigadores no suelen tomar muy en serio, puesto que los datos que parecen corroborar una determinada teoría clínica pueden deberse más a los sesgos del observador que a la misma naturaleza de los hechos (como evidencia la investigación realizada sobre el «yo totalitario»).* Desde esta perspectiva, Sullivan y Freud fueron más teóricos que verificadores de teorías; por tanto, corresponde a la moderna teoría del procesamiento de la información elaborar el marco teórico que permita llevar a cabo una investigación experimental que nos brinde los datos que precisamos. Esos datos serían los que nos mostrarían, en términos actuales, cómo el sistema del yo nos protege de la ansiedad mediante una distorsión de la atención.

---

*   De hecho, el objetivo fundamental de toda empresa científica consiste en la superación de esa clase de sesgos.

PERCIBIR LO QUE NO PERCIBIMOS

Todo esquema selecciona implícitamente lo que advertiremos y lo que no advertiremos, porque el hecho de orientar la atención hacia una determinada pauta de significado supone ignorar al resto. En este sentido, hasta los más inofensivos de los esquemas seleccionan la experiencia según su relevancia. Pero en el mismo momento en que un filtro perceptual elimina determinada información basándose no tanto en su relevancia como en algún tipo de prohibición se convierte en un censor.

En cierta ocasión, tuve la oportunidad de preguntar a Ulric Neisser si existían esquemas que nos señalaran que no atendiéramos a determinadas experiencias. «Sí –dijo–. Estoy seguro de que eso es lo que ocurre en distintos niveles. Y no tiene por qué tratarse de algo especialmente sutil e interesante. Probablemente empieza con casos semejantes al del vídeo en que aparecía una mujer paseando con una sombrilla por un campo de baloncesto mientras se estaba celebrando un partido. Las personas que visionaron la escena no apartaron su atención de la tarea que tenían que llevar a cabo y en consecuencia no advirtieron la presencia de la mujer. Pero ese mismo mecanismo se pone en marcha cuando por ejemplo se tiene la sospecha fundada de que pronto descubriremos algo a lo que no queremos enfrentarnos. En ese caso, ni siquiera se cambia el foco de atención, como si existiera algún tipo de esquema que impidiera prestar atención a algo diferente.»[16]

En una serie de estudios llevados a cabo en la década de los sesenta, Lester Luborsky mostró el funcionamiento de este mecanismo.[17] Para ello, utilizó una cámara especial que permitía registrar los movimientos de los ojos de un grupo de personas que debían observar una serie de imágenes. La cámara en cuestión utilizaba un pequeño haz luminoso reflejado en la córnea –que no interfería con la línea de visión de la persona– para poder determinar así con exactitud la orientación de su foco visual.

Luborsky mostró a los sujetos una serie de diez imágenes y les pidió que las valorasen en función del agrado o disgusto que les produjeran. Tres de ellas tenían un contenido de naturaleza abiertamente erótico (en una de ellas, por ejemplo, podía verse en primer plano la silueta de un pecho femenino detrás del cual había un hombre sentado leyendo el periódico).

El rendimiento de algunas personas fue notable y fueron capaces de mantener centrada su mirada aun en el caso de que se les presentaran imágenes portadoras de una mayor carga erótica. Cuando pocos días después se les preguntó al respecto, no podían recordar gran cosa y hubo incluso quienes parecían haberlo olvidado todo.

Pero para dejar de ver algo debe existir alguna instancia que conozca el contenido de la imagen que tiene que evitar. Es como si, de algún modo, la mente aprehendiera lo que está ocurriendo y erigiese un filtro protector que mantuviese apartado de la conciencia lo que resulta amenazante. Una viñeta del *New York Times*, en la que una mujer mayor y algo arrogante permanece de pie, en un museo, frente a un enorme y expresivo cuadro que representa el rapto de las sabinas, con la mirada obsesivamente fija en la firma del artista ubicada en el ángulo inferior, ilustra gráficamente este efecto.

Según Neisser, los programas destinados a no darse cuenta de las cosas son «esquemas que desvían nuestra atención», a los que yo denomino «metaesquemas»; es decir, su función es organizar el funcionamiento del resto de los esquemas.* En el ejemplo que

---

* Hay otra clase de metaesquemas, por ejemplo las reglas lingüísticas que orientan nuestra comprensión y uso del lenguaje. Los metaesquemas son difíciles de captar directa-

acabamos de citar, los esquemas de distracción orientan la atención para que la conciencia no llegue a registrar el objeto prohibido.

Desafortunadamente, nuestro idioma no parece disponer de una expresión adecuada que determine con más precisión los «esquemas de distracción», aunque tal vez el término «laguna» –derivado del vocablo latino *lacuna*, que significa «hueco o intervalo»– sea más apropiado para referirnos al mecanismo mental representado por esa clase de esquemas. Una «laguna», pues, es un mecanismo de la atención que crea un hueco defensivo en nuestra conciencia y genera en consecuencia un punto ciego.

Las lagunas son, en lo que respecta a su efecto contrario a la atención, el equivalente psicológico de los opioides. Son los agujeros negros de nuestra mente, las zonas que desvían la atención de determinados fragmentos predeterminados de la realidad subjetiva, dicho más concretamente, de aquella información capaz de despertar nuestra ansiedad. Las lagunas actúan de modo similar al mago que llama la atención de su audiencia hacia lo que está haciendo con su mano derecha mientras simultáneamente manipula con la izquierda algo que se halla fuera del campo visual del público.

Y lagunas eran, a fin de cuentas, los mecanismos psicológicos que permanecían activos en los sujetos del experimento de Luborsky, cuyos ojos evitaban deliberadamente la imagen del pecho femenino. El psicólogo Donald Spence concluye que la mirada de los sujetos esquivó tan sistemáticamente la región del seno –sin centrarse *ni un solo instante* en ella–, que «nos sentimos tentados a afirmar que esa evitación no se produjo el azar, sino que fue sumamente intencional. La persona sabía perfectamente dónde *no* debía mirar».

En un intento de determinar con más precisión cómo se produce esta maniobra, Spencer sugiere que debe existir alguna parte del sistema visual que dispone de una especie de «pre-visión», una parte que registra el pecho con la visión periférica, lo etiqueta como

---

mente. Tal vez un lingüista pueda inferir las reglas de un idioma después de un estudio exhaustivo, pero cualquier hablante de esa lengua tendrá muchas dificultades para explicar la forma en que agrupa las palabras para formar una frase con sentido o para comprender el significado de las que escucha. Los metaesquemas lingüísticos son precisamente los que hacen este trabajo por nosotros en un nivel muy alejado de la conciencia.

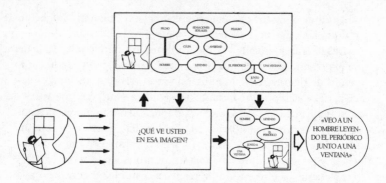

FIGURA 13.   Creación de una laguna. Diagrama de flujo de la información que tiene lugar cuando alguien contempla una imagen que muestra en primer plano el pecho de una mujer tras el cual se ve a un hombre leyendo el periódico; la persona elude completamente la contemplación del pecho. El almacenamiento sensorial –«pre-visión»– capta la imagen global y el filtro selecciona tanto lo que se verá (las zonas neutras) como lo que se evitará ver (el pecho). Únicamente las zonas neutras pasan a la conciencia: «Veo a un hombre leyendo el periódico junto a una ventana.»

un área psicológicamente peligrosa y termina orientando la mirada hacia zonas más seguras (y todo ese mecanismo ocurre de un modo completamente ajeno a nuestra conciencia).

Comentando este efecto –que se ha llegado a denominar «defensa perceptual»–, Jerome Bruner, un antiguo investigador sobre este tópico, se preguntaba: «A menos que anteriormente *lo haya visto*, ¿cómo una persona puede *saber* que algo es potencialmente amenazado? ¿Existe una especie de perceptor que decide abrir las puertas de la percepción para permitir que algo penetre en la conciencia?»

No es difícil responder a las preguntas de Bruner si adaptamos el modelo de la mente que proponemos, porque como muestra la figura 13 una maniobra de este tipo puede ser llevada a cabo fácilmente.

Otro caso evidente de tales lagunas lo constituyen las alucinaciones negativas inducidas por hipnosis. Si un hipnotizador da la instrucción de no ver una silla, cuando haga referencia a ella el sujeto hipnotizado se quedará completamente en blanco, hablará de cualquier otra cosa y no podrá centrarse en el tema de la conversación, careciendo además de toda percepción o recuerdo del objeto. Y lo mismo parece ocurrir en el caso de la amnesia posthipnótica, cuando se le dice al sujeto que olvide todo lo que ha ocurrido durante la sesión.

«En mi opinión –sostiene Neisser–, la vida cotidiana está plagada de represiones similares, ya que nuestra observación y forma de pensar sobre las cosas está plagada de multitud de limitaciones y evitaciones. Un ejemplo flagrante es aquel en que cerramos los ojos para no ver las escenas violentas de una película, pero el hecho es que lo mismo parece ocurrir con los procesos cognitivos hacia los que dirigimos –o de los que apartamos– nuestra atención. Todos nosotros actuamos así. Todos hemos tenido ciertas experiencias dolorosas que tratamos de soslayar. Al hacerlo dejamos de ser conscientes de ellas y evitamos recurrir a las estrategias habituales de la memoria. No es extraño que se termine siendo muy diestro y no se recuerde absolutamente nada con relación a determinados hechos dolorosos.»

Peor aunque *lo que resulta doloroso* varíe de una persona a otra, a la mayor parte de la gente le resulta fácil recordar los hechos positivos y tiene dificultades para evocar los dolorosos. Las personas deprimidas, en cambio, tienen más problemas para recuperar los recuerdos positivos que los negativos. El sistema del yo es en parte un mapa de esas regiones dolorosas, de las regiones en que la autoestima es más baja, el sistema del yo se siente más vulnerable y el dolor resulta más patente. En mi opinión es precisamente en estos nódulos de dolor donde las lagunas desempeñan su misión defensiva, protegiendo de la ansiedad al sistema del yo.

Un estudio realizado por investigadores rusos llegó a la misma conclusión.[18] Estos especialistas proyectaron subliminalmente una lista de palabras y pidieron a los sujetos que participaban en el experimento que adivinaran cuáles eran. Algunas de ellas poseían una especial carga emocional, como por ejemplo la palabra «hurto», proyectada ante un hombre acusado de robo. Los investigadores constataron que los sujetos tenían serias dificultades para identificar las palabras problemáticas –un hecho corroborado por la presencia de una intensa respuesta electroencefalográfica–, demostrando, de ese modo, la existencia de algún tipo de laguna. En su trabajo con pacientes en la Universidad de Michigan, el psicólogo clínico Howard Shevrin también obtuvo resultados similares.[19]

Estas respuestas evasivas están orquestadas por las lagunas. Vernon Hamilton nos ofrece una posible versión del funcionamiento de este tipo de esquemas.[20] Consideremos, por ejemplo, la respuesta de un individuo que está plenamente de acuerdo con la frase «No quiero depender de nadie», que aparece en un test de personalidad. Es una afirmación que constituye toda una declaración de principios sobre uno mismo, un esquema del sistema del yo que podría subsumir los diferentes esquemas interrelacionados que Hamilton ejemplifica en la figura 14.

Los esquemas en cuestión representan a una persona insegura que huye de las multitudes, gusta de fantasear y se siente socialmente inferior y rechazada. La misma afirmación, sin embargo, en boca de otra persona, podría configurar un paisaje completamen-

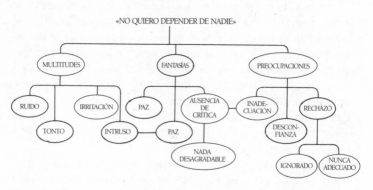

FIGURA 14.   Esquemas que podrían verse activados por la frase «No quiero depender de nadie» en una persona temerosa e insegura.

te diferente; es decir, esquemas que representan seguridad, independencia y satisfacción consigo mismo.

Si representásemos al esquema del yo de una persona coloreando de rojo los esquemas que amenazan la autoestima o despiertan la ansiedad, nos hallaríamos en condiciones de determinar las regiones en las que resulta más probable la presencia de lagunas. En la figura 14, por ejemplo, podríamos colorear los esquemas ubicados bajo las palabras «multitud», «fantasía» y «preocupaciones» de color rosa, blanco y rojo intenso, respectivamente.

Una de las posibilidades de que dispone la mente para hacer frente a la amenaza de la ansiedad en el caso de que las circunstancias activen los esquemas ligados a la palabra «preocupaciones», consiste en recurrir a los esquemas que desvían nuestra atención. Si por ejemplo el pensamiento «No quiero depender de nadie» pusiera en funcionamiento otra cadena de ideas que nos llevara a sentirnos ignorados o despreciados, la mente dispondría de la posibilidad de anular los pensamientos angustiosos reemplazándolos por asociaciones como «paz», «multitud», «irritación» o «intrusión». Entonces el resultado sería un pensamiento consciente del tipo «Me gusta depender de mí mismo. Puedo hacer lo que me apetezca y todo resulta mucho más tranquilo. Además, la gente siempre se entromete en tu vida y puede llegar a ser realmente exasperante». Simultáneamente, el pensamiento «Cuando estoy solo, me siento ignorado y rechazado» permanece –aun cuando haya sido el desencadenante de esta serie de pensamientos sustitutorios– alejado de la conciencia.

Hamilton afirma que el funcionamiento de las lagunas sigue una dinámica similar, y para demostrarlo se sirve del caso hipotético de una persona que manifiesta una gran ansiedad ante la proximidad de un examen porque tiene miedo al fracaso. En el caso de que a esa persona se le presentara la palabra «fracaso» a través de un taquistoscopio –a una velocidad tal que sólo pudiera registrarla a nivel no consciente– y se le pidiera que determinara de qué palabra se trata, el proceso podría ser aproximadamente el siguiente.

En primer lugar, la palabra «fracaso» se registraría en el sumario sensorial, donde sería escrutada por el esquema pertinente –ligado a la memoria a largo plazo–, activando entonces un determinado programa de atención selectiva que bloquearía, eliminaría y alejaría de la conciencia la percepción del término «fracaso». En tal caso, pensamientos del tipo «Es un sustantivo», «Empieza con "efe"» o «Termina en "aso"», acabarían aflorando a la conciencia mientras que esquemas como «Estoy asustado», «Examen», «Debo responder rápidamente», y otras cadenas asociativas similares, ciertamente preocupantes, se activarán en la memoria a largo plazo. Lo que terminaría, en suma, aflorando a la conciencia en ese caso sería, por ejemplo, «fr...as...o», y la persona podría terminar concluyendo que la palabra en cuestión era «frasco».

Según Hamilton, cuanto más ansiosa es la persona, mayor será el número de esquemas asociados a una sensación de amenaza, peligro o rechazo. Cuanto más difundida e intrincada se halla en su red cognitiva, mayor será la probabilidad de que se vea activada por los acontecimientos de la vida. Y cuantos más esquemas de temor se activen, mayor tendencia habrá a recurrir a maniobras evasivas para tratar de mitigar la ansiedad que suscitan y mayores, en consecuencia, serán las brechas y lagunas que salpiquen su atención. Asimismo a una mayor intensidad de estrategias de negación, se corresponde un daño que dé más relevancia a la conciencia, porque las lagunas provocan un déficit de atención tan profundo como el que causa la ansiedad de la que tratan de protegernos.

La mente dispone de numerosos esquemas que tienen como finalidad desviar nuestra atención. Y en este sentido la obra de Freud sigue ofreciéndonos el mapa más detallado de este tipo de operaciones, del mismo modo que el psicoanálisis sigue prevaleciendo como el método más sofisticado para detectar y subsanar el autoengaño.

LOS SECRETOS QUE NOS OCULTAMOS
A NOSOTROS MISMOS

En *Memorias del subsuelo*, Fiódor Dostoievski escribía: «Todo ser humano tiene algunos recuerdos que sólo contaría a sus mejores amigos. De la misma manera, también podríamos decir que todo ser humano tiene preocupaciones que ni siquiera contaría a sus mejores amigos sino tan sólo a sí mismo y, aun así, lo haría en el mayor de los secretos. Pero, además, existen cosas que uno ni siquiera se atreve a contarse a sí mismo. Hasta los más honrados de los hombres tienen una buena cantidad de esa clase de pensamientos almacenados en algún rincón de su mente.»

La observación de Dostoievski suscita la cuestión, un tanto espinosa, de saber a qué categoría pertenecían los «secretos» de John Dean, su distorsionada confesión de los hechos acaecidos el 15 de septiembre de 1972. ¿Acaso se trataba de esos secretos que uno sólo cuenta a sus mejores amigos, de aquellos otros que sólo es posible confesarse a uno mismo o de esos últimos que permanecen arrinconados? Porque estas distintas alternativas representan una gradación en el nivel de control consciente.

En el caso de que el secreto de Dean perteneciese a la primera o a la segunda categoría, su relato de los «hechos» sería el resultado de un acto deliberado, en cuyo caso las palabras recogidas en las *Actas del Congreso* no serían más que una sarta de mentiras y una narración voluntariamente tergiversada. Pero si, por el contrario, pertenecieran a la tercera categoría, el informe constituiría la mejor versión de la verdad que Dean fue capaz de reconstruir y, en tal caso, el *locus* del sesgo no se hallaría tanto en el relato de los hechos como en la memoria, lo cual lo convertiría en un secreto hasta para el mismo Dean.

Los secretos que nos ocultamos a nosotros mismos sólo pueden ser recuperados bajo condiciones muy especiales, y una de ellas es el psicoanálisis, una técnica concebida por Freud para eliminar la «represión», el elemento clave para el mantenimiento de esa clase de secretos. La represión (el término genérico con que Freud se refería a los mecanismos de defensa) es la clave del psicoanálisis, «la piedra angular –según sus propias palabras– sobre la que descansa todo el edificio del psicoanálisis».

En un ensayo titulado *La represión*, Freud nos brinda la siguiente definición: «La esencia de la represión consiste exclusivamente en rechazar y mantener alejados de lo consciente a determinados elementos.»[21] Pero aun cuando esta definición no lo explicite, su intención es la de reservar el término «represión» para referirse al hecho de mantener fuera de la conciencia un determinado tipo de cuestiones, concretamente aquellas que evocan el sufrimiento psicológico, un sufrimiento que puede ser de muchas clases (traumas, «ideas intolerables», sentimientos insoportables, ansiedad, culpa, vergüenza, etc.). La represión es pues la laguna por excelencia y, al igual que la negación –su pariente más cercano–, alivia el sufrimiento menguando nuestra conciencia.

La noción de represión experimentó numerosas transformaciones en la obra de Freud y siguió siendo perfeccionada por sucesivas generaciones de sus seguidores,[22] una evolución conceptual que terminó culminando en la noción de «mecanismo de defensa», el mapa más detallado de que disponemos, hasta la fecha, de las diferentes modalidades que adopta el trueque entre la atención y la ansiedad en nuestra vida mental.* Como se verá más adelante, los

---

* Freud empleaba la noción de mecanismos de defensa para referirse a las estrategias que utilizamos para reprimir los impulsos sexuales u hostiles inconscientes. Mi acepción del término, en cambio, es más amplia, y también incluye la defensa contra la ansiedad generada por cualquier clase de información.

mecanismos de defensa constituyen las estrategias más frecuentes a las que recurrimos para ocultarnos determinados secretos a nosotros mismos. De este modo, estos mecanismos son activados por la información dolorosa y tienen la función de amortiguar el dolor distorsionando nuestra atención.

La represión desempeña un papel determinante en el psicoanálisis. Los momentos dolorosos o los impulsos peligrosos se repri men con el fin de despojarlos de la carga de angustia mental que conllevan. Pero esta maniobra sólo tiene éxito parcialmente, porque el dolor del que nos defendemos distorsiona nuestra atención y modifica nuestra personalidad. La tarea del psicoanálisis consiste precisamente en superar estas resistencias y rellenar las lagunas existentes.

Pero el paciente se resiste de múltiples formas al asedio del análisis, y en algunos casos, por ejemplo, se muestra incapaz de establecer asociaciones libres con plena libertad. De este modo, siempre que los pensamientos se aproximan a una región de la conciencia ligada a las defensas, se activa un esquema que desvía las asociaciones hacia una dirección diferente. Por ello, según Freud, la asociación libre no es tan espontánea como podríamos suponer, sino que se halla gobernada por dos de los tipos de secretos referidos por Dostoievski, los conocidos por el paciente pero que se ocultan al analista y los que ni siquiera conoce el paciente.

Freud opinaba que en el mismo núcleo de esas zonas prohibidas existe un recuerdo clave, normalmente asociado a un episodio traumático de la infancia. Los recuerdos se agrupan por «temas», un conjunto particularmente rico de esquemas, guardados como documentos en un archivador. Cada tema está dispuesto como una capa de cebolla, recubriendo el núcleo de información prohibida, y cuanto más cerca estamos del núcleo, mayores son las resistencias con que tropezamos. Los esquemas más profundos encierran los recuerdos más dolorosos y también son en consecuencia los más difíciles de activar. «Los estratos más periféricos –escribía Freud– contienen los recuerdos (o los archivos) más fácilmente recordados y siempre son claramente conscientes. Cuanto mayor es la profundidad, más difícil resulta reconocer los recuerdos emergentes, y en las proximidades de su núcleo, se encuentran los recuerdos que el paciente se niega incluso a reconocer.»[23]

La única señal de la enajenación del dolor es la evaporación del pensamiento y su rastro característico es el silencio que siempre la acompaña. En opinión de Freud, sólo es posible advertir la presencia de la represión de una forma retrospectiva, tratando de reconstruir lo que debió haberle ocurrido a los pacientes en algún momento del pasado.

Las defensas actúan desde algún punto ubicado tras el velo de la experiencia y nos pasan completamente inadvertidas. Según R. D. Laing:

> Estas manipulaciones de la experiencia de las que estamos hablando no suelen ser experimentables. Por ello, resulta muy extraño descubrirnos distorsionando las cosas; tan extraño que me siento tentado a decir que la manipulación no es, *en esencia*, un elemento constitutivo de la experiencia. Nunca he tenido el menor vislumbre de su *acción*, ni nadie me ha informado de haberlo logrado. Comparativamente hablando, resulta mucho más sencillo advertir la presencia de esta clase de manipulaciones en los demás que en uno mismo.[24]

Este hecho llevó a Laing a proponer una noción muy similar a la de laguna, un dispositivo mental «que opera sobre nuestra experiencia de las operaciones» anulándola. Por ello, no tenemos conciencia ni de las operaciones que eliminan determinadas facetas de nuestra experiencia ni de las estrategias secundarias que enmudecen a las primeras. Todo el proceso se desarrolla como si discurriera entre bambalinas, un susurro casi imperceptible que se desvanece en el silencio, un hiato del que sólo podemos darnos cuenta cuando algún suceso posterior nos obliga a afrontarlo.

El novelista Leslie Epstein –que pasó casi todo un año en YIVO, una institución dedicada a la investigación sobre temas hebreos, informándose acerca del holocausto para su libro *Rey de los judíos*– ha expresado muy claramente este dilema. No sin cierta ingenuidad, Epstein escribe:

Hace algunos años escribí un breve relato sobre este período de investigación al que califiqué de «experiencia conmocionante». ¡Qué disparate! Porque el aspecto más terrible de ese año fue que mi corazón había seguido latiendo impertérrito ante aquel cúmulo de calamidades. Creo que fue poco después de llegar a la biblioteca cuando me di cuenta de que, si realmente quería asimilar todo ese material, pensar en él y elaborarlo, debía erigir una muralla psíquica protectora tan dura como el acero. Así fue como pasé la mayor parte de aquel invierno sentado y con el abrigo puesto –porque el YIVO no sólo es ruidoso sino también gélido– leyendo serena e impasiblemente.[25]

Epstein nos confiesa que no se sintió afectado por esos aterradores relatos. Pero ¿cómo pudo llegar a experimentar tal grado de impasibilidad? Según él mismo deduce, en algún momento sintió la necesidad de erigir una coraza psicológica protectora. Pero no hay, en su relato, la menor referencia al instante en que levantó ese muro. Parece, pues, como si no sólo hubiera logrado reprimir sus sentimientos, sino también el mismo acto represor.

Pero la represión de Epstein sólo fue, en el mejor de los casos, una estrategia medianamente exitosa, porque se sentía culpable por la ausencia de sentimientos de culpabilidad. Por ello, mientras estaba leyendo tranquilamente, pensaba: «Seré castigado por esto y luego tendré pesadillas.» Pero nada de eso ocurrió. Lejos de ello, se produjo una distorsión de sus sentimientos tan curiosa que algunos de sus lectores se sintieron molestos por el hecho de que su libro sobre el holocausto fuera tan ameno. Otro hecho evidente fue su distanciamiento, su completo mutismo con respecto a los sentimientos:

Lo primero que advertí fue una falta de sensibilidad no tanto hacia los horrores del pasado como a los que estaban aconteciendo a mi alrededor. El asesinato de John Lennon y los atentados contra el Papa y el presidente sólo despertaban mi indiferencia y, en el mejor de los casos, consideraciones acerca de la patología social. Poco importaba que la tierra temblase, que las montañas estallaran, que los secuestros estuvieran a la orden del día y que mis amigos y colegas padecieran los golpes y las vicisitudes de la vida, porque lo único que yo hacía –como el maldito Trigorin de La ga-

viota, de Chéjov–, era tomar notas. El mundo era viejo y chato [...]
pero no sólo me resbalaban las calamidades sino también los placeres.[26]

Epstein comprendió que había estado jugando a lo que él mismo denominó «un engaño irónico» consigo mismo, «como si hubiera establecido un pacto con mis emociones para no sentir ni
reaccionar, pero me hubiera olvidado de poner una fecha límite».
No obstante, las emociones que no se permitía sentir se insinuaban
en su relato y acabaron tomando forma en su siguiente novela, que,
según advirtió cierto día, estaba impregnada de dolor, muerte,
amputaciones y torturas. Era como si todo el horror que había tratado de ignorar en su libro sobre el holocausto se hubiera despla-
zado a una novela cuya acción transcurre en California. «De pronto
me di cuenta –dice Epstein– de que todo el horror que no había
reflejado en las páginas de mi obra sobre el holocausto volvía a mi
memoria, como si buscara una venganza. Los miles de cadáveres
ejercían su presión [...], como si se hubiera roto un pacto, como
si el comprador advirtiera súbitamente los defectos de la ganga, una
versión del "aprendiz de brujo" en la que los mismos poderes que
uno busca, alienta, imagina o desea terminan convirtiéndose en el
agente de la propia destrucción.»[27]
    «El pacto roto» podría ser el eslogan de la represión –el true-
que en el que entregamos parte de nuestra atención a cambio de un
alivio de la ansiedad–, que se tradujo, en el caso de Epstein, en
un enmudecimiento de las emociones a cambio de la posibilidad de
seguir contemplando hechos terribles. Pero esta clase de transacción tiene su coste y, aún más, no parece funcionar tan bien porque el miedo reprimido y rechazado regresa disfrazado a la superficie, tiñendo de culpa los pensamientos inocentes.
    Pero ¿cómo aprendió Epstein a silenciar sus emociones? ¿Acaso
la represión nació en las ruidosas y frías salas del YIVO? Si hemos
de creer en lo que nos dice el detective interior del mismo Epstein,
las cosas no ocurrieron así: «La censura emocional que llevé a cabo
en el YIVO no podía, por sí misma, explicar el masivo retorno de
lo reprimido. ¿En qué otro momento, pues, di la espalda deliberadamente a mis sentimientos [...] Recuerdo que hace ya treinta años

mi hermano y yo no acudimos al funeral de mi padre.»[28] Epstein y su hermano habían ido al cine a ver *The Lavender Hill Mob* y luego a un museo donde se hallaba expuesta una reproducción del *Spirit of St. Louis*. Ambos ocultaron su sufrimiento bajo el barniz de la diversión.

Según Freud, la consecuencia inevitable de la represión es la repetición, porque las experiencias dolorosas que no terminamos de afrontar tienden a repetirse. Pero no nos damos cuenta de que nos estamos repitiendo porque las lagunas nos impiden tomar conciencia de ello. Así pues, comenzamos olvidándonos de que hemos hecho algo y luego no nos percatamos de que estamos volviéndolo a hacer. Es así como termina perpetrándose el autoengaño.

OLVIDARNOS Y OLVIDAR
QUE NOS HEMOS OLVIDADO

Las reflexiones de Epstein evocan las comprensiones que suelen acompañar al proceso analítico. De hecho, tanto la represión como su secreto tan celosamente guardado constituyen el paradigma de las lagunas. El núcleo del trauma de Epstein se remontaba al día en que reemplazó el funeral de su padre por el cine. Y uno de sus intentos de alejarse de ese «archivo» mental –por utilizar la expresión de Freud– fue el tratamiento novelístico superficial con que abordó su libro sobre el holocausto. La envoltura con que Epstein cubrió el foco doloroso –y probablemente otros momentos semejantes de su vida– se basa en la represión de los sentimientos, una estrategia mental de cauterización del dolor.

Esta tentativa, sin embargo, está abocada al fracaso porque la represión es demasiado general, y el sujeto termina perdiendo el contacto emocional con quienes le rodean y con sus propias emociones. El dolor, aunque desaparece de la escena de la conciencia, acecha oculto entre las sombras del inconsciente, como evidencia palpablemente, en el caso de Epstein, su abordaje de la novela centrada en California.

Démonos cuenta de que la estrategia mental de Epstein no consistió tanto en reprimir un recuerdo doloroso –ya que seguía recordando todos los detalles: la ausencia del funeral e incluso la película que vio–, sino el *dolor* implicado. Es decir, se pueden recordar los hechos pero no los sentimientos que les acompañan. Y Epstein recurrió a la misma estrategia durante su investigación sobre los judíos asesinados en el holocausto, a los que asocia, según afirma en otra parte de su relato, con la muerte de su padre. Es como si fuera capaz de sumergirse en todos los pormenores que rodeaban al sufrimiento, pero no consiguiera recordar el sufrimiento mismo.

Esta maniobra es tan sólo una de las muchas posibles versiones de la represión. A medida que Freud perfeccionaba su noción original de represión, fue explicando los diferentes métodos a través de los cuales la mente se las arregla para alejar de la conciencia los recuerdos y los pensamientos dolorosos. El simple olvido no es más que una de las múltiples estrategias de distorsión de las que se sirve la mente.

A medida que la práctica psicoanalítica fue acumulando más datos clínicos, Freud y su círculo descubrieron también más tipos de lagunas. Y sus discusiones de casos giraron en parte en torno al modo de desarticular esas maniobras. En dos de sus más conocidos casos –«el hombre de las ratas» y «el doctor Schreber»–, Freud señaló más de una docena de estrategias, aunque no siempre las llamara con los nombres con que posteriormente han llegado a ser conocidas.[29]

El término que Freud solía utilizar para referirse a estas maniobras mentales es el de «defensas», aunque también empleó el concepto de «represión en sentido amplio», porque todos los mecanismos de defensa suponen en su opinión un tipo u otro de represión. Pero independientemente de los detalles concretos que adopten las defensas, todas ellas son manipulaciones cognitivas que comparten el mismo significado y objetivo que la represión: falsear la realidad para evitar el dolor.

La represión de Epstein es especial tan sólo en lo que concierne a su capacidad para hablar de ella. Como señala el mismo Freud, «La evitación constante y regular [...] de algo que en cierta ocasión nos provocó angustia constituye el modelo [...] de la *represión*. Es un hecho conocido que la evitación de lo que nos inquieta –la política del avestruz– está presente en la vida mental de todos los adultos normales.»[30]

Los mecanismos de defensa son esencialmente formas en que desviamos nuestra atención para eludir el dolor, medios que nos permiten implementar la política del avestruz. Pero tales autoengaños no son, como Freud señaló claramente, exclusivos de la sesión psicoanalítica sino algo a lo que todos recurrimos cotidianamente.

El modelo de la mente que hemos descrito en la segunda parte nos permite analizar la forma en que una determinada defensa da lugar a un punto ciego. En este sentido, cada estrategia defensiva actúa de una forma característica, pero tomadas en conjunto nos proporcionan una imagen perfecta del modo tan ingenioso en que puede subvertirse la mecánica normal de la mente y supeditarse a la evitación de la ansiedad. Como señala Erdelyi, esta clase de sesgos perceptuales puede tener lugar en cualquiera de las diferentes etapas del flujo de la información, desde el primer milisegundo en que un estímulo impacta nuestros sentidos hasta la rememoración de un recuerdo muy remoto.[31]

Son muchas las estrategias concretas que ponen en funcionamiento el sesgo perceptual que termina dando lugar a un punto ciego. «El sesgo –dice Erdelyi– se inicia al comienzo y termina al final del procesamiento de la información», y de este modo «las distorsiones defensivas que pueden presentarse son potencialmente ilimitadas».

Veamos a continuación unos breves esbozos de algunos de los mecanismos de defensa más comunes descritos por la literatura psicoanalítica seguidos de un análisis provisional de la forma en que opera cada uno de ellos a la luz de nuestro modelo de funcionamiento de la mente.

LA REPRESIÓN: OLVIDARNOS Y OLVIDAR QUE NOS HEMOS OLVIDADO

Freud reservaba el término «represión» en su acepción más estricta para referirse a las defensas que erigimos a fin de mantener un pensamiento, un impulso o un recuerdo alejado de la conciencia. La represión ha llegado a convertirse en un sinónimo del

mecanismo de defensa que nos permite olvidar algo y olvidar a
continuación que lo hemos olvidado. Y puesto que todas las tácticas de defensa se asientan en esa distorsión esencial de la realidad,
la represión es el rasgo constitutivo fundamental de toda maniobra
defensiva. En este sentido, R. D. Laing nos brinda una historia
personal que ilustra perfectamente la acción de la represión:

> Cuando tenía trece años tuve una experiencia sumamente
> embarazosa y no voy ahora a embarazarles a ustedes relatándose-
> la. Sólo diré que dos minutos después de que ocurriera me sorpren-
> dí a mí mismo en el proceso de alejarla de mi mente y casi había
> llegado ya a olvidarla por completo. Para ser más exacto, me des-
> cubrí en el proceso de enajenarme de toda la operación olvidando
> que la había olvidado. No podría decir cuántas veces había hecho
> eso anteriormente…, pero estoy seguro de que no era la primera y
> de que tampoco fue la última, sino que en muchas ocasiones este
> mecanismo ha sido tan eficaz que he llegado a olvidar que había
> olvidado.[32]

Los candidatos idóneos para la represión son los deseos sexuales inaceptables (como hacer el amor con nuestros padres), los
impulsos agresivos (como el impulso de matar a nuestro padre o

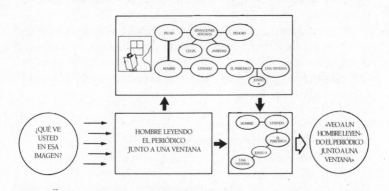

Figura 15.   Anatomía de la represión. La información reprimida no puede ser
recuperada de la memoria, aunque la información original pueda haber llegado
incluso a ser consciente.

a nuestro hermano), las fantasías que nos avergüenzan, los sentimientos inquietantes y, más concretamente, los recuerdos angustiosos. El rasgo más característico de la represión es la paradoja de
que, si bien hemos *excluido* todos estos pensamientos de la mente, no queda rastro alguno de que lo hemos hecho. Es como si esas
ideas hubieran desaparecido.

Nuestro modelo de la mente ilustra el modo en que la información reprimida llega a la memoria a largo plazo. Y si bien este tránsito puede incluso haber llegado a ser consciente, la represión bloquea todo posterior acceso a la conciencia. De este modo, aunque
los esquemas ligados a esa información persistan en la memoria, no
pueden ser recordados (o no pueden serlo bajo circunstancias normales y requieren la intervención psicoanalítica). Además, una vez
que ha tenido lugar la represión, también se olvida el hecho de que
la información ha sido reprimida y no existe estímulo alguno
que nos lleve a *tratar* de recordarla.

LA NEGACIÓN Y LA INVERSIÓN

La negación consiste en el rechazo de aceptar las cosas tal como
son. Sin embargo, a diferencia de lo que ocurre con la represión,
la información en este caso no se elimina por completo de la conciencia, sino que tan sólo se reorganiza de manera diferente para
ocultar nuestra auténtica intención. De este modo, «te odio» termina convirtiéndose en «no te odio». La negación es la primera
respuesta normal ante una pérdida importante. Un claro ejemplo
es el caso de pacientes que padecen una enfermedad mortal y saben que sólo les quedan unos pocos meses de vida. Estas personas
suelen negarse a aceptar este hecho antes de llegar a experimentar
la rabia. Por último, la negación constituye una fijación continua
de la conciencia del neurótico, su defensa preferida.

La inversión va más allá de la negación, ya que el hecho no sólo
es negado sino que termina transformándose en su opuesto («te
odio» se convierte en «te amo», y «estoy triste» llega a ser «estoy
contento»). La inversión –también denominada en ocasiones «formación reactiva»– es la forma práctica de legitimar los impulsos

inaceptables. Así el impulso hacia el desorden se transforma en una pulcritud desmesurada y el enojo se convierte en una excesiva cortesía.

Desde la perspectiva que nos ofrece nuestro modelo, la negación se lleva a cabo por la información que penetra en la memoria inconsciente sin pasar antes por la conciencia. Y una vez en el inconsciente, la información negada experimenta una inversión antes de penetrar en la conciencia.

LA PROYECCIÓN: LO INTERNO SE VIERTE AL EXTERIOR

Cuando nuestros sentimientos resultan demasiado difíciles de manejar, nuestra mente puede tratar de despojarse de ellos. Y una de las estrategias para lograrlo consiste en creer que no nos pertenecen. La fórmula de la proyección de los propios sentimientos en otra persona opera en dos fases: la negación y el desplazamiento. En un primer momento, la ansiedad que provoca el sentimiento, la idea o el impulso se niega o enajena de la conciencia. En un segundo momento, la persona vuelca esos sentimientos hacia el exterior, proyectándolos en otro. Es así, por ejemplo, como nuestro rechazo hacia el otro se desvanece y termina transformándose misteriosamente en el rechazo del otro hacia nosotros. Una vez esos sentimientos han sido proyectados en otra persona, la parte del yo enajenada se nos presenta como algo completamente externo, aunque sin embargo siempre mantiene una extraña semejanza con el sentimiento original alienado. Al igual que ocurre con la inversión, la proyección transforma los datos negados y los sumerge en el inconsciente, llegando sólo a la conciencia después de que la información se haya visto distorsionada.

EL AISLAMIENTO: SUCESOS SIN SENTIMIENTOS

El aislamiento consiste en una supresión parcial de la experiencia, una negación pero sólo en parte. En este caso, lo que se reprime no es tanto el hecho desagradable como los sentimientos que lo acompañan. De ese modo, expurgados de sus componentes negativos, los pormenores de la experiencia pueden ser aceptados por la conciencia. Es como si la atención se centrase en los hechos, haciendo caso omiso de los sentimientos asociados a ellos. El resultado de esta maniobra es una versión edulcorada de la experiencia, en la que los hechos siguen siendo los mismos, pero no van acompañados de ninguna clase de sentimiento. Ésta fue, en mi opinión, la táctica utilizada por Epstein para enajenar el doloroso recuerdo de la muerte de su padre, una táctica que explica también su manifiesta indiferencia ante el holocausto.

LA RACIONALIZACIÓN: ME CUENTO UNA HISTORIA RECONFORTANTE

La racionalización, una de las estrategias defensivas más frecuentes, permite la negación de nuestros verdaderos motivos ocultando los impulsos inaceptables bajo el barniz de la razón. Se trata de una estrategia semejante al aislamiento, pues la atención conoce los hechos en cuestión, pero termina falseando los impulsos que los movilizan. La racionalización constituye una mentira tan sutil que no sólo podemos contárnosla a nosotros mismos sin vacilar, sino que también podemos contársela a los demás. «Es por tu propio bien» y «esto me duele más a mí que a ti» son indicios flagrantes de la presencia de la racionalización. Se trata, en suma, de una modalidad de defensa muy estimada por los intelectuales, entre cuyas habilidades se cuenta una especial destreza para elaborar justificaciones y encontrar excusas convincentes.

LA SUBLIMACIÓN: REEMPLAZAR LA AMENAZA POR LA SEGURIDAD

La sublimación nos permite satisfacer indirectamente un impulso inaceptable al reemplazarlo por otro objeto admisible. La fórmula consiste en conservar el impulso socialmente inaceptable orientándolo hacia un fin socialmente aceptable. En el caso del desplazamiento –un mecanismo de defensa parecido–, el impulso se dirige hacia cualquier otro objeto (aceptable o no), pero la sublimación permite que los instintos se canalicen en lugar de ser reprimidos, como ocurre en el caso de defensas más neuróticas. En la sublimación, los impulsos son reconocidos, aunque de una forma transformada (el impulso de robar puede verse reconducido hacia la profesión de banquero; el grito ser transformado en canción; el impulso que lleva a la violación asume la forma del galanteo, o el deseo de mutilar se convierte en la diestra mano del cirujano). Según Freud, la sublimación constituye el factor civilizador por excelencia, la fuerza que permite que los seres humanos puedan relacionarse entre sí, el auténtico motor del progreso.

El comportamiento de la atención que subyace tras la proyección opera también en otras estrategias de defensa como el aislamiento, la racionalización y la sublimación. En todas ellas tiene lugar la negación de un estado de cosas concreto que pasa al inconsciente antes de llegar a la conciencia, donde la información se verá manipulada. En el caso del aislamiento, por ejemplo, los sentimientos negativos se alejan de la atención mientras el hecho penetra en la conciencia. Mediante la racionalización, el sujeto practica una escisión haciendo desaparecer su auténtica motivación y transformándola por otra más aceptable. La sublimación legitima tanto la naturaleza del impulso como su objeto original. Desde el punto de vista de la atención, todos estos mecanismos de defensa participan de la misma dinámica de la proyección. El primer paso es la negación, el segundo la transformación que tiene lugar en el inconsciente, y el tercero la penetración en la conciencia de la versión transformada de los hechos.

Como ya hemos visto, Freud no ha sido el único en afirmar que la mente trata de protegerse de la ansiedad distorsionando la atención. Asimismo, otros investigadores han descrito también defensas que la persona utiliza para aliviar la tensión. Porque del mismo modo que los mecanismos de defensa de Freud censuran la memoria, otras estrategias se ocupan de distorsionar la atención. Por ello, a la lista de mecanismos de defensa estrictamente freudianos, podríamos agregar algunas de las operaciones de seguridad mencionadas por Sullivan, ya que al menos dos de ellas sugieren dos posibles maniobras adicionales de distorsión de la atención para poder defendernos de la ansiedad.

La inatención selectiva: No ver lo que me desagrada

La inatención selectiva sólo elige los elementos de la experiencia cuya percepción no resulte inquietante. Se trata de una operación global que nos protege de la ansiedad cotidiana, por ejemplo, cuando traspapelamos una factura y nos olvidamos de pagar. La inatención selectiva constituye una forma típica de respuesta a muchas de las inquietudes de la vida diaria, una respuesta que se halla muy próxima a los esquemas referidos por Neisser cuya finalidad es desviar nuestra atención. Gracias a este tipo de negación a pequeña escala –dice Sullivan– «no nos damos cuenta de la multitud de pormenores más o menos significativos de nuestra vida cotidiana». La extrema simplicidad de la inatención selectiva, y su ubicuidad en el acontecer de cada día, la convierte probablemente en la más general y difundida de todas las maniobras defensivas.

El automatismo: No darme cuenta de lo que hago

Como ya vimos en la segunda parte, muchas de las actividades de nuestra vida tienen lugar de un modo automático y ajeno a la conciencia. Algunas de estas actividades automáticas ocultan elementos de la experiencia que podrían incomodarnos si llegáramos a ser plenamente conscientes de nuestros verdaderos motivos u objetivos. Estos automatismos permiten que ejecutemos secuencias enteras de conductas sin advertir siquiera que han ocurrido y sin tener que afrontar, por tanto, las problemáticas consecuencias a que puedan dar lugar. Sullivan cita el ejemplo de un paseo por una calle de Manhattan en el que se percató de que «muchos hombres echaban un rápido vistazo a su bragueta… y luego miraban alrededor, para comprobar, al parecer, si habían sido observados. Pero lo más curioso de todo era que, si se cruzaban con la mirada de otra persona, simulaban que nada había ocurrido [...] Y si se le llamaba amablemente la atención sobre lo que había hecho, la respuesta natural siempre era negar que eso había ocurrido.»[33]

Tanto en la inatención selectiva como en los automatismos el *locus* fundamental de la distorsión se centra en el filtro. En el primer caso, una fracción de lo percibido se elimina antes de que arribe a la conciencia, mientras que, en el segundo, la inatención afecta también a la respuesta.

Como ilustran los recuerdos de Epstein, si bien las defensas suelen operar bajo el umbral de la conciencia, en ocasiones, no obstante, resulta posible darse cuenta retrospectivamente de ellas. Este hecho quedó de manifiesto en una encuesta llevada a cabo por Matthew Erdelyi en una clase de psicología, en la que descubrió que prácticamente todos los alumnos habían recurrido en algún momento de su vida a la represión intencional para mantener ciertos recuerdos o pensamientos dolorosos alejados de su conciencia, con la única excepción de un estudiante que muy posiblemente había reprimido también el recuerdo mismo de la represión.[34]

«La mayor parte de las personas –afirma Erdelyi– no sólo son capaces de recordar el material que han excluido de la conciencia para evitar el dolor psicológico, sino también las estrategias defensivas concretas que les permitieron enajenarlo.» Según los resultados de su encuesta informal, el 72 por ciento de los alumnos recordaba haber utilizado la proyección, el 46 por ciento había recurrido a la inversión, el 86 por ciento al desplazamiento y el 96 por ciento a la racionalización. Y cada vez que estas defensas eran empleadas, el acto represor quedaba fuera de la conciencia, aunque, retrospectivamente, los estudiantes podían llegar a advertir en ocasiones que las habían utilizado.

Las defensas –los bastiones defensivos que nos protegen de la información dolorosa– operan en una región oscura que se encuentra más allá del alcance de la conciencia, y por ello la mayor parte de las veces no nos damos cuenta de sus operaciones y somos el mero destinatario pasivo de la versión de la realidad que tienen a bien ofrecernos. El arte de descubrir y captar *in vivo* el funcionamiento de las defensas es una empresa difícil. Así pues, aunque la persona pueda darse cuenta de que en algún momento ha utilizado una defensa, a falta de ciertas condiciones especiales, nuestros autoengaños seguirán resultándonos esencialmente impenetrables y, en consecuencia, también nos pasarán inadvertidos. El único método concebido específicamente para dilucidar la actividad de los mecanismos de defensa resulta, evidentemente, el psicoanálisis.

EL DILEMA DEL TERAPEUTA

Resulta muy difícil cambiar lo que ni siquiera podemos ver. Tanto Freud como Sullivan, trabajando desde perspectivas no muy diferentes, llegaron a la conclusión de que las personas luchan contra la ansiedad sacrificando parte de su atención. De este modo, el fracaso en advertir los autoengaños las mantiene indemnes. Sullivan se sorprendió del «modo tan sencillo en que ignoramos grandes fragmentos de nuestra experiencia, y analizó varios ejemplos claros de situaciones que exigen una acuciante necesidad de cambio».

La persona enamoradiza parece condenada a un ciclo interminable de romances que empiezan con una mirada soñadora y suelen concluir en un baño de lágrimas. El jefe autoritario parece alentar con su actitud el rechazo de sus empleados. El adicto compulsivo al trabajo no consigue que su esposa comprenda la urgente necesidad de llevarse trabajo a casa por la noche. Es como si nuestras defensas nos aislasen de las mentiras vitales que configuran el núcleo mismo de nuestra miseria.

Sullivan se sorprendía de «las formas tan singulares que nos impiden beneficiarse de las experiencias que afectan a nuestras deficiencias más características». Freud, por su parte, subrayaba la extraña «repetición compulsiva» que nos lleva a revivir una y otra vez nuestras peores crisis. Si no aprendemos las lecciones que nos ofrece nuestra historia personal, estaremos condenados a repetirlas. Éste es un punto que Sullivan resumió en términos que, muy probablemente, hubieran merecido el elogio de Freud:

> *Carecemos* precisamente de la única experiencia que más podría beneficiarnos. Porque, aunque puede repetirse una y otra vez, no sólo no nos damos cuenta de su significado, sino que de hecho ni siquiera detectamos su presencia. Y éste es, a mi parecer, uno de los principales problemas con que se enfrenta la psicoterapia; es decir, las extraordinarias sutilezas mediante las cuales el paciente evita tomar conciencia de la relación evidente que existe entre algunas de sus acciones –o algunas de sus reacciones– y las acciones de los demás. Pero lo más sorprendente, si cabe, es el hecho de que también pase por alto que estas cosas han ocurrido y que ni siquiera pueda recordarlas, aun cuando hayan dejado una huella sumamente ingrata.[35]

Cierto psicoanalista señaló que la prohibición interna que nos impide darnos cuenta de la naturaleza de nuestra conducta tiene que ver con el hecho de que estas defensas –alentadas «normalmente por unos padres bien intencionados»– aparezcan en una etapa de la temprana infancia sometida al poderoso tabú psicológico de tener que asegurarnos de continuo el amor de nuestros padres. Por ello, el individuo adulto no puede llegar sin ayuda externa a la raíz de la represión. Es «como si alguien le hubiera marcado la espalda con una señal que sólo pudiera ver con ayuda de un espejo. Y una de las funciones de la psicoterapia es precisamente la de servir de espejo».

Fue Anna Freud quien formuló la afirmación clásica de que el terapeuta debe recurrir a una especie de yudo psicológico para desarticular las defensas. Desde su primera edición, publicada en 1936, el libro de Anna Freud *El ego y los mecanismos de defensa* ha sido reeditado ininterrumpidamente, y sigue siendo la piedra de toque para la comprensión del funcionamiento de los mecanismos de defensa y de lo que puede hacer la terapia al respecto.

El ego, según Anna Freud, se mueve en un delicado equilibrio entre las presiones procedentes del *id* (el caldero en que hierven los deseos y los impulsos) y el superego (la instancia de la conciencia encargada de inhibir los deseos). Así pues, del mismo modo que los peligros externos pueden representar una ansiedad objetiva, el id y sus impulsos constituyen una amenaza interna que despierta nuestra ansiedad *subjetiva*. El ego y el superego deben reprimir esos impulsos y las defensas que utilizan para ello son las distintas estrategias que hemos visto en el capítulo anterior.

Pero para poder rastrear la anatomía de los mecanismos de defensa, el analista debe desempeñar una tarea un tanto detectivesca. «Todas las maniobras emprendidas por el ego para defenderse del id –escribe Anna Freud– son ejecutadas de un modo invisible y silencioso. Y puesto que nunca podemos percatarnos de su actividad mientras están operando, lo único que nos resta es tratar de reconstruirlas retrospectivamente [...] El ego no sabe nada de las defensas y sólo podemos ser conscientes de ellas *a posteriori*, cuando resulta evidente que hemos perdido algo.»

La misma Anna Freud relata, a modo de ilustración, la historia de una adolescente que acudió a su consulta a causa de los ataques agudos de ansiedad que le impedían acudir a la escuela. La chica se mostraba «amistosa y sincera» con Anna Freud, con la única salvedad de que nunca hacía la menor referencia a sus síntomas (los ataques de ansiedad). Y cuando Anna Freud trataba de llamar su atención al respecto, la muchacha se mostraba menos amistosa y comenzaba a burlarse, una actitud que –según afirma Anna Freud– la hacía sentirse momentáneamente confundida.

El análisis posterior reveló el eslabón perdido, la defensa operante. Según ella, los ataques tenían escasa relación con el análisis y aparecían siempre que estaban a punto de emerger «sentimientos de ternura, deseo o ansiedad». Así pues, cuanto mayor era la intensidad de estos sentimientos, más abiertas eran sus burlas hacia Anna Freud, la destinataria final de los ataques debido a sus esfuerzos analíticos por sacar a la luz la ansiedad reprimida.

Anna Freud se refiere a esta clase de maniobra como una «defensa a través del sarcasmo y el desprecio», una defensa que, según ella misma dedujo de posteriores análisis, se originó cuando la niña se identificó con su padre fallecido, que «solía educar a su hija en el autocontrol haciendo comentarios sarcásticos cada vez que ella trataba de dar libre curso a sus emociones».

Este ejemplo muestra claramente el abordaje psicoanalítico de las defensas del ego. Uno de los puntos clave de la articulación de estas defensas nos lo proporciona precisamente el punto ciego (la indiferencia manifiesta de la muchacha con respecto a sus ataques de ansiedad), cuya reestimulación desencadenaba una poderosa reacción orientada hacia la psicoanalista (las burlas). Desde el punto de vista analítico, estas reacciones no son tanto una expresión de los sentimientos del sujeto con respecto al analista, como una manifestación del proceso transferencial, una actualización de las tempranas relaciones que mantenía con sus cuidadores primarios. Así pues, la interpretación de estas reacciones como resistencias, como signos de las maniobras defensivas del ego, permite al analista determinar la estructura de la defensa (la negación, en este caso, de la ansiedad bajo el disfraz de la burla).

Como señala Anna Freud, la táctica requiere «comenzar con el análisis de la defensa del paciente contra sus afectos y proseguir con la dilucidación de las resistencias que aparecen durante el proceso transferencial. Sólo después de ello es posible proceder al análisis de la ansiedad en sí y de sus antecedentes». En la terapia, el analista observa las reacciones que no tienen que ver directamente con el asunto que se está tratando en el momento, aquéllas cuyo objetivo es el mismo analista. Esas reacciones –que Anna Freud interpreta como resistencias– son los indicios de las defensas erigidas originalmente por el ego ante el drama vivido en su infancia.

A lo largo del psicoanálisis, las defensas van perfilándose gradualmente gracias a la técnica de la asociación libre, una técnica en la que se invita al paciente a expresar, sin censura alguna, todo aquello que acuda a su mente (aunque el analista sepa de antemano que se trata de un acuerdo imposible de cumplir, porque las defensas censurarán necesariamente todo contenido amenazante que se aproxime a la conciencia). Según Anna Freud, cuando aparece una amenaza –el recuerdo de un trauma infantil oculto durante mucho tiempo en algún oscuro rincón de la mente–, «el ego se pone en movimiento y recurre al despliegue de sus habituales mecanismos de defensa para interferir el flujo de las asociaciones».

El ego se siente más vulnerable cuando afloran –o están a punto de aflorar– sentimientos poderosos. El ego puede distorsionar, por razones muy diversas, sentimientos tan esenciales como «el amor, el deseo, los celos, la mortificación, el dolor y el duelo», así como «el odio, el rechazo y la rabia», por citar algunos de los estados emocionales que, según Anna Freud, acompañan a los deseos sexuales y a los impulsos agresivos. El ego, en su intento de controlar esos sentimientos, los transforma de algún modo, y esa transformación constituye el rasgo distintivo de la acción de las defensas.

La cadena asociativa comienza a desviarse en la medida en que el material amenazante se aproxima a la conciencia, dando lugar a un súbito silencio, un cambio de tema o un estallido emocional; reacciones que indican la existencia de una laguna cuya naturaleza determina la distorsión. Todas esas desviaciones son lo que los psicoanalistas conocen con el nombre de «resistencias». Desde cierto punto de vista, se trata de resistencias a la regla fundamental de la asociación libre –renunciar a todo intento de censura y permitir que la mente se exprese libremente– y, desde otro, de una resistencia a los contenidos de los que las defensas nos protegen.

En esta coyuntura, la atención del analista deja de lado el contenido de los pensamientos del paciente y se dirige a la resistencia misma; es decir, le importa más lo que *no* se dice que lo que se dice. En ese momento –en opinión de Anna Freud– «el analista tiene la oportunidad de presenciar *in situ* la puesta en escena [...] de alguna de las maniobras defensivas». El quehacer psicoanalítico es necesariamente tortuoso y constituye una especie de equivalente mental de la reconstrucción arqueológica. Gracias al estudio de la forma y el flujo de las asociaciones del paciente y de las corrientes y contracorrientes generadas por las lagunas, el analista puede llegar a descubrir –como si percibiera una roca sumergida bajo las aguas de un torrente– el tipo de defensa que utiliza el ego.

La identificación de estas defensas constituye un paso esencial en lo que los analistas denominan «el análisis del ego». El siguiente paso consiste en «deshacer lo que han hecho las defensas, es decir, descubrir y restituir a su lugar lo que ha sido omitido por la represión, enderezar las distorsiones y ubicar de nuevo en su verdadero contexto lo que había sido alienado. Una vez que las defensas han sido detectadas, el analista puede llegar a descubrir los impulsos originales que llevaron a erigir esas murallas mentales.

Al mantener sus secretos, el ego revela al analista *la forma* en que lo hace. De este modo, en el mismo acto de la resistencia a la terapia, el ego se revela a sí mismo. La esencia del análisis consiste, pues, en recuperar la conciencia de lo que no nos damos cuenta... y constatar también que no nos percatamos de que no nos damos cuenta.

La tarea del ego, en resumen, consiste en controlar el flujo de la información para poder alejar la ansiedad, y su estructura está determinada en gran medida por el conjunto de lagunas que le permiten bloquear y distorsionar el flujo de la información. Como veremos en la cuarta parte, las defensas modelan la personalidad y la *forma concreta* en que manipulamos nuestra atención para desarticular la ansiedad que deja en nosotros una huella indeleble. Quien, por ejemplo, utilice la negación y la represión, percibirá y actuará de manera diferente a aquel otro que recurra a la proyección y la inversión. Cada uno experimentará –y *estará incapacitado* para experimentar– el mundo de manera diferente y también afrontará de modo distinto los acontecimientos que le depare la vida.

CUARTA PARTE

LA COGNICIÓN DETERMINA EL CARÁCTER

LOS ESTILOS NEURÓTICOS

Nuestras defensas preferidas terminan convirtiéndose en nuestros caminos mentales más frecuentados, porque lo que funcionó bien en un momento crítico del pasado y nos permitió dominar la ansiedad es muy probable que sea puesto nuevamente en práctica cuando la situación lo requiera. En este sentido, Leslie Epstein descubrió cuando era niño que el aislamiento le protegía del sufrimiento que experimentaba por la muerte de su padre, mientras que la paciente de Anna Freud, cuyos sentimientos habían sido heridos por la ironía de su padre, acabó convirtiéndose en una mujer sarcástica y burlona.

Las defensas que tienen éxito terminan convirtiéndose en hábitos que acaban modelando nuestro estilo personal. Las estrategias de defensa más habituales constituyen una especie de segunda naturaleza en cuyos protectores brazos nos arrojamos cada vez que el dolor psicológico hace mella en nosotros. De este modo, lo que tal vez comenzó siendo un descubrimiento fortuito en la batalla contra la ansiedad, termina condicionando nuestro modo de percibir y reaccionar ante el mundo. Recurrir a tales estrategias significa elegir determinadas facetas de nuestra experiencia y desechar al mismo tiempo otras. Es así como, para sentirnos tranquilos, imponemos un límite a nuestras percepciones y a nuestras respuestas, restringiendo la amplia variedad de nuestros pensamientos y sentimientos.

Nuestra estrategia defensiva favorita constituye una especie de armadura que nos protege de la experiencia, una trinchera a la que nos replegamos en nuestra lucha contra la información que nos resulta difícil de asimilar. Fue Wilhelm Reich –a la sazón un respetable miembro del círculo de Freud– quien elaboró el concepto de coraza defensiva –«coraza del carácter», para ser más exactos–.[1] Se trata de un escudo mediante el cual el yo trata de protegerse de la ansiedad en su tránsito por un mundo que se le presenta hostil. Es el mismo carácter el que se acoraza bajo nuestras defensas más habituales. Y esa coraza es en gran medida de tipo cognitivo, puesto que los peligros que el yo debe sortear se nos presentan como información (amenazas, miedos, enojos, impulsos postergados, etc.). «En nuestra vida cotidiana –dice Reich– el carácter desempeña un papel semejante al que juegan las resistencias en el curso del tratamiento, es decir, un mecanismo de defensa psicológica.»

Reich descubrió que los síntomas que llevaban a los pacientes a la consulta del terapeuta –anorexias, impotencias, fobias o depresiones– eran en cierto modo secundarios, ya que el mismo síntoma puede reflejar caracteres muy distintos. Por ello, propuso que el terapeuta no centrase tanto su atención en los síntomas inmediatos, sino que, por el contrario, atendiera al *estilo* general del paciente, es decir, a la configuración misma de las resistencias propias de su carácter.

El estilo defensivo constituye una coraza que activa, terapéuticamente hablando, una pauta típica de resistencia que aparecerá indefectiblemente con total independencia de los síntomas concretos que la acompañen. La marca característica de la coraza constituye el modo de ser global de la persona. Según Reich, la resistencia dimana del carácter:

> … y no se expresa tanto en los contenidos concretos […] como en el modo en que solemos comportarnos, en nuestra forma de hablar, caminar y gesticular y en nuestros hábitos más representativos –el modo en que nos reímos o las bromas que hacemos y, ya sea que uno hable más o menos coherentemente, en nuestra *forma de ser* amables o agresivos–. Lo que nos revela la naturaleza de la resistencia no es tanto lo que el paciente dice o hace, sino el *modo* en que habla y actúa: no lo que nos expresa en sus sueños como la *forma* en que los censura, los distorsiona, los condensa, etc.[2]

Las defensas son estrategias que se fundamentan, sobre todo, en la desviación de la atención. Pero ésta no es más que una de las facetas del proceso. Como ya hemos visto, cada una de las etapas de la secuencia –desde la percepción hasta la cognición y, desde ella, hasta la respuesta– es susceptible a todo tipo de sesgos defensivos. Todo el aparato mental de la persona –su modo de estar en el mundo– se ve modelado por su estrategia defensiva, por la coraza de su carácter.

Ésta es la fachada que el yo presenta al mundo, un rostro que muestra la impronta de los desvíos y las distorsiones impuestas por las defensas en su constante intento de eludir lo desagradable. Y la interpretación del carácter constituye el bisturí más adecuado para diseccionar la estructura de las defensas.

Según Ernest Becker, «la coraza del carácter se refiere, en realidad, al estilo de vida que asume la persona para poder vivir y actuar con cierta seguridad. En este sentido, todos tenemos una coraza porque todos necesitamos organizar nuestra personalidad. Y esta organización es un proceso mediante el cual ciertas cosas son más estimadas que otras; ciertos actos están permitidos mientras que otros, por el contrario, están prohibidos; ciertos cursos de acción permanecen clausurados; algunos pensamientos pueden ser tenidos en cuenta mientras que otros, en cambio, son tabú, etc. El hecho de que todas las personas establezcamos las fronteras de nuestro mundo y nos atrincheremos en ellas *forma parte integral de nuestro propio proceso de crecimiento y organización*».[3]

Los pensamientos y los actos prohibidos son los que dan origen a los puntos ciegos. Pero, en opinión de Becker, la misma configuración de la coraza presenta dos vertientes, puesto que si bien determinadas regiones permanecen vedadas a la atención, en cambio, reciben un énfasis especial y en ellas, consecuentemente, nos movemos con mayor soltura. Es como si las mismas orillas de las lagunas que bloquean nuestra conciencia fueran al mismo tiempo las que delimitan las zonas más conscientes.

Estas regiones en las que nos movemos con más seguridad están casi libres de ansiedad, en ellas nos sentimos cómodos y somos capaces de movernos sin ningún tipo de limitación. Dentro de ellas se desarrollan nuestros puntos fuertes y en ellas se focaliza nuestra conciencia. Por ello, Becker entiende que se asemejan a fetiches.

Un «fetiche» –en la acepción de Becker– es una dimensión de la experiencia que atrae nuestra atención (y, en este sentido, se corresponde exactamente con la noción freudiana de «catexia»), y «el fetichismo consiste en organizar la percepción y la acción, a través de la personalidad, en torno a un tema muy evidente, aunque ciertamente limitado»:

> Del mismo modo que todas las personas tienen una coraza caracterial, tienen también algo de fetichistas. Porque cuando usted se ve obligado a cerrarse a la multiplicidad de las cosas, debe también centrarse en un dominio restringido; y cuando no pueda comparar ni valorar cada cosa libremente, acabará atribuyendo una importancia desproporcionada a cosas *que no la merecen*. Es así como terminamos exagerando artificialmente una pequeña región de nuestro mundo y le otorgamos un valor especial en el horizonte de nuestra percepción y de nuestra acción. Y actuamos así simplemente porque ésa es una región en la que podemos *mantenernos firmes*, podemos *manipular diestramente*, podemos *utilizar fácilmente para justificar* nuestras acciones, nuestra sensación de identidad y nuestras alternativas vitales.[4]

Hagamos ahora una breve recapitulación. Las lagunas surgen de la necesidad de amortiguar el impacto de la información amenazadora y actúan sobre la atención recurriendo a una amplia variedad de tácticas, que cumplen con la función de filtrar el flujo de la información. Pero las estrategias a las que más solemos recurrir para relacionarnos con el mundo no sólo acaban determinando el estilo de nuestras reacciones, sino también nuestros hábitos perceptuales. Estos rasgos constituyen, en suma, la estructura de nuestro carácter.

David Shapiro, psicólogo del equipo de la Austen Riggs Clinic, escribió durante la década de los sesenta una serie de brillantes artículos que finalmente recopiló en un libro en el que analiza minuciosamente el papel crucial desempeñado por la atención en las pautas del carácter.[5] Shapiro estaba especialmente interesado en comprender cómo un determinado estilo atencional resulta esencial para todo nuestro ser; es decir, la forma en que la cognición modela nuestro carácter.

El principal interés de Shapiro se centraba en la determinación de las pautas que más frecuentemente se presentan en la consulta del terapeuta, pautas a las que denominó «estilos neuróticos». Porque aunque estas pautas atencionales pueden caer dentro del ámbito de la patología, tipifican, en su mayoría, estilos que se hallan dentro del rango de la normalidad. Tomemos, a modo de ejemplo, el tipo que yo denomino «detective».

EL «DETECTIVE»

La nota decía: «El suministro de caza con destino a Londres aumenta constantemente. Creemos que Hudson, el guardabosque principal, ha recibido instrucciones para hacerse cargo de todos los pedidos de papel atrapamoscas y preservar vuestros faisanes hembras.» Al leerla, el destinatario, un respetable caballero, sufrió un ataque repentino del que nunca se recuperó.

Esa nota, con la que comienza *La aventura del Gloria Scott*[6] –el primero de los casos que debió resolver Sherlock Holmes– transformó el curso de la literatura y dio origen al género de la novela policiaca.

Cuando Holmes recibió la nota, dirigida originalmente al padre de un antiguo condiscípulo, se puso inmediatamente a trabajar. Se había dado cuenta de que estaba escrita en clave y no tardó en descubrir que el verdadero mensaje estaba oculto en algunas de las palabras que lo componían: la primera, cuarta, séptima, etc.: «Se acabó. Hudson lo ha contado todo. Escapa si quieres salvar la vida.» *

Pero Holmes no se detiene en ese punto porque sabe que el autor de la nota ha tenido que dejar en ella otras pistas adiciona-

---

* Como es natural, la clave sólo es aplicable al mensaje en su idioma original. (*N. de los T.*)

les. En su opinión, esa persona «tuvo que rellenar el espacio existente entre las palabras importantes, y lo hizo, lógicamente, escribiendo las dos primeras que le venían a la mente. Así pues, se puede llegar a la conclusión de que, habiendo en el mensaje tantas palabras relacionadas con la caza, nuestro hombre debe de ser un apasionado cazador o estar interesado en la crianza de animales».

Este breve razonamiento puso a Holmes tras la pista de un sujeto que cada otoño iba de caza con el destinatario del mensaje; como de costumbre, el famoso detective comenzó así con buen pie el camino que debía conducirle a la resolución brillante del caso.

Aunque se trate de un personaje de ficción, Holmes encarna el prototipo de un estilo de aplicar la atención al que, en su honor, denominaremos «el detective». Donde otras personas no ven más que algo anodino, Holmes descubre una evidencia incriminatoria y muestra un talento especial para interpretar los detalles más insignificantes de cualquier situación. «Desde hace tiempo, mi axioma ha sido –afirma el personaje– el de conceder la mayor importancia a los detalles más minúsculos.»

Pero el genio de Holmes no sólo consiste en advertir pequeños hechos reveladores sino también en saber asociarlos. En *Estudio en escarlata*, Holmes descubre la ceniza de un cigarro en la escena del crimen y reconoce al instante que se trata de un puro Trichinopoly. Sus singulares habilidades le convertían en un especialista en los rastros de sangre, las huellas y los tatuajes. Con sólo una muestra de barro de una bota sabía de qué zona de Londres provenía, podía distinguir cuarenta y dos huellas diferentes de neumáticos de bicicleta y diferenciar entre setenta y cinco perfumes distintos. Le bastaba con advertir una simple mella en un diente para identificar a un tejedor o un determinado callo en el pulgar izquierdo para reconocer a un tipógrafo.

Holmes constituye el prototipo del «detective» y lo que lo convierte en un caso tan especial es su aguda conciencia de los prejuicios. «Me he hecho el firme propósito –dijo Holmes en cierta ocasión– de no albergar ningún tipo de prejuicio y de orientarme siempre en la dirección hacia la que apunten los hechos.»

Lo que le salva, por otra parte, en su estatus de personaje de ficción. Holmes llevó a cabo unas doscientas diecisiete inferencias que en su práctica totalidad nos presenta abiertamente como hechos.[7] Y aunque sólo llegara a entrevistarse con sus encuestados en veintiocho ocasiones, acertó en todos los casos.

Gracias a Arthur Conan Doyle, Holmes sortea el principal peligro que acecha de continuo a la vida cotidiana del «detective», la deformación de los hechos para ajustarlos a una teoría. Holmes se jactaba de no haber elaborado teorías más allá de los hechos que se hallaban a su alcance. «Imperceptiblemente –advertía a Watson en cierta ocasión– manipulamos los hechos para que se acomoden a una teoría, en lugar de elaborar teorías que se ajusten a los hechos.» En la medida en que el «detective» distorsiona los hechos para confirmar una hipótesis, su carácter adolecerá de un grave sesgo, una actitud mental que, llevada a sus últimas consecuencias, podría terminar conduciendo a la paranoia.

El «detective» permanece hiperalerta[8] y su aguda atención le lleva en ocasiones a realizar observaciones muy penetrantes y a captar los detalles más significativos de una determinada situación. Su mirada es incisiva y escruta más allá de las apariencias. Su atención activa es también inusitadamente sutil. Nada que se salga de lo ordinario dejará de llamar su atención y tampoco se le escapará algo que se halle relacionado –aunque sólo sea de manera indirecta– con sus preocupaciones del momento. Shapiro refiere el caso de un paciente que se mostraba muy renuente a ser hipnotizado. En su primera visita a la consulta del terapeuta «detectó inmediatamente» un libro, que curiosamente se hallaba en uno de los anaqueles superiores de la biblioteca, unos tres metros por encima de él, sobre hipnoterapia y no dejó de hacer un comentario al respecto.

La alerta del «detective» se origina en su extraordinaria sensibilidad. «Estas personas –subraya Shapiro– se muestran desproporcionadamente perceptivas y todo lo que se salga de lo ordinario, por más trivial o insignificante que pueda parecerle a un observador casual, llamará inmediatamente su atención. Este estado de hipervigilancia es mucho más […] que una respuesta temerosa o nerviosa, porque estas personas parecen querer tenerlo controlado y escrutan toda novedad con un interés y una preocupación suspicaz.»[9]

Dicho en otras palabras, el «detective» hace frente a las novedades con la misma atención temerosa con que un habitante de Manhattan escucha el sonido de unos pasos que le siguen por una calle solitaria a las dos de la mañana. Para que algo –la presencia de un nuevo chico del reparto, la inesperada llamada telefónica de un viejo amigo o una cita imprevista con el jefe– active su estado de hiperalerta no se requiere que sea especialmente amenazante, sino que basta con que sea novedoso, sorprendente o inesperado. Porque para el «detective» todo lo inusual resulta sospechoso.

Tomemos por ejemplo aquella escena de Sherlock Holmes en la que éste charla con un inspector de policía sobre la extraña desaparición de un caballo de carreras. A este respecto, Holmes se refiere al «curioso incidente del perro que tuvo lugar a medianoche». «¿El perro? –replicó el inspector–. Pero si no ha hecho nada especial en toda la noche.» «Eso, precisamente, es lo más sospechoso», sentenció entonces Holmes.

En opinión de Shapiro, el estado de hipervigilancia del «detective» tiene el propósito definido de soslayar cualquier posible sorpresa. Y dado que la vida está plagada de novedades y cambios, los cuales, por su misma naturaleza, nunca se pueden predecir, el estado de hiperalerta del «detective» es la necesaria consecuencia de su constante expectativa. «La persona desconfiada –afirma Shapiro– acecha lo inesperado y es inmediatamente consciente de ello apenas se presenta. Y sólo se queda satisfecho cuando termina […] incluyéndolo en su esquema de las cosas.»

Así pues, el propósito subyacente de esta clase de personas no es tanto el de llegar a demostrar la inocencia de sus sospechas como el de detectar y clasificar cualquier sorpresa (el ruido inesperado o el dato fuera de lugar). Poco importa que su veredicto final sea el de «culpabilidad» –es decir, «sospecha probada»– o el de «inocencia», porque su intención no pretende tanto corroborar una sospecha como eliminar la amenaza que ésta conlleva.

Lo que el «detective» teme no es tanto el peligro en sí, como la novedad incontrolada. Para él, el mundo está lleno de amenazas, y esa creencia es la que justifica su suspicacia y su estado permanente de alerta. No es de extrañar que en cierto modo la confirmación de sus peores temores le fortalezca, porque de esta forma consolida su postura básica ante la vida.

Es evidente que la actitud vigilante característica del «detective» constituye una ventaja ante determinadas situaciones, por ejemplo, al realizar un test de inteligencia o un test de logro. Pero aparte de desenvolverse bien en esa clase de situaciones, el «detective» se siente atraído por todo lo que requiera el ejercicio activo e intenso de la atención, como el espionaje, la investigación policial e incluso la erudición cabalística, que premia la búsqueda de claves que encierran un significado oculto.

Las desventajas características del estilo atencional propio del «detective» están ligadas a su misma fortaleza. Su búsqueda tiene una dirección y un *propósito* definido de antemano y su objetivo es el de confirmar una idea preconcebida. De este modo, se ve abocado al peligro del que nos advertía Holmes: «manipular los hechos para que se acomoden a una teoría, en lugar de elaborar teorías que se ajusten a los hechos». Y cuando este estado de hiperalerta se lleva a sus últimas consecuencias, aboca a una investigación viciada, a una búsqueda que no deja que sean los hechos los que conduzcan a una teoría, revelando entonces su objetivo final, la demostración de una idea preconcebida.

Pero esta búsqueda predeterminada imprime una distorsión característica a la percepción, porque su observación es tan minuciosa que no le permite ver y su escucha tan escrupulosa que no le permite oír. En otras palabras, su deficiencia no radica tanto en su capacidad de atención –que, por otra parte, suele ser brillante– como en su desinterés por lo evidente. Para él, la superficie de las cosas siempre se hallará lejos de la verdad, zambulléndose en el interior de los hechos más sencillos en busca de una realidad oculta. Así pues, cuando escucha y cuando mira no trata tanto de captar lo evidente como su *significado*.

Este empeño constante en buscar pistas que permitan acceder a los significados ocultos se asemeja a mirar por un microscopio, porque el «detective» se halla tan absorto en un objeto que pierde de vista el contexto que da significado a lo que ve, algo que por otra parte también se ajusta a su postura básica ante la vida (el contexto *aparente* es meramente aparente, es decir, se trata de una falsa realidad). Por ello, centra exclusivamente su atención en un pequeño detalle que se ajusta a su esquema, mientras pasa por alto el contexto real. Pero de ese modo pierde de vista el auténtico significado de los hechos y los reemplaza por una interpretación totalmente subjetiva.

Así pues, su visión, aunque se halle cimentada en hechos reales, puede ser muy subjetiva y atribuir un significado muy peculiar a los detalles. Y puesto que sus conclusiones se basan en hechos, el «detective» puede coincidir con los demás en lo que concierne a los pormenores concretos de un determinado caso, pero llegar, no obstante, a una conclusión radicalmente diferente. Esta clase de personas, en opinión de Shapiro, «no dejan de lado un solo dato, sino que los examinan con sumo detenimiento. Sin embargo, su visión está sesgada porque desechan todo aquello que no concuerda con sus suposiciones y destacan, en cambio, lo que las confirma [...] Estos individuos operan, en suma, desde el mismo comienzo, desde la creencia de que todo lo que desmiente sus expectativas es "una mera apariencia". No es de extrañar pues que afirmen estar interesados en descubrir el fraude, el engaño y la superficialidad, y digan querer llegar a la esencia de las cosas, a la verdad subyacente».[10] Pero lo cierto es que esa verdad es precisamente la que ellos han estado esperando desde el comienzo.

Shapiro refiere el caso de un hombre que estaba convencido de que su jefe «quería hacerle pasar por el aro», y recogía toda clase de pruebas –algunas de ellas muy agudas y todas bastante objetivas– para tratar de demostrar este hecho. Al parecer, su jefe insistía en que las cosas debían hacerse a su modo, que debía mostrarse más dispuesto y establecer un contacto más estrecho con sus clientes. Nuestro hombre también llamaba la atención sobre la voz de su jefe que, según él, mostraba el tono inconfundible del reproche. Todo ello, según el paciente, evidenciaba que su jefe trataba de «convertirle en su esclavo».

Pero, como señala Shapiro, «estos hechos no son especialmente infrecuentes». Y aunque el jefe realmente se hubiera comportado de ese modo, ésa es la conducta habitual de muchos jefes y forma parte de su trabajo, porque suya es, a fin de cuentas, la responsabilidad. Sin embargo, el paciente desestimaba ese contexto y trastocaba completamente la interpretación de los hechos.

Shapiro señala asimismo que la atención estrictamente focalizada en una evidencia aislada puede imponer cualquier conclusión sobre casi cualquier dato. Por ello, «la persona suspicaz puede estar, al mismo tiempo, perceptualmente en lo cierto, pero completamente equivocada en su interpretación de los datos».

En ocasiones, el esquema interpretativo del «detective» adopta la forma de una visión política o económica, de un dogma religioso o de una gran teoría conspirativa, pero normalmente se asemeja a una creencia del tipo «todo el mundo está contra mí», «mi jefe me la tiene jurada» o «la polución está arruinando mi salud» –creencias susceptibles de ser ciertas en un determinado momento–. Lo que caracteriza al «detective», no obstante, es la falta de soporte manifiesto de su particular visión de las cosas.

Theodore Millon esboza los débiles fundamentos de este esquema: «En su mente existe una escasa diferencia entre lo que ve y lo que piensa. Las impresiones fugaces y los recuerdos confusos se identifican con los hechos, y la relación entre hechos desconectados entre sí desencadena un proceso en el que la imaginación deja pronto paso a la sospecha, originando así la aparición de una serie de creencias inamovibles.»[11]

Y aunque la búsqueda que trata de confirmar su esquema de las cosas pueda ser tímida, temerosa, arrogante o agresiva, su rasgo distintivo es siempre el mismo, la desconfianza, una desconfianza que todo lo tiñe. En cualquier otro caso, la desconfianza suele ser provocada por alguna situación puntual –por ejemplo, una puerta entreabierta–, pero en el caso del «detective» no es necesaria excusa alguna para mantenerse alerta ante toda situación independientemente de su aparente inocencia y trivialidad. Mientras que la mayoría de las personas extremará la cautela al encontrar abierta la puerta de su casa, el «detective» tenderá a creer que «no sólo se han dejado la puerta abierta, sino que es muy probable que quienes la han abierto todavía se hallen dentro».

Tratar de convencer a esta clase de personas de la arbitrariedad de sus conclusiones es una tarea especialmente frustrante. Para ello no sirven los argumentos racionales, porque el «detective» siempre encontrará algún detalle que confirme su punto de vista. De hecho, hasta el mismo intento de persuasión puede convertirse en el foco de sus sospechas: ¿Por qué –preguntará entonces en un tono desafiante– está tan interesado en que cambie mis conclusiones? Con lo cual es muy probable que usted también termine convirtiéndose en un sospechoso.

La idea de que las cosas no son lo que parecen puede dar lugar a curiosas complicaciones, porque si después de escudriñar cada grieta y cada rincón los hechos no confirman sus opiniones, el «detective» puede terminar desestimando la existencia de toda relación manifiesta entre los hechos y sus ideas preconcebidas, llegando incluso a concluir que la misma dificultad para confirmar sus sospechas constituye una evidencia palpable de la astucia y falsedad de la gente. En tal caso, toda contradicción y refutación serán desdeñadas y el sujeto comenzará a magnificar los detalles más triviales e insignificantes.

La siguiente cita, extraída de un comentario sobre una novela de espionaje de Robert Ludlum, transmite la atmósfera preñada de sospechas e intrigas imaginarias propia del mundo del «detective»:

> ¿Dispone de un sitio tranquilo para poder leer este artículo? ¿Está *absolutamente seguro* de que nadie le ha seguido desde el quiosco hasta su casa? Porque, de no ser así, puede resultarle difícil acabar la lectura. En el mundo de Robert Ludlum nadie puede terminar la actividad más inocente sin que un extraño le vigile desde la sombra empuñando una Graz-Burya automática. ¿Acaso la mujer que está sentada a su lado en el autobús no es la misma que se hallaba detrás de usted en la cola del supermercado? Existe una conspiración de tal magnitud que *implica a todo el mundo*, y secretos tan ocultos que *casi nadie los conoce*. Bastaría con preguntarse qué es lo que ocurre para saber ya más de la cuenta.[12]

Pero el «detective» no necesariamente se halla atrapado en un mundo tan agobiante como el descrito. El comentario sobre Ludlum extrapola la tendencia mental característica de este estilo cognitivo, un estilo que, independientemente de la forma que adopte, siempre responde a idénticas reglas: las cosas no son lo que parecen, siempre hay una sospecha oculta cuyo significado se verá confirmado cuando se descubran las claves correspondientes. La teoría puede ser de naturaleza completamente mundana –el cartero no me entrega el correo o la gente habla de mí a mis espaldas–, pero, en cualquiera de los casos, las maniobras llevadas a cabo para tratar de confirmarla serán las mismas que las descritas en la cita.

La compleja visión de la realidad que sustenta el «detective» y las distorsiones en el campo de la atención a las que recurre para confirmar sus opiniones son los síntomas superficiales de un mecanismo más profundo. Estos rasgos son los que determinan la impronta de nuestros autoengaños, la pauta concreta de las barreras psicológicas que erigimos ante el temor que nos inspiran ciertas situaciones peligrosas. Estas lagunas son, en suma, las que confieren al «detective» su especial talento y las que le llevan a cometer también sus mayores errores.

LA ANATOMÍA DE LA CORAZA PSICOLÓGICA

Los desencadenantes de las defensas del «detective» son las amenazas a su sensación de competencia. En un pasaje que guarda cierta similitud con el comienzo de un relato de Franz Kafka, Shapiro nos habla de un hombre que a pesar de su prestigio y su talento se sentía inseguro de sus capacidades y suspicaz acerca de su puesto en la empresa. Cierto día cometió un error.

«Pero aunque se trataba de un error sin mayor trascendencia –señala Shapiro–, un error difícilmente detectable y fácilmente corregible, no tardó en sentirse abrumado ante la remota posibilidad de ser descubierto debido a la humillación que, según él, ese hecho le acarrearía. Durante todo ese tiempo, cuando el jefe se le aproximaba decía "notar" el enojo en su mirada y estaba seguro que pensaba: "Este hombre es el talón de Aquiles de nuestra empresa."»[13] Shapiro concluye su relato en este punto, pero no resulta difícil imaginar la triste historia que le sigue, una historia en la que los agravios triviales inexistentes van encadenándose hasta terminar abocando a un desenlace tan fatal como grotesco.

Cuando el «detective» percibe una amenaza de estas características, sus defensas se movilizan y su atención se focaliza para probar sus sospechas. Pero al mismo tiempo que busca pistas y confirmaciones en el mundo que le rodea, va enajenándose también cada vez más de sus sentimientos e impulsos. Después de todo, un cuartel general sitiado no puede perder el tiempo con preocupaciones irrelevantes, de modo que no es de extrañar que termine proyectando al exterior todos los sentimientos rechazados.

El proceso de la proyección opera en dos fases. En la primera de ellas, la sensación, idea o impulso perturbador despierta una sensación de inseguridad que moviliza a su vez las defensas. De ese modo, mientras el sujeto experimenta internamente el asedio, su atención se focaliza en el exterior, especialmente en las facetas más perturbadoras. Posteriormente, el sujeto inspecciona minuciosamente el exterior en busca de indicios que corroboren sus sospechas. Entonces, las pistas que parecen confirmarlas se ven recompuestas para conformar una imagen del enemigo que se asemeja sorprendentemente al aspecto perturbador original alienado.

Una vez enajenado, el yo proyectado parece otro... y otro, por cierto, bastante siniestro. Así, cuando el sujeto se enfrenta a su propia desconfianza y enojo proyectados en la imagen que ha construido de su oponente es incapaz de reconocerse.

La actitud intrapsíquica favorita del «detective», por tanto, combina tres operaciones diferentes: la negación de su propia debilidad y mala fe, la proyección de estos aspectos de sí mismo en los demás y el subsiguiente esfuerzo constante de tratar de confirmar la validez de esa proyección. Pero su negación es más intensa de lo habitual, porque no sólo niega su propia ineptitud y hostilidad, sino que llega a desentenderse de ellas proyectándolas en los otros. A partir de ese momento, no se ve a sí mismo como una persona perversa, rencorosa o celosa, sino que entiende que son «ellos» –los otros– quienes albergan hacia él esa clase de sentimientos. Así, una sencilla inversión termina justificando su resentimiento, al tiempo que le absuelve de toda culpa.

Es cierto que el estrés puede movilizar la proyección, pero también puede tratarse de una faceta característica de la organización mental propia de la persona. En sus modalidades más benignas, la proyección suele adoptar la forma de preocupaciones en torno a un determinado tema, como, por ejemplo, la corrupción, o algún tipo de conducta éticamente reprobable. También puede llegar a configurarse como un problema interpersonal, en el que los protagonistas concretos van cambiando de rostro en función del tiempo y del lugar.

La proyección torna a la gente «difícil», y no resulta extraño que la vida de esas personas se vea salpicada de amantes resentidos, jefes injustos y caseros desalmados así como que suelan hallarse implicadas en relaciones turbulentas, especialmente cuando sienten que su autonomía se halla en peligro. Esta circunstancia es la que suele llevarlas a rebelarse tanto ante los representantes de la autoridad como ante las personas dependientes de ellas –esposa, amante o hijos–, a las que ven como una amenaza, a su estrecha sensación de libertad.

Y este aislamiento complica más todavía los problemas del «detective». Receloso de todos y confiando tan sólo en sus dudas e inseguridades, jamás se encuentra realmente en condiciones de escuchar a nadie –una escucha que podría proporcionarle una visión más ajustada a la realidad–. A falta de estas pruebas de realidad, su desconfianza persiste y sigue tratando de confirmar su teoría, por más disparatada que ésta sea. Incapaz de participar y de compartir, careciendo de la posibilidad de contrarrestar su irrefrenable imaginación, el «detective» se aleja cada vez más de la visión que los demás tienen de las cosas.

Desde otra perspectiva, las pautas cognitivas que tipifican la coraza psíquica del «detective» podrían describirse teniendo en cuenta esos aspectos de la experiencia que ignora –puntos ciegos– y aquellos que, por el contrario, exagera. Estos últimos cobran una exagerada importancia en su experiencia y el sujeto convierte ciertos elementos en «fetiches», como diría Becker, desarrollando talentos especiales para ello. Los puntos ciegos de su atención dejan, entretanto, ocultos en la sombra determinados aspectos esenciales de la experiencia.

Perfil cognitivo de los aspectos relevantes y los puntos ciegos característicos del «detective»:

ASPECTOS RELEVANTES	PUNTOS CIEGOS
Detalles significativos	Lo evidente
Sorpresas: toda situación novedosa infrecuente o inesperada	Significado superficial, «mera apariencia»

Amenaza o posibilidad de una amenaza	Contexto que dota de significado
Significado oculto	Significado real de los hechos
Pista: el detalle que se ajusta al esquema	Lo que resulta irrelevante para su esquema preconcebido
Un enemigo hecho a su propia imagen (enojado, débil, etc.)	Sus propios sentimientos e impulsos de hostilidad y debilidad; los sentimientos de los demás, especialmente los sentimientos de ternura
Los errores de los demás	Sus propios errores.

Pero ¿cómo arraigan todos estos subterfugios en la personalidad? ¿Cómo aprende el «detective» su actitud paranoide? ¿De qué modo, en suma, adoptamos un determinado esquema de distracción de atención? Para poder responder a todas estas cuestiones tendremos que remontarnos de nuevo a los primeros contactos del niño con el mundo y a las pautas de interacción que configuran nuestros esquemas más rudimentarios.

El estilo paranoide resulta muy ilustrativo porque ha sido muy bien estudiado y descrito tanto en sus formas más benignas como en las más severas. Pero, como veremos más adelante, este estilo ilustra un proceso general de desarrollo, porque todos hemos aprendido determinadas estrategias para aliviar la ansiedad cercenando nuestra atención y olvidando las experiencias dolorosas.

MICROEVENTOS EN OK CORRAL*

Una madre está riñendo a su bebé de nueve meses, Michael, porque le ha dado una pieza de un puzzle, y lo primero que ha hecho el pequeño es tratar de llevársela a la boca.

–¡No; eso no se come! –dice la madre quitándosela de las manos.

Michael empieza a gritar.

–¡No chilles! –replica ella, en tono desafiante, mientras le devuelve la pieza.

La madre observa entonces cómo Michael se la lleva de nuevo a la boca y, sujetando su mano, profiere un rotundo:

–¡No!

El niño se echa a llorar.

Finalmente ella cede, y el pequeño comienza a masticar la pieza del puzzle entre murmullos de satisfacción.

–¿Te gusta? –concluye la madre, dándose por vencida.

Este episodio forma parte de una grabación de varias horas en vídeo realizada por el psiquiatra Daniel Stern, cuya finalidad era es-

* Paraje de Tombstone (Arizona), en el que tuvo lugar uno de los duelos más famosos de toda la historia del Oeste americano, celebrado en varios *westerns*, entre los que cabe destacar *Pasión de los fuertes* y *Duelo de titanes*. (N. de los T.)

tudiar la relación interactiva entre Michael y su madre. Stern ha analizado cientos de episodios similares, que él denomina «microeventos», protagonizados por otras madres y sus hijos, y a éste en particular lo denomina «duelo en OK Corral». En las cintas que grabó de Michael y su madre a lo largo de un período de unos dos años, aparecen sesenta y tres episodios parecidos.[14]

En opinión de Stern, los bebés y sus madres constituyen una especie de «pareja». Desde que el pequeño tenía cuatro meses, o quizá incluso antes, Michael y su madre han representado ese ritual en numerosísimas ocasiones. La secuencia rutinaria habitual comienza cuando Michael trata de meterse algo en la boca, luego su madre le dice que se lo saque, después el niño se enfada y, finalmente, la madre termina cediendo.

Stern ha recopilado varias de estas secuencias en un vídeo que escenifica el mismo argumento con un trozo de madera, un zapato granate y una argolla de plástico. En cada una de las ocasiones, la madre prohíbe al bebé que coja el objeto, diciéndole que es algo repugnante, ante lo cual Michael muestra su enojo tirando cosas, golpeando, gritando, etc.

En opinión de Stern, la repetición de este tipo de incidentes enseña a Michael a afirmarse para conseguir lo que desea, una pauta que se verá posteriormente reforzada, de modos muy distintos, a lo largo de su vida.

Según afirman los psicólogos evolutivos, estas tempranas interacciones nos ayudan a aprender los hábitos que terminarán modelando nuestras respuestas fundamentales y nos permiten codificar esquemas que influirán poderosamente en nuestra forma de registrar y reaccionar ante la vida. Muchas de estas pautas tempranas tienen que ver con la atención y los esquemas cognitivos que conforman la estructura profunda de nuestra personalidad.

La socialización de la atención forma parte del proceso normal del desarrollo. Pero existen ciertas pautas cognitivas especialmente relevantes –típicamente inculcadas en la conciencia tanto de los padres como de los hijos– que configuran la organización misma de la coraza defensiva. La psicóloga infantil Selma Fraiberg ilustra el inicio de una de estas pautas entre una madre adolescente deprimida y su hijo.[15] La madre oscilaba la mayor parte del tiempo entre la depresión y los arrebatos de ira, pero ya se encontrara deprimida o enojada, nunca prestaba la menor atención a su hijo.

Fraiberg se sorprendió al advertir que cuando el pequeño se hallaba en una habitación con personas desconocidas sus ojos parecían detenerse en sus rostros, pero que apenas miraba a su madre, y si lo hacía no evidenciaba el menor signo de reconocimiento o de alegría. Había aprendido a evitarla y a ignorar su presencia hasta tal punto que ni siquiera la llamaba cuando se sentía mal, una actitud defensiva que parecía ayudarle a evitar el dolor de sentirse desatendido. Era simplemente como si hubiera borrado a su madre de su mundo. Pero lo más destacable del caso es que todo esto ocurriera a los tres meses de edad.

Con el paso del tiempo, esta respuesta de evitación puede terminar transformándose en una laguna, ocultando así el dolor mediante una forma u otra de inatención. Las observaciones realizadas por Stern con una pequeña de tres meses llamada Jenny proporcionaron detalles de los tipos de interacción que pueden llevar a un bebé a manifestar defensas tan incipientes.[16]

La madre de Jenny era una mujer muy activa a la que Stern calificó, ya en la primera entrevista, como «intrusiva, controladora e hiperestimulante». La madre parecía necesitar un elevado nivel de activación y «quería lo que quería en el momento en que *ella* lo quería». Durante ese período, Stern observó que Jenny y su madre ejecutaban una especie de danza, ya que cada vez que sus miradas se encontraban la madre comenzaba a hacer muecas y hablaba en voz tan alta que la pequeña se sentía desbordada y terminaba apartando la mirada.

La madre, que interpretaba este hecho como una señal para aumentar la estimulación, buscaba la mirada de Jenny y comenzaba el juego. Entonces Jenny se volvía de nuevo y hundía el rostro en la almohada, sin conseguir con ello eludir el acoso de su madre, que se aproximaba cada vez más a ella, hablaba con voz más fuerte y comenzaba incluso a hacerle cosquillas. En opinión de Stern, la mera observación de esta invasión «llegaba a ser físicamente dolorosa y daba lugar a un sentimiento de rabia impotente [...] generando incluso dolor de estómago y dolor de cabeza».

Jenny, sollozando, cerraba los ojos y volvía su cabecita hacia el otro lado para evitar a su madre. Ésta, sin embargo, seguía acariciándola y haciéndole cosquillas. Tras varios intentos fallidos de llamar su atención, la levantaba en brazos y la colocaba frente a ella. Jenny no tenía entonces más remedio que mirarla, pero apenas la dejaba de nuevo sobre la cama, la pequeña volvía a hundir la cabeza en la almohada. Esta rutina, que solía resultar frustrante para la madre, concluía habitualmente con el llanto de Jenny, que terminaba abandonada en su cunita.

A Stern le parecía «inconcebible» que la madre no advirtiera lo detestable que resultaba su conducta con Jenny y sospechaba la existencia de «cierta hostilidad maternal inconsciente». Sin embargo, consciente de su tarea como investigador, se abstuvo de intervenir en el curso de los acontecimientos.

Después de varias semanas de observación, la pauta básica de la interacción entre Jenny y su madre seguía igual. Poco a poco, sin embargo, pareció como si ambas fueran rindiéndose. Jenny miraba cada vez menos a su madre y ésta, por su parte, forzaba menos las cosas. «La situación llegó realmente a preocuparme –comenta Stern– cuando aproximadamente una semana más tarde Jenny evitaba todo contacto ocular [...] y su rostro permanecía casi inexpresivo.»

En ese momento, Stern estaba francamente alarmado, ya que sabía que la evitación del contacto ocular y del cara a cara durante la infancia constituye uno de los primeros síntomas del autismo. ¿Se hallaba Jenny, pues, camino de la esquizofrenia?

Afortunadamente no. Un mes después, preocupado por la posible gravedad de lo que había presenciado, Stern las visitó en su hogar y descubrió que ambas parecían haber llegado a algún tipo de acuerdo. Era como si la madre acosara menos a Jenny para requerir su atención y como si ésta estuviera más dispuesta a aceptar –y casi disfrutar– con los juegos de la madre. Pero la historia no terminó aquí:

> En cada uno de los distintos estadios de su desarrollo –señala Stern–, Jenny y su madre deberán revivir el mismo conflicto original, pero en niveles organizativos de conducta cada vez más complejos. Todavía ignoramos las ventajas y las desventajas, los recur-

sos y las flaquezas que esto conllevará finalmente para la vida de la pequeña [...] A fin de cuentas, la línea divisoria existente entre un temprano mecanismo de adaptación y un incipiente mecanismo de defensa es sumamente tenue.[17]

El dominio de los mecanismos de defensa en tanto que maniobra protectora contra el sufrimiento constituye una faceta universal del proceso de crecimiento. Todo niño aprende una amplia variedad de estrategias de este tipo, pero los niños sanos son más flexibles con respecto a la que deben utilizar en cada momento. Y, entre ellas, la negación –como todos los demás mecanismos– también ocupa su lugar:

> Estos mecanismos esencialmente inconscientes –explica Theodore Millon– permiten aliviar el malestar que experimenta el niño cuando es incapaz de solucionar directamente un problema. Cualquiera de los mecanismos clásicos de defensa –la represión, la sublimación, la racionalización, etc.– cumple con la función de mitigar la angustia y también resulta útil para mantener el equilibrio de la persona hasta que pueda dar con una solución más adecuada. La adaptación sana, por tanto, puede caracterizarse tanto por la huida como por el autoengaño [...] Estos mecanismos inconscientes sólo se convierten en un obstáculo cuando la persona insiste en distorsionar y negar el mundo objetivo [...].[18]

Los problemas suelen presentarse cuando el niño debe afrontar una amenaza brutal, continua y reiterada, como una madre hostil, un padre violento, el abandono, etc. En tal caso, el niño aprende a esperar el problema y no se atreve, en consecuencia, a bajar la guardia, confiando cada vez más en alguna de sus defensas favoritas, la forma más habitual de protegerse de un mundo hostil. De este modo, lo que comenzó siendo una maniobra apropiada y eficaz termina convirtiéndose en una fijación en su economía mental que llega a afectar a todo un rango de experiencias. De esta forma, una estrategia puntual acaba transformándose en una defensa neurótica.

Existe la creencia popular de que las defensas y las neurosis son la consecuencia de un único y poderoso trauma. Pero lo cierto es que los datos proporcionados por la práctica clínica parecen señalar que los estilos defensivos se aprenden poco a poco y son el fruto de numerosos y prolongados incidentes que tienen lugar a lo largo del tiempo. Las pautas cognitivas aprendidas en la temprana infancia llegan a autoperpetuarse, ya que una vez se aprende una cierta expectativa de amenaza, la persona está predispuesta a buscarla y encontrarla, y, en consecuencia, a tratar de evitarla.

Según Millon, cuando fracasan las estrategias habituales para hacer frente a las situaciones problemáticas, el niño recurrirá cada vez con más frecuencia a maniobras de distorsión y negación. La regla fundamental de las estrategias de *coping* consiste, recordémoslo, en que cuando no se puede hacer nada para cambiar la situación, se debe transformar la forma en que se *percibe*, una distorsión defensiva de la atención que constituye el objetivo de las lagunas. Y si esto sirve al niño como táctica provisional resulta perfecto porque le permite recuperar el equilibrio, pero en caso de que la amenaza sea demasiado persistente, tenaz e intensa, el niño no podrá llegar a bajar la guardia.

En tales casos, cuando la exposición a la amenaza y la frustración es demasiado persistente, el niño afronta la vida con la expectativa de que el peligro le acecha y la coraza que provisionalmente adoptara termina convirtiéndose en una parte integral de su actitud ante la vida. Y aun cuando no exista ninguna causa objetiva de inquietud, mantendrá sus defensas para protegerse del peligro que *pueda* sobrevenir. «Creada originalmente para protegerle de las recurrencias de un pasado doloroso», dice Millon, su actitud defensiva «le distrae y le confunde». Así pues, en el mismo momento en que el niño comienza a enfrentarse con peligros inexistentes –aunque anticipados–, su mundo cognitivo se torna rígido, su actitud defensiva se intensifica y el autoengaño termina completándose.

CÓMO CREAR A UN PARANOICO

La paranoia del «detective» tiene raíces similares a las descritas por Stern, porque la reiteración de microeventos durante la niñez terminan configurando las sofisticadas pautas de atención del adulto. El niño aprende un determinado conjunto de esquemas –y de maniobras defensivas– a los que recurrirá cada vez que se sienta amenazado por la ansiedad.

Veamos ahora cómo se genera uno de esos esquemas, la paranoia. Uno de los paranoicos más célebres de los anales de la psiquiatría es Daniel Schreber, un juez alemán, que enloqueció a la edad de cuarenta y dos años, y cuyo caso fue utilizado posteriormente por Freud para fundamentar su teoría sobre la paranoia. Pero el complejo modelo intrapsíquico propuesto por Freud para tratar de explicar las fuerzas internas que abocan a la patología parece soslayar la evidencia de que la relación de Schreber con su padre fue la causa directa de su ulterior paranoia. Tan inmediata es la relación causa-efecto existente en este caso que algunos autores llegaron a calificar de superflua la explicación aportada por la teoría de Freud.

El padre de Schreber era una especie de doctor Spock decimonónico que había escrito varios libros sobre la educación infantil, tan populares que en algunos casos llegaron incluso a reeditarse más de cuarenta veces y a traducirse a varios idiomas. El método pedagógico propuesto en estos libros parece una auténtica receta para provocar las distorsiones de la mente y del espíritu que culminan en la paranoia. Tanto es así que parece que ése fue precisamente el resultado conseguido con su propio hijo.

En un libro titulado *Soul Murder*,[19] Morton Schatzman documenta detalladamente el método que permitió al padre de Schreber crear el escenario mental de la posterior psicosis de su hijo, un escenario que incluye un dantesco repertorio de dispositivos, destinados a fomentar la disciplina física (como, por ejemplo, mantener una postura erguida), con los que torturaba a sus hijos. Cuando, años más tarde, Schreber se volvió loco, la imagen de esos artilugios poblaba sus delirios psicóticos.*

Pero estas imposiciones físicas iban acompañadas de toda clase de restricciones mentales. El padre de Schreber justificaba este régimen de opresión mental con la excusa de que, de ese modo, se educaba al niño en el autocontrol, una causa, en sí, loable. Y lo cierto es que no hay nada malo en que un padre trate de establecer ciertos límites y de fomentar la disciplina de su hijo. Eso es algo completamente natural. Pero la forma en que lo hizo el padre de Schreber tuvo repercusiones lamentables en la salud mental de su hijo. Veamos como ejemplo un párrafo de *Soul Murder*:

> Cada deseo prohibido, aunque no se trate de algo perjudicial para el niño, debe ser permanente e infatigablemente reprimido mediante una negativa tajante. Y no basta con el rechazo del deseo, es necesario *cerciorarse de que el niño acepta ese rechazo serenamente. Hay que asegurarse de que esta aceptación serena se convierte en un hábito* y, en el caso de que sea necesario, recurrir a alguna palabra dura o incluso a la amenaza. Y esta regla no tiene excepción alguna [...] Ésta es la única forma de conseguir que el niño adquiera el imperioso y saludable hábito de la subordinación y el control de la voluntad. (Las cursivas son mías.)[20]

El efecto de este método es una doble restricción, ya que si bien por una parte el niño debe abstenerse de expresar libremente sus

---

* Según Schatzman, Freud parece haber desdeñado el papel que jugó esta estricta disciplina infantil en la psicosis del juez Schreber.

impulsos y necesidades naturales, también debe negar la reacción que le despierte esa imposición. Y puesto que se le exige que acepte resignadamente su frustración y se le prohíbe gritar, enfadarse o llorar, la única respuesta posible es la claudicación y el silencio. Y no olvidemos que todo esto se le exige a un niño que aún no ha alcanzado los dos años de edad.

Si no existe posibilidad de expresar el daño que conlleva un método similar, la única alternativa posible es la de reprimir el daño y desterrar los sentimientos lejos del campo de nuestra experiencia. De este modo, el primer paso para crear a un paranoico consiste en adiestrarle a negar sus sentimientos de rabia y dolor hacia su padre.

Son muchas las distorsiones de la atención que pueden derivarse del doble imperativo de ocultar los sentimientos y el hecho mismo de que los hemos ocultado. Pero el estilo defensivo paranoico –un estilo que se inicia con un padre que exige que su hijo reprima la negación de su reacción ante el abuso de los padres– brinda una solución fácil a este dilema. El niño no puede mostrar enojo ni permitir que su padre contribuya a despertarlo. Entonces, para protegerse de sus padres, se ve obligado a enajenar el sentimiento de rabia que le provoca el abuso de los padres. Y las tácticas de distorsión de la atención resultan decisivas para ocultar estos sentimientos.

¿Qué mejor manera de encubrir los sentimientos que negárselos a uno mismo y desviarlos? Porque aunque con ello la rabia no desaparezca, puede *parecernos* que sí lo hace, o que si existe es por otras causas. Es decir, en el caso de que no podamos despojarnos completamente de ella, tal vez podamos disfrazarla. Otra posibilidad es dirigir la rabia contra uno mismo, una táctica que tiene como consecuencia la reducción de nuestra autoestima. Otra alternativa consiste en dirigir nuestro enojo hacia alguien distinto a los padres. Tanto la negación como el desplazamiento constituyen un acto de fidelidad y devoción que exime a los padres de toda culpa y permite conservar un recuerdo feliz de la infancia.

Comparemos ahora este perverso trueque entre la ansiedad y la atención con la experiencia normal de un niño que no se ve obligado a engañarse a sí mismo y que puede permitirse experimentar el dolor, los errores y las limitaciones cotidianas de la infancia. Ese niño, al no verse forzado a distorsionar su conciencia de estos sentimientos, llega a conocerlos en su entorno natural. Esto le ayudará en su etapa de adulto porque será capaz de enfadarse abiertamente en caso de sentirse dañado y en consecuencia no arrastrará consigo el peso de la rabia reprimida en su conciencia.

Sin embargo, quien se ha visto obligado a reprimir la ira, tiene miedo de lo que podría ocurrir si llegara a perder su dominio. Porque, en tal caso, los sentimientos podrían llegar a desbordarse y la rabia podría llevarle incluso a matar. Por ello se ve impelido a encontrar una forma de disfrazar la rabia y, en consecuencia, reprimir todo sentimiento asociado, ya que cualquier asomo de espontaneidad constituye la amenaza de una erupción de deseos que pueden llegar a superar todo posible control.[21]

Una investigación llevada a cabo en Denver con niños que asistían a sesiones de terapia porque se habían visto sometidos a abusos por parte de sus padres, refleja exactamente esta imagen de la infancia sometida.[22] Uno de los rasgos más sobresalientes de estos niños era su acusado pesimismo. Algunos de ellos no sonreían jamás y no parecían disfrutar cuando jugaban con la terapeuta, como si el juego se tratase de una obligación. La mayoría de ellos se consideraban «malos» o «estúpidos» y vacilaban ante cualquier novedad por el temor a cometer algún error.

Su sentido de lo correcto y lo incorrecto –un legado evidente de sus padres– era muy estricto y punitivo. Las reglas que determinaban lo que estaba bien o lo que estaba mal eran inflexibles, y cuando otros niños transgredían esos límites, se ponían muy furiosos. Pero eran incapaces, en cambio, de mostrar el menor signo de rabia hacia los adultos. En ellos estaba operando un proceso paranoide que se caracterizaba por negar el enfado que sentían hacia sus padres –y, por extensión, hacia otros adultos– y hallarse muy predispuestos, en cambio, a desplazar esa rabia hacia objetivos que les eran más próximos, por ejemplo, otros niños.

Pero si bien eran incapaces de expresar su enojo hacia los mayores, hervían internamente, y sus cuentos y juegos rebosaban agresividad:

Golpeaban, torturaban y mataban de continuo a sus muñecos reproduciendo, en muchos de los casos, en sus juegos su propia historia. Los cuentos que contaba un niño que había sufrido tres fracturas de cráneo cuando era pequeño estaban plagados de personas o animales que sufrían heridas en la cabeza. Otra niña, cuya madre había intentado ahogarla cuando tan sólo era un bebé, jugaba a ahogar a una pequeña muñeca en la bañera [...] Los niños casi nunca eran capaces de expresar verbalmente su ansiedad, pero albergaban sentimientos muy intensos de rabia y un fuerte deseo de venganza que, sin embargo, también iba acompañado del miedo a lo que podría llegar a ocurrir en el caso de que esos impulsos terminasen aflorando a la superficie.[23]

En estos desdichados niños, el desplazamiento y la negación –los mecanismos de defensa característicos del estilo paranoide– se hallaban ya en pleno funcionamiento. Pero los rasgos distintivos del estilo paranoide no tienen por qué derivarse de eventos tan desproporcionados como el abuso, porque esas mismas tendencias pueden haberse grabado en la mente a través de formas más sofisticadas de tiranía. La violencia puede operar a niveles mucho más sutiles, como las miradas de desaprobación, la negativa silenciosa, la humillación o la simple retirada del amor. Pero en cualquiera de estos casos, una vez se ha inculcado la orden implícita, el efecto final es el mismo: eximir a los padres de toda responsabilidad por los sentimientos de daño y rabia que experimenta el niño.

El niño que teme el rechazo de sus padres puede llegar a mostrarse hipersensible a todo indicio de este tipo por parte de sus compañeros de juego. Es probable incluso que distorsione los comentarios más inocentes y los considere hostiles. Anticipándose así a la hostilidad ajena, el niño está predispuesto a contrarrestarla desafiando a sus compañeros con una mirada fría y rígida y palabras agresivas. Esta actitud, paradójicamente, suscita la misma respuesta que esperaba y termina convirtiéndole en el blanco de la hostilidad real –y ya no sólo imaginaria– de sus compañeros. De esta forma su misma desconfianza termina materializando sus peores expectativas, y descubre que sus compañeros lo rechazan –igual que han hecho sus padres–, lo cual reafirma su recelo y su hostilidad. Así se adentra en el círculo vicioso que terminará culminando en la franca desconfianza que hemos descrito cuando hablábamos del «detective».

Veamos a continuación la fórmula de la atención que da forma a esta pauta paranoide:[24]

1. Ser herido durante la primera infancia sin que nadie se dé cuenta de la situación.

2. No reaccionar con rabia ante el sufrimiento y negar en consecuencia los propios sentimientos al respecto.

3. Mostrarse agradecido con los padres por lo que se supone que son sus buenas intenciones.

4. Olvidarlo todo.

5. Desplazar el odio acumulado hacia los demás en la adolescencia y no ser capaz de percatarse de que lo que parece ser *el odio de los demás* pertenece, en realidad, a uno mismo.

Es muy probable que la persona en cuya infancia se ha estampado la pauta de atención característica de la paranoia repita el mismo ciclo con sus propios hijos. De este modo, la batalla que una vez perdió siendo niño ante el régimen de terror psicológico al que le sometían sus padres, puede volver a ser librada, aunque en esta ocasión el vencedor sea el niño-convertido-en-padre.

Existen innumerables variantes de este proceso, aunque estamos más familiarizados con aquellas que abocan a la paranoia porque la investigación clínica se ha centrado más en esta condición patológica. La descripción más conocida de un estilo patológico de percepción es la que nos ofrecieron a principios de la década de los cincuenta Gregory Bateson y sus colaboradores bajo el epígrafe de «doble vínculo», un tipo de comunicación entre el padre y el niño que culmina en la esquizofrenia.*

La esencia del doble vínculo consiste en un mensaje doble cuyo significado manifiesto contradice abiertamente su significado laten-

---

* Hoy en día, sin embargo, la investigación sobre la esquizofrenia ha superado la hipótesis del doble vínculo y se centra –como muestran los estudios sobre los microeventos realizados por Daniel Stern– en las pautas de comunicación de la familia.

te.[25] El mensaje oculto está asociado a una laguna que aleja la contradicción de la conciencia. El efecto neto de esta situación resulta desconcertante, porque es imposible cumplir ambos mensajes a la vez, pero la persona no puede decir por qué, ni explicar *lo que* está ocurriendo. El mensaje oculto suele transmitirse a través de un canal no verbal –postura, tono de voz, gestos, tensiones musculares, etcétera–. R. D. Laing nos proporciona al respecto el siguiente ejemplo:[26]

Una mujer visita a su hijo, que se está recuperando de una crisis nerviosa. Cuando el joven se dirige hacia su madre.

a)   ésta abre los brazos para abrazarle y
b)   lo abraza.
c)   El joven percibe la tensión de la madre, que se queda rígida.
d)   Él se detiene vacilante.
e)   «¿No quieres besar a mamá?», dice entonces ella. Y puesto que él sigue dudando,
f)   ella insiste: «Pero, querido, ¡no deberías temer a tus sentimientos!»

Entonces, él responde a la invitación abierta de su madre, pero por la actitud fría y tensa de ella entiende que no debería hacerlo. La madre no puede admitir que le asusta establecer una relación estrecha con su hijo, que éste, por alguna otra razón, no quiere aceptar su invitación a besarla, y opta por no expresar sus temores. El hijo responde al mensaje «inexpresado»: «Aunque abra mis brazos para que vengas y me abraces, temo también que lo hagas, pero no puedo admitirlo ni decírtelo, de modo que espero que no estés tan "enfermo" como para hacerlo.» Ella, en efecto, le transmite un doble mensaje: «No me abraces o te castigaré» y «Si no lo haces también te castigaré».

La hipótesis del doble vínculo afirma que la reiteración de mensajes del tipo «No obedezcas mis órdenes» –es decir, mensajes que son imposibles de cumplir– termina creando una distorsión en el modo habitual de percepción del receptor, cuyo efecto –siempre según esta perspectiva– da origen al trastorno de pensamiento característico de la esquizofrenia. En cualquier caso, la teoría del doble vínculo ha inspirado la visión más general de que las pautas de comunicación que tienen lugar en el seno de la familia provocan una distorsión característica en la percepción del niño.

La pauta de la paranoia es una de las muchas estrategias de la atención destinadas a aliviar la ansiedad. Los detalles concretos del proceso mediante el cual una experiencia temprana puede terminar generando a largo plazo un determinado estilo de atención todavía siguen siendo desconocidos. Por el momento, los investigadores sólo han comenzado a examinar los parámetros generales del proceso en algunos casos extremos como la esquizofrenia, la paranoia y la neurosis compulsiva. Pero el rango completo de los estilos de atención abarca un espectro mucho más amplio que el meramente patológico.

Sabemos muy poco sobre las estrategias de atención que caen dentro del rango de lo normal, y menos todavía sobre los pormenores concretos que las hacen posibles. Por el momento, sólo podemos señalar que las fuerzas que operan en el seno de la familia constituyen el crisol de nuestros hábitos de atención y, por ende, de nuestra realidad personal.

En la quinta parte nos ocuparemos precisamente de esa faceta y veremos cómo la familia no sólo constituye el primer modelo de que dispone el niño sobre el modo de atender a una realidad compartida, sino también sobre cómo dominar la ansiedad recurriendo a estrategias de atención. De este modo, al aprender a participar en la experiencia colectiva, vamos integrando también todos los sesgos propios de una pauta de atención concreta, ya que los autoengaños operan tanto *entre* nosotros como *dentro* de nosotros.

Estamos a punto de cambiar la dirección de nuestra investigación. Hasta el momento hemos analizado cómo la relación atención-ansiedad crea lagunas de diferentes tipos en la mente de los individuos. A partir de ahora, nos centraremos en cómo compartimos la mentira. Pero para ello tendremos que admitir la posibilidad de que las personas pueden llegar a sincronizar sus esquemas; es decir, tendremos que llegar a comprender cómo construimos los eventos.

No se trata de una asunción sin fundamentos. En cierto sentido, toda comunicación constituye un intento de llegar a una comprensión similar. Compartir un punto de vista, hacer posible que dos mentes «se muevan en la misma dirección», significa en cierto modo que sus esquemas tienen algunos puntos en común y pueden operar de manera conjunta.

El diálogo, por ejemplo, constituye un ajuste de este tipo. Al respecto, el psicólogo cognitivo John Seely Brown me dijo en una ocasión: «Cuando hablamos, yo voy ajustando lentamente mi modelo mental al suyo, y usted, por su parte, realiza la misma operación […] Y cuando usted me hace una pregunta, yo tengo la oportunidad de corregir algún error sutil de comunicación. Al preguntar, usted revisa implícitamente su comprensión, lo cual me brinda la posibilidad de diagnosticar la causa de su incomprensión y ajustarla. La comunicación es esencialmente un proceso de reparación.»

Y lo que se «repara» son los esquemas operantes. Cuando llegamos a una comprensión, usted aprehende mis esquemas y yo los suyos, y aunque el ajuste pueda no ser perfecto, nos hallamos más próximos que al principio. En una relación prolongada, los esquemas pueden llegar a un ajuste tan extraordinario que basta con una sola palabra, gesto o simplemente con el tono de voz para conseguir evocar en nuestro interlocutor la comprensión plena de lo que queremos decir. Cuantos más esquemas compartimos, menos necesitamos decir.

Es en nuestras relaciones más íntimas y continuas –con nuestra esposa, amigos, colegas, etc.– donde más fácilmente se transmiten los esquemas defensivos. La gran importancia psicológica de las relaciones próximas implica también una mayor probabilidad de aparición de ansiedad –provocada, por ejemplo, por el miedo a la pérdida– que en las relaciones meramente ocasionales. Y cuando aparecen esos miedos, es muy probable que exista la necesidad de recurrir al consuelo que nos proporcionan las lagunas.

Por ello, cuando los miembros de una relación comparten las mismas vulnerabilidades, pueden tratar de sortear el peligro acordando tácitamente desviar su atención de las zonas problemáticas. De este modo, la distorsión de la atención mutua y sincronizada termina creando una laguna compartida. Y, así, toda relación puede llegar a convertirse en un conjunto de mentiras compartidas. Esta situación es, en mi opinión, natural, y forma parte del tipo de microeventos entre padres e hijos tan bien documentado por el doctor Stern.

Pero es evidente que las lagunas no tienen por qué ser compartidas. El psicoanalista Ernest Schachtel nos describe la laguna de una de sus pacientes que se quejaba durante la terapia de que «nunca había mirado detenidamente a su novio». De hecho, la mujer tenía la sensación de no haberlo visto nunca realmente.[27]

La terapia evidenció que el miedo a hacer algo que no agradase a su novio y perderlo la llevaba a identificarse con él y asumir una actitud en extremo complaciente. Cuando estaban juntos, ella siempre temía mirarlo y percibir cualquier signo de desaprobación en su rostro. De este modo, cuando finalmente lo miraba, su atención era tan selectiva que se perdía en la búsqueda de signos de aprobación o censura, de amor o rechazo, y no podía ver su rostro tal cual era. Esta laguna había terminado originando un punto ciego: aunque ciertamente había visto en numerosas ocasiones el rostro de su novio, sentía que le era completamente desconocido.

Esta clase de ansiedades pueden ser compartidas e ir acompañadas de miedos y puntos ciegos diferentes –aunque igualmente intensos– en la otra persona. En cierto modo, según el sociólogo Erving Goffman, los puntos ciegos tácitos fortalecen los vínculos de la relación. «Por ello –dice Goffman–, en los matrimonios bien avenidos resulta tan frecuente que cada uno de los miembros ignore los secretos del otro sobre cuestiones económicas, experiencias del pasado, romances del presente, tolerancia sobre hábitos "nocivos" y caros, preocupaciones y aspiraciones personales, actividades de los hijos, opiniones sobre parientes y amigos mutuos, etc.»[28]

Goffman entiende que estas regiones ocultas, estratégicamente ubicadas, hacen posible el mantenimiento del *statu quo* deseado. Estas maniobras evasivas de protección resultan, de hecho, más seguras en el caso de que se participe en una confabulación del tipo «tú no lo mencionarás y yo tampoco te lo preguntaré», pero por otra parte toda confabulación sólo es posible cuando los miembros de una relación saben qué se debe evitar.

De hecho, los terapeutas de familia Lilly Pincus y Christopher

Dare señalan que en la medida en que durante el curso del tratamiento van conociendo mejor a una pareja llegan a descubrir la existencia de una especie de contrato matrimonial no escrito. Se trata, en su opinión, de un acuerdo establecido entre los inconscientes de ambos miembros de la pareja, que tiene que ver con la obligación recíproca de satisfacer ciertos deseos implícitos y aliviar los miedos no mencionados. Podríamos decir que en términos generales este acuerdo suele adoptar aproximadamente la siguiente forma:[29] «Yo trataré de ser algunas de esas cosas tan importantes que quieres que sea, aunque en algunos casos resulten imposibles, contradictorias y absurdas, si tú eres para mí algunas de las cosas importantes, imposibles, contradictorias y absurdas que yo quiero que seas. Y no debemos permitir que el otro llegue a saber cuáles son esas cosas, porque en el caso de no cumplir nuestro acuerdo, nos enojaríamos, acabaríamos deprimidos y tendríamos serios problemas.»

Esta especie de confabulaciones funcionan mejor cuando se hallan lejos del alcance de la conciencia, fuera de los límites de la atención, ocultas de la conciencia tras un punto ciego protector. Debido a que son las necesidades psicológicas primordiales las que crean estos puntos ciegos, resulta absolutamente necesario que la confabulación impida que la atención perciba qué es lo que realmente está ocurriendo. Descorrer los velos que restringen nuestra atención equivaldría a dejar al descubierto nuestras necesidades personales más profundas, lo que explicaría en parte por qué los divorcios suelen ser tan desagradables.

De este modo, cada miembro de la pareja ignora las regiones de la experiencia compartida que podrían poner en peligro la sensación mutua de una relación segura y cómoda. Ella no comenta nada sobre las miradas que él dirige a las muchachas en la playa y él nunca menciona sus sospechas de que en ocasiones ella finge sus orgasmos. Sin embargo, con el paso del tiempo esta cautela puede terminar ocasionando serias lagunas, aunque ellos no se den cuenta y tampoco se percaten de que no se dan cuenta.

Pero bajo la superficie de esa embarazosa alianza de inatención suele bullir el caldero de la ira, el resentimiento y el daño inexpresado, cuando no completamente inadvertido. Así, en el caso de producirse la ruptura de la pareja, se desvanece la conjura que preservaba el *statu quo* y tiene lugar una plena apertura de la atención. En ese momento la pareja ya no se siente obligada por su pacto inexpresado y los sentimientos más abominables afloran a la superficie.

Las alianzas inexpresadas propias de esta clase de relaciones constituyen el prototipo de una dinámica característica de la mayor parte de los grupos. En mi opinión, las personas que forman parte de un grupo comparten una gran cantidad de esquemas, que en su mayoría son transmitidos sin necesidad de ser explícitamente formulados. Y los más esenciales de todos esos esquemas compartidos –aunque, repitámoslo, tácitos– son los que designan lo que merece atención, cómo debemos atender y lo que debemos ignorar o negar. Las defensas compartidas operan cada vez que recurrimos a la estrategia de ignorar o negar ciertas facetas de la experiencia para reducir nuestra ansiedad.

A continuación analizaremos cómo los integrantes de un grupo, al aprender a ver las cosas del mismo modo, aprenden también a *no* ver otras, y exploraremos las distintas formas en que la mentira común oculta determinadas facetas de nuestra experiencia compartida.

QUINTA PARTE

EL YO COLECTIVO

EL «NOSOTROS»

La locura, decía Nietzsche, es la excepción en los individuos, pero la norma en los grupos; una afirmación que Freud compartiría de buen grado. En *Psicología de masas y análisis del yo*, Freud afirmó: «El grupo es impulsivo, veleidoso e irritable.» El fundador del psicoanálisis, con cierto desdén hacia la conducta de las multitudes, consideraba que las personas cuando pasan a formar parte de un grupo sufren algún tipo de regresión a un estadio infantil.

Freud cita a Le Bon, un especialista francés en la psicología de masas, para ilustrar la forma en que personas diferentes, cuando se reúnen para configurar un grupo, manifiestan «un tipo de mente colectiva que los hace sentir, pensar y actuar de un modo muy distinto» a como lo harían en el caso de encontrarse solos. El funcionamiento de un grupo, según Freud, «se rige casi exclusivamente por el inconsciente»:

> La multitud es extraordinariamente influenciable y crédula –dice Freud, siguiendo a Le Bon–. Carece de sentido crítico y lo inverosímil no existe para ella. Piensa en imágenes que se enlazan unas a otras asociativamente, como en aquellos estados en que el individuo da rienda suelta a su imaginación sin que ninguna instancia racional intervenga para juzgar hasta qué punto sus fantasías se adaptan a la realidad. Los sentimientos de la multitud son siempre

simples y exaltados. De este modo, no conoce dudas ni incertidum-
bres.[1]

Freud utilizó el término de «grupo» tanto para referirse a una
muchedumbre como a toda gran organización, como pueden ser la
Iglesia o el ejército; a estos últimos los utilizó como ejemplo para
ilustrar su teoría. Lo que distingue a un «grupo» de una multitud
reunida azarosamente son los esquemas que comparten sus integrantes, una visión común o, como diría Freud, «un interés similar hacia un objeto, una tendencia emocional parecida en alguna
situación». Cuanto más comparte un determinado grupo y mayor
grado de «homogeneidad mental» presenta, más sorprendentes
resultan las manifestaciones de la mentalidad de sus integrantes.

En opinión de Freud, el rasgo distintivo de la persona que forma parte de un grupo consiste en la sustitución de su propio yo por
el yo del grupo. La psicología del grupo, decía Freud, implica «la
desaparición de la personalidad individual consciente y la orientación de los pensamientos y los sentimientos en un sentido compartido» o, dicho de otro modo, la preponderancia de los esquemas
compartidos sobre los esquemas individuales.

Según la teoría freudiana, el grupo arquetípico es la «horda
primitiva», una agrupación de «hijos» primitivos sometidos a un
«padre» todopoderoso. Desde esta perspectiva, los esquemas concretos que constituyen la mentalidad del grupo son dictados por el
padre, un líder fuerte y carismático. Los miembros de un grupo de
esas características ponen su voluntad en manos del jefe, pero éste,
sin embargo, sigue siendo independiente. La mente del grupo se
asienta en la autoridad del líder, puesto que «el individuo renun-
cia a los ideales de su propio yo y los reemplaza por los personifi-
cados por el líder».

Según Freud, la familia prototípica primitiva constituye el paradigma de cualquier tipo de grupo, un paradigma que se rige por
una misma dinámica subyacente, una visión común compartida
–los llamados esquemas del grupo– más allá de las diferencias meramente superficiales (provisional o duradero, homogéneo o hete-
rogéneo, natural o artificial, etc.).

En su prólogo al libro de Freud, el psicoanalista estadounidense

Franz Alexander señaló que la descripción de Freud resulta más aplicable a los grupos que poseen un líder autoritario que a las «sociedades democráticas y libres integradas por individuos independientes y autónomos». Esta puntualización cambia radicalmente la perspectiva de la dinámica de grupo, pues se entiende que no se requiere que los miembros de un grupo se sometan a la autoridad de un líder para compartir un determinado esquema. Es decir, los ideales abstractos o los esquemas inherentes al funcionamiento del grupo pueden cumplir la misma función del líder. Así pues, con o sin líder los miembros del grupo participan de la misma visión común de las cosas.

Pero, como subraya Erik Erikson, si los miembros de un grupo pueden compartir esquemas, también pueden llegar a tener en común las mismas lagunas. Erikson preguntó en cierta ocasión a Anna Freud si los mecanismos de defensa podían ser compartidos. Ella le dijo «que son compartidos [...] [por] los individuos, las familias y [...] por instancias superiores». Erikson observa también que el término «yo» recoge un sentido más próximo al *ich* original alemán que empleó Freud y que habitualmente se ha traducido por «ego», señalando la posible existencia de un «nosotros» que tenga la misma importancia que el «yo», en tanto que principio organizador de la experiencia compartida. Así pues, el «nosotros» es el yo colectivo del grupo.

El nacimiento de un grupo es algo espontáneo. Por ejemplo, tras un accidente de circulación, los transeúntes pueden llegar a formar un equipo coordinado, en el que algunos de sus miembros socorren a las víctimas, otros avisan a las autoridades y hay otro grupo que se ocupa de dirigir el tráfico. La organización de un grupo de estas características depende de los esquemas que compartan sobre el modo de hacer frente a determinadas situaciones. Las emergencias menos habituales –por ejemplo, la fuga de un elefante del zoológico o el inesperado parto de una mujer embarazada en pleno vuelo– no suelen despertar una respuesta tan coordinada. Es la activación de los esquemas compartidos lo que unifica al «nosotros»; por lo tanto, cuanto mayor sea la comprensión compartida, más estable será el grupo.

El «yo» compartido proporciona una sensación de identidad y

realidad a todos los miembros que componen el grupo. Y al igual que ocurre con el yo individual, el yo de grupo dispone de un conjunto de esquemas que da sentido a la experiencia colectiva y define lo que es pertinente y lo que resulta irrelevante.

Según Freud, la tendencia a dejarnos arrastrar por el grupo es algo que aprendimos durante la infancia en el seno de nuestra familia. En este sentido, todo grupo constituye una seudofamilia, cuya identidad –que de algún modo recrea al yo individual– es la que modela la dinámica del grupo.

El yo de grupo, al igual que el yo individual, presenta dos facetas: una participa de la conciencia compartida, mientras que la otra descansa en una especie de inconsciente común, un dominio colectivo que jamás se articula ni reconoce abiertamente, pero que no por ello deja de ejercer su influencia sobre cada uno de los miembros del grupo.

El yo de grupo ha sido muy bien descrito por el psicoanalista Wilfred Bion con el nombre de «mentalidad de grupo», es decir, el reservorio común de los deseos, las opiniones, los pensamientos y las emociones de todos sus integrantes. La mentalidad de grupo contiene los esquemas compartidos por los miembros, por lo que cualquier nueva contribución deberá ajustarse a las ya existentes. El aspecto más interesante del estudio de la mentalidad de grupo es determinar cómo administra la información que provoca ansiedad o, adoptando la terminología que venimos utilizando, nuestras lagunas preferidas.

Robert Bales, otro experto en grupos, describe el inconsciente del grupo en términos muy similares. Bales ha observado cómo los miembros de un grupo llegan a compartir la misma fantasía sobre la vida, de modo que lo que dice una persona tiene un significado inconsciente para los demás. Por ello puede hablarse de la existencia de un doble sistema de comunicación: uno manifiesto, que tiene que ver con el funcionamiento ostensible del grupo, y otro encubierto, que se fundamenta en las ansiedades no expresadas –aunque comunes– del grupo.

Un consultor de empresas nos ofrece el siguiente ejemplo sobre el funcionamiento del inconsciente del grupo operante entre los ejecutivos de una empresa que acababa de ser absorbida por otra.[2]

Estos hombres estaban preocupados por la posibilidad de perder su empleo o ser destituidos de su cargo, y, temían que las malas noticias llegaran en cualquier momento. Habían desarrollado lo que podríamos denominar una mentalidad de asedio.

En cierta ocasión, mientras esperaban la llegada de un importante directivo para iniciar una reunión, uno de ellos comenzó a contar un reciente y accidentado vuelo en avioneta en que llegaron a pedirle que cambiara de asiento para equilibrar el peso en el aparato. El hombre hizo énfasis en la extraordinaria ansiedad que había llegado a experimentar y lo vulnerable que, en ocasiones, se puede llegar a ser. A continuación, otro de los presentes se puso a hablar del pánico que habían experimentado los pasajeros de un avión que se había incendiado poco antes de despegar. Y esa historia condujo a otra sobre alguien que, en un viaje a Beirut, se había visto inmerso en un fuego cruzado.

La conversación prosiguió en esa misma línea hasta el momento en que se inició la reunión. A los ojos del consultor, la conversación, de hecho, evidenciaba la vulnerabilidad que experimentaban los ejecutivos y el recelo que les suscitaba la posible inminencia de un desastre. Son, en definitiva, los esquemas compartidos del yo de grupo los que hacen posible ese tipo de comprensión tácita.

En un colectivo, al igual que ocurre en el yo, los esquemas son los que modelan el flujo de la información. Los esquemas relevantes que comparten los miembros de cualquier grupo constituyen un subconjunto de los esquemas característicos del «nosotros».

Pero el «nosotros», como trataré de demostrar, es tan vulnerable a los autoengaños como lo es el yo. No obstante, en cualquiera de los casos, tanto las ilusiones colectivas compartidas como los engaños a los que se somete el yo individual cumplen con la misma función: aplacar la ansiedad.

EL YO FAMILIAR

Una pareja está enzarzada en una discusión sobre quién debe guardar los juguetes que sus hijos han dejado esparcidos por la acera que rodea la casa, mientras se acusan mutuamente de despreocuparse de la opinión que los vecinos puedan tener de ellos. Esta discusión evidencia la intensa preocupación y la importancia que ambos atribuyen a dar a los demás una imagen feliz de su matrimonio y a mantener buenas relaciones con los vecinos.

En opinión del psiquiatra David Reiss,[3] el especialista en el estudio de la familia que nos brinda este ejemplo, la vida de cualquier pareja o familia muestra facetas que permiten al observador atento descubrir los esquemas tácitos compartidos que definen su modo de verse a sí mismos y a su mundo, lo que podría denominarse el «yo familiar».

Reiss señala que esta discusión pudo haberse originado porque ambos veían de forma subyacente y compartida que «a la gente del vecindario no le gusta que los niños dejen los juguetes tirados en la acera» o que «los vecinos son muy estrictos y exigentes». El complemento de estas afirmaciones sería: «Nosotros somos muy sensibles a las opiniones ajenas.» Pero estos argumentos no son más que algunos de los esquemas constitutivos del núcleo del yo familiar.

Existen muchos modos diferentes de clasificar el yo familiar. El sociólogo Robert Merton diferencia entre el yo individual de los residentes en pequeñas poblaciones, al que cabría denominar «local», otro al que llama «cosmopolita»,[4] pero esta dicotomía resulta fácilmente aplicable al yo familiar. De este modo, al igual que ocurre con el caso de una persona, la familia cosmopolita tiene en cuenta a los demás, lleva a cabo diversas actividades y sus intereses trascienden los estrechos confines de su vecindario y de su pueblo. Las amistades, trabajos y escuelas de los integrantes de la familia cosmopolita suelen hallarse muy distantes, y no es extraño que cambien frecuentemente de domicilio por motivos laborales o de cualquier otra índole.

La familia local está más arraigada al lugar donde reside, ya que llevan viviendo en él durante varias generaciones. Por otra parte, las amistades, trabajos y escuelas suelen estar muy cerca de su hogar. Su vida laboral no sólo se desarrolla cerca de casa, sino que también suele depender de su red de relaciones locales. Las familias locales cultivan rutinas y siguen siempre el mismo camino para hacer sus compras, visitar a los conocidos o divertirse, mientras que las cosmopolitas poseen unos hábitos menos consolidados y tienen un carácter más exploratorio.

La realidad propia del entorno de cada uno de estos tipos de familia presenta notables diferencias. La vecindad inmediata de las familias locales está claramente definida por multitud de esquemas que tienen una larga historia; así, por ejemplo, la tienda local no ha cambiado durante décadas, y siempre la recuerdan igual. Las familias cosmopolitas, sin embargo, tienen una visión más amplia del vecindario, en el que existen grandes zonas inexploradas. Su visión dispone de menos esquemas, pero su mapa del mundo es más flexible e incluye a vecinos de otras ciudades. Ambos, pues, tienen sus puntos ciegos y sus rasgos sobresalientes.

Durante más de quince años, Reiss y sus colaboradores estudiaron a muchas familias para tratar de determinar la naturaleza de los esquemas compartidos y cómo éstos regulan y definen la vida familiar. Sus conclusiones nos brindan una visión panorámica de las fuerzas que modelan los esquemas del yo familiar.

Reiss afirma que las familias comparten un yo de grupo que da forma a su vida. Las experiencias familiares compartidas «dirigen y condicionan la forma en que la familia abordará los problemas concretos». Esta construcción común suele operar en el trasfondo y constituye una estructura oculta que da sentido a la vida familiar. Por ello decimos que las visiones compartidas de la familia desempeñan el mismo papel que los esquemas en el plano personal.

En tanto que grupo integrado, la familia constituye una especie de mente consensual, y en este sentido lleva a cabo las mismas tareas que la mente individual; es decir, recopilar, interpretar y canalizar la información. En este empeño, los esquemas compartidos orientan, seleccionan y censuran la información, adaptándola a las exigencias del yo del grupo.

La dinámica subyacente a la organización familiar es la misma que caracteriza la actividad individual y también se halla sometida al trueque entre la atención y la ansiedad. Consecuentemente, el grupo familiar intenta proteger su integridad y cohesión seleccionando e ignorando información incongruente con su yo compartido.

Consideremos, por ejemplo, la familia a la que el doctor Reiss se refiere como «los Brady». Acudieron a su consulta cuando Fred, el hijo de veintisiete años, se hallaba sumido en una profunda depresión que presentaba ciertas tendencias. El padre de Fred, un cirujano de renombre, había fallecido veinte años atrás y su madre tenía en esos momentos cerca de setenta años. Poco después de la muerte del padre, el hermano menor de éste, un «tímido oficinista», se había trasladado a vivir con ellos. Las pertenencias del padre seguían tal cual las había dejado y toda la familia se refería a él como si todavía estuviera vivo. Reiss opinó que el constructor predominante de ese yo familiar era que sus integrantes todavía seguían conservando el prestigio y la estabilidad de la familia de un cirujano, «tratando, obviamente, de alimentar una ilusión compartida acerca de sí mismos.»

La madre se había especializado en la recogida de información. Era la única que veía la televisión y leía los periódicos, así como la encargada de atender las llamadas telefónicas o abrir la puerta a las visitas cuando estaba en casa. Su función básica consistía en defender a la familia contra los «intrusos», que era precisamente como denominaban a todos los desconocidos. Ella recibía amablemente

a las visitas, despachándolas rápidamente por miedo a que su cu-
ñado y su hijo tuvieran que relacionarse con el mundo exterior. La
madre desempeñaba la función de una suerte de aduanero de la
atención, un rol que le permitía decidir cuál era la información relevante y la interpretación más adecuada:

> Tras varios meses de permanecer ingresado en el hospital, Fred
> recibió un alta provisional que le permitió acceder a su primer tra-
> bajo como ayudante técnico del laboratorio de un hospital. No
> desempeñaba muy bien su trabajo, pero ello no impedía que [la]
> madre exagerara el carácter médico de las tareas de su hijo y pre-
> sentara públicamente ese trabajo a la familia y al terapeuta como
> una evidencia de que Fred pronto podría reemprender sus estudios
> de medicina y acabar ejerciendo como médico. Fred y su tío mos-
> traban su acuerdo respecto a [la] curiosa selección e interpretación
> de los síntomas llevada a cabo por la madre, consiguiendo a cam-
> bio la sensación de fortaleza, prestigio y estabilidad familiar.[5]

Para poder preservar la sensación de autoestima de grupo, la
familia Brady había tenido que eliminar la información que amena-
zaba la estabilidad y el prestigio de los esquemas atesorados por sus
miembros, lo cual, obviamente, suponía ignorar o distorsionar toda
información que pudiera contradecirlos. De este modo, el papel desempeñado por la madre como recopiladora de información simpli-
ficaba la tarea porque se ocupaba de eliminar los datos que pudieran socavar la imagen que la familia tenía de sí misma. Mientras que
los riesgos de refutación hubieran sido mucho mayores si todos los
componentes de la familia se hubieran ocupado de esa función.

Si la familia puede ser considerada como un tipo de mente
compuesta, la de los Brady era francamente deficitaria. Aunque la
extraña dinámica de la familia de un esquizofrénico no es el mejor fundamento para establecer una teoría general, Reiss la utilizó
como trampolín conceptual para describir el procesamiento de
información característico de las familias en general. Los Brady se
hallaban entre los centenares de familias que se vieron sometidas
a una experimentación cuidadosamente diseñada para estudiar
cómo la familia registra la información.

Los datos observados demostraron a Reiss que existen tres fases interrelacionadas en el procesamiento que la familia hace de la información. En la primera, la familia, al igual que el individuo, selecciona los datos disponibles. A continuación se interpretan pero, como se ha visto en el caso de los Brady, este proceso está sujeto a los sesgos impuestos por los esquemas compartidos. Por último, la información que ha sido recopilada e interpretada selectivamente se distribuye en el núcleo familiar y cumple con la función de consolidar los esquemas compartidos.

Al igual que ocurría en el caso de los Brady, son muchas las familias que tienen uno o dos especialistas –normalmente los padres, aunque no siempre– en la tarea de seleccionar e interpretar la información. Alternativamente, todos, o la mayor parte de los miembros de la familia, pueden también recopilar información, compararla e interpretarla en términos congruentes con sus esquemas compartidos. Las familias presentan diferentes grados de destreza a la hora de gestionar estas tres fases del procesamiento de la información, y la forma en que lo hagan determinará el clima general de la vida familiar.

Para evaluar el poder de los esquemas compartidos en familias más normales, Reiss y sus colaboradores a través de diferentes asociaciones de padres de alumnos de diversas escuelas se pusieron en contacto con ochenta y dos familias de clase media de Washington D.C. Los componentes de todas ellas acudieron al centro de Reiss para realizar una serie de tests que pretendían mensurar el papel que desempeñaba cada uno de ellos en las distintas fases del procesamiento de información. El experimento reproducía la forma en que las familias atienden o ignoran la información que puebla su vida cotidiana.

En una de las pruebas, por ejemplo, se presentaba a la familia un rompecabezas en que habían varias series diferentes de círculos (C), triángulos (T) y cuadrados (Cu), cuyo orden obedecía a una pauta que toda la familia debía tratar de descubrir. Una sucesión típica, por ejemplo, era la de CCCTTT, cuya regla implícita podía ser formulada del siguiente modo: «Una serie de círculos seguida de una serie de triángulos.» Dado que la regla constituye una especie de esquema, el experimento permite observar cómo la familia llega a elaborar los esquemas compartidos.

Para adivinar la pauta subyacente, se les pedía que elaborasen una secuencia alternativa que se atuviera a la misma regla. Cada miembro del grupo familiar permanecía sentado frente a una mesa con separaciones que le impedía ver lo que hacía el resto. Todos anotaban sus conclusiones en una hoja que, tras ser calificada por la persona que llevaba a cabo el experimento como correcta o incorrecta, la mostraba al resto de los miembros de la familia. Una vez que todos habían visto las respuestas de los demás y habían efectuado un segundo intento para tratar de descubrir la pauta implícita, pulsaban un avisador luminoso que indicaba el «final» de la prueba.

No todas las familias llegaron a una decisión unánime sobre la regla implícita, pero, aun así, e independientemente de cómo cada participante llegó a su conclusión, la prueba constituyó un termómetro adecuado de la dinámica global de la familia. La familia «Friedkin», que participaba en otra investigación similar con familias con un miembro perturbado, reprodujo su problemática general en la ejecución de este sencillo test.

El señor Friedkin, un exitoso hombre de negocios, desempeñaba el papel de padre y madre de sus cinco hijos pequeños porque su esposa, una mujer obesa y desorganizada, se hallaba crónicamente deprimida. En el curso de la prueba, la señora Friedkin no prestó la menor atención al *feedback* del experimentador ni a las respuestas de su familia y siguió simplemente los dictados de su caótico y solitario pensamiento. Los dos pequeños, que se hallaban presentes en la prueba, no llegaron a descubrir la regla implícita y terminaron adhiriéndose a la misma conclusión que llegó su madre.

En un determinado momento, el señor Friedkin parecía haber dado con la pauta correcta, pero el resto de la familia no estaba de acuerdo con él. Finalmente, ignoró las evidencias que apoyaban sus propias conjeturas y se adhirió a la hipótesis sustentada por sus hijas. Así, el señor Friedkin sacrificaba la exactitud de sus conclusiones en aras de la unanimidad familiar. El esquema final alcanzado así era incorrecto, pero servía para mantener una sensación de unidad, una especie de transacción muy común, como pronto veremos, en todo tipo de grupos.

Las observaciones clínicas hechas sobre la familia Friedkin en esta sencilla prueba reveló las pautas de sus interacciones cotidianas. La madre permanecía ajena a la vida familiar, era una marginada social en su propio hogar. El padre y las hijas estaban aliados y elaboraban una visión singular y compartida del mundo. Pero la necesidad de permanecer unidos era satisfecha en ocasiones a costa de adoptar esquemas que no se ajustaban lo más mínimo a la realidad objetiva.

«Las familias –escribe Reiss– tienen visiones muy diferentes del mundo social. Algunas, por ejemplo, poseen una imagen estable y positiva del mundo como un lugar controlable y dotado de cierto orden, mientras que otras lo perciben como aleatorio y potencialmente peligroso.»

Reiss entendió que la visión colectiva que sustentaba cada familia se revelaba claramente en su forma de abordar el experimento:

> Las familias parecían compartir ciertos esquemas sobre el laboratorio que habían elaborado antes de llegar o poco después de estar en él. Algunas sentían que la situación era segura y amable, mientras que otras la percibían como algo amenazante y hostil. La mayoría no parecía reconocer la subjetividad de sus interpretaciones y creía que sus ideas eran realidades objetivas, verdades basadas en la evidencia. Las familias más temerosas llegaron a pensar que los investigadores habíamos urdido alguna trampa, sin embargo las más confiadas no mostraron la menor suspicacia, aunque tampoco tenían motivo para ello.[6]

La batería de tests que se les pasó trataba de determinar dos dimensiones familiares que se refieren a dos aspectos concretos del paradigma familiar:

• *La coordinación*: el grado en que la familia funciona como grupo unificado. Las familias muy coordinadas abordan los retos con un grado muy elevado de cooperación y comunicación clara y frecuente, compartiendo la información crucial, pero las pobremente coordinadas se encuentran divididas, no comparten la información y parecen incapaces de cooperar.

• *La apertura*: el grado de mayor o menor permeabilidad a la nueva información que presenta la familia. En este sentido, la de-

mora de la conclusión permite a la familia acopiar nuevos datos y
sopesar soluciones alternativas frente a todo nuevo desafío. Por su
parte, las familias que emiten conclusiones precipitadas se cierran
a los nuevos datos, respondiendo a toda situación novedosa con
conclusiones impuestas que desoyen otras posibles alternativas.

Aunque no queda claro la forma en que se originan los paradigmas
familiares, los resultados proporcionados por la investigación realizada por Reiss muestra que existe una elevada correspondencia
entre los miembros de la familia.[7] Y si bien éstos no tienen por qué
presentar todos los rasgos característicos del estilo de atención
propio de la familia, lo cierto es que se asemejan mucho en el modo
en que recopilan y utilizan la información. Pero ¿qué es lo que hace
posible que las familias conserven y transmitan estos esquemas
compartidos?

LOS RITUALES FAMILIARES
COMO MEMORIA COLECTIVA

Según Reiss, la suma total de los esquemas compartidos constituye el «paradigma familiar», que no sólo depende de la mente de cada uno de sus miembros, sino también de la interacción existente *entre* ellos. Y estas pautas regulares y recurrentes se hallan tan estrechamente interrelacionadas que constituyen una especie de memoria colectiva. Ciertas interacciones en las que participan todos los miembros del grupo –vacaciones, discusiones, horarios, etcétera– revelan claramente el paradigma familiar y se hallan reguladas por las rutinas propias de la vida cotidiana. De esta forma, el paradigma familiar constituye una especie de regulador invisible de todo lo que ocurre.

Reiss denomina a las secuencias que obedecen al paradigma «reguladores de pautas». Éstos desempeñan en la mente colectiva de la familia el mismo papel que los mecanismos inconscientes en la mente del individuo. Por lo general, la familia no es consciente de ellos, pero no por ello dejan de tener una función crucial en el modelado de la conciencia familiar:

> El receptáculo de los paradigmas familiares podría ser concebido como la memoria de cada uno de sus miembros; es decir, que la memoria de los integrantes respecto a diversos aspectos de la

historia familiar –mitos, héroes, valores, secretos y creencias– se configuran en un paradigma coherente. También podría decirse que la función de estas pautas de interacción familiar [...] no es tanto la de conservar la naturaleza del paradigma familiar como la de expresarlo o, dicho de otro modo, ser capaces de ejecutar los planes concebidos a partir de él. Sin embargo, nosotros afirmamos [...] que la conducta, en sí, es el *locus*, el medio y el receptáculo del paradigma, así como también la forma de expresarlo y de llevar a cabo el plan que pueda haberse establecido.[8]

Un ejemplo de este tipo de regulador de pautas nos lo proporciona un estudio de los microeventos registrados en vídeo durante una sesión de terapia familiar. He aquí una secuencia típica:[9]

Cada vez que el marido

- se rascaba la oreja
- se frotaba la nariz
- daba golpecitos con el pie izquierdo

durante una discusión con su esposa,

uno de los hijos

- pedía que le llevaran al baño
- le pegaba a otro
- rompía a llorar

de esta forma los padres nunca lograban finalizar sus discusiones, que quedaban sin resolverse.

Estas pautas parecen cumplir con un objetivo positivo. Los hijos al percibir que sus padres no llegan a ponerse de acuerdo tienen miedo a que resuelvan sus discusiones divorciándose y disgregando así la unidad familiar. Para impedir tal desenlace, el niño interviene, como ocurrió en el ejemplo que acabamos de citar. Gracias a esta pauta de regulación, los hijos tratan de preservar la unidad familiar obstaculizando las peleas entre sus padres.

Hay ocasiones en que un determinado ritual familiar cumple con el propósito de ocultar un miedo, una faceta del esquema familiar que, a pesar de ser compartida por todos, resulta demasiado amenazadora como para poder ser abordada abiertamente. La familia «A» de Nueva Inglaterra, compuesta por siete miembros a quienes el terapeuta Eric Bermann sometió a una minuciosa observación, nos proporciona un buen ejemplo de este drama encubierto.[10] El señor A padecía una grave afección cardíaca que le obligaba a someterse a una difícil intervención quirúrgica de incierto resultado. El sofisticado ritual familiar pergeñado por la familia para afrontar este miedo giraba en torno a Roscoe, el cuarto de sus cinco hijos.

Roscoe se había convertido en el chivo expiatorio de la familia, alguien a quien todos consideraban un «accidente», ya que con su nacimiento había truncado las expectativas de su madre de librarse de sus deberes maternales y de ama de casa después de haber dado a luz a tres hijos. La llegada de Roscoe reavivó el resentimiento que la señora A había experimentado cuando siendo niña tuvo que ocuparse de su hermano pequeño y organizar su vida en torno a él para que su madre no tuviera que abandonar el trabajo. De este modo, el pobre Roscoe terminó convirtiéndose en el depositario del resentimiento de su madre.

Roscoe, sin embargo, no llegó a transformarse en una víctima hasta que la enfermedad del padre no se hizo patente. En la medida en que iba aumentando el grado de pánico familiar, fue aflorando también una pauta de interacción característica, en la que Roscoe aparecía invariablemente como malo y su hermano mayor Ricky asumía el papel de fiscal. Veamos un ejemplo:

> Ricky descubrió que Roscoe había encontrado un cangrejo en un arroyo cercano y le acusó ante la familia de echar arena en el balde de agua en que lo guardaba, pues creía, al igual que el resto de la familia, que al hacerlo podía matar al animal. Entonces, el señor A ordenó a Roscoe que devolviera el cangrejo al arroyo, burlándose de él y tildándole irónicamente de «amante de la naturaleza» [...] Esta clase de ceremonias, no siempre idénticas, ocurrían de manera regular: se acusaba a Roscoe de romper los zapatos nuevos, estropear el terrario o enseñar al perro hábitos peligrosos. Cuando el niño se hallaba ocupado en algo que le interesaba, siempre había alguien –generalmente Ricky– que le acusaba de estar haciendo, o a punto de hacer, algo que estaba mal. Uno de los padres escuchaba cuidadosamente la acusación y terminaba emitiendo un juicio y forzando la mayoría de las veces la claudicación humillante de Roscoe.[11]

El paradigma familiar puede operar simultáneamente en distintos niveles, tanto dentro como fuera de la conciencia colectiva. Sin embargo, las observaciones realizadas con la familia A llevaron a Bermann a concluir que habían adoptado esa pauta de comportamiento para poder hacer frente al terror que les producía la idea de que la operación del padre saliera mal. De este modo, los ataques contra Roscoe constituían a nivel colectivo una especie de respuesta simbólica contra un mundo que percibían hostil y amenazante. El incidente del cangrejo resulta así especialmente significativo, porque conlleva la identificación del asesino y de la víctima, con el consiguiente enfrentamiento con el asesino y posterior liberación de la víctima. Durante un breve lapso la familia es consciente de una muerte que en este caso representa la enfermedad del padre que tanto les aterra. En este contexto, la transformación de Roscoe en un chivo expiatorio proporciona a la familia la oportunidad de expresar simbólicamente un miedo al que nunca osarían enfrentarse abiertamente.

La familia posee una especie de mente de grupo que está dotada de muchos de los atributos característicos de la mente individual. Y como vimos cuando hablábamos del estilo de atención propio del paranoico, la experiencia de haber crecido en una determinada familia deja su impronta, en ocasiones fatal, en los hábitos de atención del niño. Pero esa pauta constituye uno de los polos extremos de un proceso al que todos nos vemos abocados en la medida en que nuestras familias van socializándonos en la realidad de su mundo.

De esta forma, la articulación de los esquemas que comparten los distintos miembros de la familia termina construyendo su realidad. La imagen del yo familiar es un subconjunto de esquemas compartidos, cuya suma total constituye el paradigma familiar. Así, la topografía del universo privado de la familia se halla implícita en sus rutinas y en sus rituales, así como también en la forma en que sus distintos componentes recopilan, interpretan y comparten, o no, la información. Nos queda ahora explorar las diferentes modalidades de que dispone la familia para resolver la tensión existente entre la ansiedad y la atención y su correspondiente vulnerabilidad a las ilusiones compartidas.

EL JUEGO DE LA FAMILIA FELIZ

El actor Hume Cronyn fue educado, a comienzos de este siglo, por una adinerada familia canadiense. Vivían en una mansión de estilo eduardiano en London (Ontario) y guardaban estrictamente las reglas de etiqueta propias de su estatus. Su padre padecía esclerosis cerebral –el proceso de endurecimiento de las arterias cerebrales–, y esta enfermedad le hacía sufrir ciertos ataques que, debido a las estrictas convenciones sociales de su medio, sólo podían ser ignorados:

> Nunca –recuerda Cronyn– podré olvidar aquella noche en que estábamos cenando cuando mi padre sufrió un espasmo repentino y su mano *cayó* dentro del humeante plato de queso revuelto con huevo. Mi padre perdió entonces el conocimiento y todos permanecimos sentados, esperando que el mayordomo le acomodase de nuevo en su silla, le secara cuidadosamente la mano y le sirviera un nuevo plato.
>
> Al cabo de un rato, mi padre recuperó el conocimiento, y levantando los ojos nos miró desconcertado. Entonces reanudamos la conversación en el mismo punto en que la habíamos interrumpido. Pero cuando finalmente se dispuso a coger el cubierto de plata, él se detuvo y miró fijamente la mano escaldada, sin comprender lo que había ocurrido.[12]

«Nunca he conocido a una familia –señaló R. D. Laing– que no haya determinado *lo que puede decirse* y *las palabras que pueden utilizarse para ello.*» Dicho de otro modo, toda familia posee una pauta que estipula los aspectos de la experiencia compartida que pueden mostrarse abiertamente y los que deben permanecer ocultos y negados. Para el primer caso, la familia también dispone de reglas que determinan las palabras que pueden utilizarse.

Este proceso se refiere obviamente al funcionamiento de los esquemas operantes, los cuales dirigen la atención hacia *un determinado lugar*, alejándola de *otro* y encarnan nuestra forma de construir la realidad. Así pues, podemos comentar lo jovial que está hoy nuestra hermana, pero evitaremos todo comentario acerca de lo deprimida y ebria que está nuestra madre, diciendo eufemísticamente que «el clima la afecta mucho». Por ello, cuando el padre de Cronyn sufrió un ataque, la familia se comportó como si nada hubiera ocurrido.

Estas reglas pueden operar de manera subliminal sobre la mentalidad familiar con la misma intensidad con que inciden sobre la mente individual. Laing nos brinda, a este respecto, el siguiente ejemplo:

> Cierta familia tiene la regla de que Johnny, el hijo pequeño, no debería tener pensamientos obscenos. Johnny es un buen muchacho y no hace falta que nadie le diga que no debe tener pensamientos obscenos. En realidad, nadie se lo ha *enseñado* pero lo cierto es que él nunca tiene este tipo de pensamientos.
>
> Así pues, para esa familia, e incluso para el pequeño Johnny, no existe una norma explícita que prohíba los pensamientos obscenos porque no se necesita una regla para impedir algo que nunca ocurre. Si en nuestra familia no existen los pensamientos obscenos y tampoco hay una regla que los prohíba, ¿qué necesidad tendríamos de hablar de este aburrido, irrelevante, embarazoso y hasta obsceno tema?[13]

Laing clasifica estas normas invisibles sobre las reglas:[14]

Regla A: No hacer algo.
Regla A1: La regla A no existe.
Regla A2: No discutir la existencia o inexistencia de las reglas A, A1 o A2.

Las lagunas familiares son la consecuencia de las reglas que nos dictan lo que puede ser percibido y lo que no, y suponen, para la mentalidad de grupo, lo mismo que los mecanismos de defensa para la mentalidad individual. Como factores inconscientes que delimitan y configuran la experiencia, su existencia no resulta nada fácil de advertir porque operan fuera del marco de la conciencia.

«Si usted se atiene a estas reglas –señala Laing tratando de ilustrar este particular–, no podrá darse cuenta de su existencia. No hay ninguna regla que nos impida meternos el dedo en la boca, en la boca de nuestro hermano, de nuestra hermana, de nuestra madre, de nuestro padre o de cualquiera [...] Son muchos los lugares [...] en los que nunca metemos nuestro dedo. ¿De qué lugares estoy hablando? No puedo mencionarlos. ¿Por qué no? Porque no puedo nombrarlos.»[15]

La laguna familiar por excelencia es la que Laing denomina «el juego de la familia feliz», un ejemplo de cómo los grupos se confabulan con el propósito de que sus integrantes se sientan a gusto:

> La negativa es algo que nos exigen los demás y forma parte de un sistema de confabulación interpersonal que nos permite ajustarnos a ellos y viceversa. La confabulación, por ejemplo, es necesaria para participar en «el juego de la familia feliz». En el aspecto individual, en cambio, me siento infeliz y me lo niego *a mí mismo*, negando al mismo tiempo a mí mismo y a los demás que me estoy negando algo. Ellos, por su parte, deberán hacer lo mismo y así soy cómplice de su negación y ellos lo son de la mía.

> Somos pues una familia feliz
> y no tenemos secretos entre nosotros.
> Si no fuéramos felices,
> tendríamos que mantenerlo en secreto,
> y seríamos infelices por ello
> y doblemente infelices por tener que mantener en secreto
> el hecho de tener un secreto
> y de que todos *estuviéramos* guardando el mismo secreto.
> Pero como somos una familia feliz,
> nosotros no tenemos ese tipo de problemas.[16]

Cuanto más horribles son los secretos que alberga una familia, más probable será que sus miembros recurran a un subterfugio parecido al de la «familia feliz» para mantener la apariencia de estabilidad. El psiquiatra Michael Weissberg afirma que uno de los síntomas más característicos del incesto es que la familia donde tiene lugar parece *demasiado* feliz.[17] «Entre los posibles indicadores de alarma –señala Weissberg– podemos incluir la familia "perfecta" que lo hace todo unida, pero por ejemplo siempre deja al margen a la madre porque está deprimida, enferma o indispuesta.» Otro signo similar podría ser el perfeccionismo de la hija, una hija que ha asumido las obligaciones de los padres a una edad muy temprana. Se desenvuelve perfectamente bien en la escuela, es sumamente comedida y parece muy dispuesta a complacer a todo el mundo. Weissberg da en su libro el ejemplo de una niña víctima de incesto que no sólo sacaba siempre matrícula de honor en la escuela, sino que desde los diez años de edad se encargaba de preparar la cena de toda la familia.

Este tipo de mascaradas permiten la complicidad tácita ante una terrible verdad que todos conocen. La culpabilidad, la vergüenza y el miedo son los móviles inmediatos del engaño. El miedo a ser abandonado por la pareja o por los padres, independientemente de lo mal que puedan tratarnos, lleva a los cónyuges y a los hijos a elaborar mecanismos para ocultar los malos tratos y distorsionar la percepción de la crueldad manifiesta.

Es posible que los secretos más terribles afecten a familias en que el abuso, el incesto o el alcoholismo se ocultan tras la cortina de humo de la connivencia. Esas familias suelen estar atrapadas en el círculo de la negación y la culpabilidad. La negación consiste en afirmar que no ha pasado nada importante, y si ha pasado no ha sido más que una situación excepcional que no volverá a ocurrir. La culpa puede asumir la forma de autoculpabilización de la víctima y no es infrecuente, como documenta ampliamente la literatura psiquiátrica, que las esposas que han sido objeto de abusos por parte de sus maridos o las víctimas de incesto se sientan merecedoras de la agresión.

En este tipo de familias se ponen en funcionamiento poderosas defensas colectivas. Y aunque sean muchos los indicios que permitirían colegir lo que está ocurriendo, éstos suelen ser ignorados o tergiversados. «Nunca dije a mi madre lo que mi padre estaba haciéndome –recuerda agriamente una mujer adulta que había sido víctima de incesto–. Pero, ¡Dios mío!, ¡hubiera bastado con que ella hubiera mirado en el cesto de la ropa sucia! Las bragas estaban manchadas de sangre y los pijamas y las sábanas sucios de semen. Podía haber mirado, pero ella parecía haber decidido no hacerlo.»[18]

La negación puede trascender el núcleo familiar y afectar también al círculo de las amistades e incluso a la policía, los médicos y los asistentes sociales. Tomemos, por ejemplo, el caso de Margaret, la esposa de una relevante figura de la política de una ciudad del Medio Oeste que sufrió una auténtica conmoción al saber que su marido abusaba de su pequeña hija de cinco años.[19] A partir de ese momento tuvo que atravesar situaciones verdaderamente desesperantes. El esposo negaba que los «juegos» con la niña fueran anormales. La cuñada le aseguraba que no tenía por qué preocuparse porque «no es más que una costumbre familiar». Cada vez más trastornada, Margaret terminó aquejada de una crisis nerviosa por la que tuvo que ser hospitalizada durante un mes y medio.

Años después, el hijo de catorce años contó a su madre que había sido víctima de una violación por parte de su padre mientras estaban de acampada. Cuando ella tomó la decisión de acudir a un abogado, éste le aconsejó que alejara a su hijo del entorno familiar matriculándole interno en una escuela. Cuando pidió consejo a los tíos de su esposo, éstos trataron de convencerla de que estaba «exagerando» las cosas y de que debía afrontar la situación «como una persona civilizada», es decir sin hacer nada. Margaret pidió ayuda al director de la escuela de sus hijos, y éste le dijo que carecían de personal especializado en «ese tipo de cuestiones», pero que si sus hijos solicitaban ayuda tratarían de hacer todo lo que estuviera en su mano. Sin embargo, los niños estaban demasiado avergonzados y no se atrevían a pedir ayuda.

Cuando Margaret denunció el hecho a la policía, el inspector le dijo: «Coja una pistola y acabe con ese canalla si vuelve a acercarse a sus hijos», sin ofrecerle ninguna otra alternativa. Finalmente, acudió desesperada a una reunión de los diáconos de su parroquia donde se puso de pie y explicó su caso. «La única respuesta que me dieron –concluye Margaret– fueron carraspeos disimulados y el ruido de sus cuerpos moviéndose incómodamente en las sillas. Eso fue todo.»

Es cierto que la historia de Margaret constituye un caso extremo, pero tal vez por ello puede ayudarnos a entender el clima que subyace al juego de la «familia feliz», un juego que incomoda a todo el mundo. Según Weissberg, director del servicio de urgencia de un hospital psiquiátrico universitario, los médicos comparten en ocasiones las mismas lagunas que aquejan a los que participan en el juego de la «familia feliz» y «no desean percatarse de las situaciones de miedo, malestar y descontrol que aquejan a sus pacientes. Es como si suscribieran la noción equivocada de que aquello que no saben, no identifican y no diagnostican, no pudiera causar daño alguno».[20]

«Y esto resulta muy lamentable –añade Weissberg– porque tanto las víctimas como los culpables de estas conductas suelen dejar muchos indicios de su problema; da la sensación de que quisieran ser descubiertos. Hay que decir en este sentido que aproximadamente la mitad de las personas que cometieron suicidio visitaron a su médico durante el mes anterior y que el 80 por ciento de los que murieron de una sobredosis de barbitúricos los había comprado con una receta médica.»

Weissberg explica el caso de la hija de un médico cuya madre la llevó al traumatólogo por una torcedura de tobillo; la radiografía reveló la existencia de una fractura. Siete meses después la niña fue llevada a otro médico porque nuevamente se había roto un hueso. Sólo cuando sufrió una tercera fractura comenzó a sospecharse la existencia de maltratos. La madre admitió finalmente que a veces tiraba a la niña contra la pared para «castigarla». Y aunque los amigos y los parientes de la familia lo sabían, nunca habían intervenido para impedirlo.

De manera parecida, la esposa de un abogado adujo toda clase de excusas e inventó justificaciones para explicar las contusiones y otros problemas que había sufrido durante el embarazo. No obstante, el ginecólogo y los amigos pasaron por alto la posibilidad de que su marido estuviera golpeándola, hasta que finalmente terminó abortando cuando él la arrojó escaleras abajo.

También podríamos referirnos a «la niña precoz de trece años de edad, hija de un sargento de la marina» que visitaba frecuentemente al médico de cabecera porque tenía una infección en el tracto urinario. Su padre siempre la acompañaba a la consulta del médico, y éste le aseguraba en cada ocasión que la niña todavía no era sexualmente activa, cuando, paradójicamente, el padre llevaba manteniendo relaciones sexuales con ella desde hacía varios años.

Un elevado porcentaje de los casos de abuso infantil tiene lugar a pesar de la existencia de algún tipo de contacto con la autoridad –ya sea el profesor, el terapeuta, la policía, el trabajador social, etc.–, que debería haberse dado cuenta del caso y haber hecho algo al respecto. No es infrecuente que un padre lleve a su hijo a urgencias con magulladuras y fracturas de diversa índole como resultado de una paliza y explique que las heridas se produjeron a causa de un accidente, y que el personal del hospital acepte sin problemas explicaciones tan inverosímiles.

Weissberg menciona los siguientes ejemplos de lo que estos padres suelen decir para evitar ser descubiertos:[21]

DICE	SIGNIFICA
Nunca he tenido problemas con mi hijo.	Ayer tuve que salir de casa por miedo a terminar estrangulándole.
No tengo la menor idea de la causa de estos cardenales. Tal vez haya sido un accidente.	Estaba tan enfadado que le golpeé.
No sabía que mi marido estuviera haciendo estas cosas.	Me asusta quedarme sola y temo que me abandone si le planto cara.

Weissberg observó que estas mentiras y racionalizaciones suelen ser escuchadas y consideradas reales debido a la ansiedad que podría suscitar el hecho de enfrentarse abiertamente a la verdad. Negar los hechos resulta más sencillo porque «disimula la ansiedad

que experimenta el testigo de cualquier tipo de abuso […] y evita
también la necesidad de emprender acciones en el caso de constatar la existencia del abuso».

No cabe la menor duda del paralelismo existente entre la mentalidad familiar y la individual y de que el trueque entre la ansiedad y la atención también opera a este nivel. El autoengaño implícito tras la fachada de la «familia feliz» mantiene a raya la ansiedad.
Y las implicaciones de este paralelismo en lo que concierne a la comprensión de la dinámica del grupo resultan decisivas porque, tal
como pensaba Freud, la familia constituye el prototipo de los mecanismos psicológicos que afectan a cualquier conducta de grupo.

NADA HUELE A PODRIDO EN DINAMARCA

La mejor evidencia que conozco de que las defensas colectivas y las mentiras compartidas también afectan a grupos ajenos a la familia es la investigación llevada a cabo por Irving Janis sobre lo que él denomina el «pensamiento colectivo».[22] Dos de los ejemplos más conocidos del «pensamiento colectivo» son la invasión de bahía Cochinos y el caso Watergate. En ambos casos, el pequeño grupo encargado de tomar las decisiones conspiró tácitamente para ignorar una información crucial que no concordaba con el punto de vista del colectivo.

El «pensamiento colectivo» no es una evidencia en contra de los grupos, sino el indicador de una patología colectiva, de un «nosotros» distorsionado. De hecho, el grupo puede constituir un eficaz antídoto contra los riesgos que conlleva la toma individual de decisiones que pueden verse sesgadas por las tendencias personales. Una persona aislada es vulnerable a los altibajos emocionales, los puntos ciegos que se derivan de los prejuicios sociales y el fracaso en comprender las complejas consecuencias que suelen acompañar a las decisiones aparentemente más irrelevantes. En el seno de un grupo, todos estos aspectos pueden salir a la luz, se pueden considerar otros puntos de vista y también aceptar y sopesar información adicional. Cuando funcionan adecuadamente, los grupos suelen tomar decisiones más adecuadas que las que podría tomar cualquiera de sus miembros aisladamente. Pero el hecho es que el «pensamiento colectivo» también puede llegar a sesgar el funcionamiento del grupo.

En 1950 un ingeniero de minas advirtió a los pobladores de Pitcher (Oklahoma) que debían abandonar la población porque un accidente en la mina había socavado prácticamente el pueblo y éste podía hundirse en cualquier momento. Al día siguiente, en una reunión que tuvo lugar en el Lion's Club, las autoridades no tomaron en serio la advertencia del ingeniero e incluso uno de ellos irrumpió en la reunión con un paracaídas provocando la carcajada de todos los asistentes. Pero el mensaje «eso no puede ocurrirnos a nosotros» que translucía su júbilo se vio tristemente refutado a los pocos días, cuando algunos de los participantes y sus familias sucumbieron en el hundimiento del pueblo.

Janis nos ofrece la historia de Pitcher como una introducción a su concepto de «pensamiento colectivo», un término decididamente orwelliano que subraya el menoscabo de la atención, la eficacia mental y la sensatez del grupo que se deriva de las presiones y cortapisas implícitas.

La sutileza del «pensamiento colectivo» lo convierte en una cuestión difícil de identificar y, en consecuencia, de contrarrestar. Así, por ejemplo, cuando los miembros de un grupo se sienten cómodos en su interacción, resulta difícil que acepten opiniones que puedan socavar esa sensación:

> … El líder –según Janis– no trata deliberadamente de conseguir que el grupo le diga lo que quiere oír, sino que es lo suficientemente honesto como para pedir la opinión de los demás. Los componentes del grupo no caen en el servilismo y tampoco temen decir lo que piensan. Pero a pesar de todo ello las limitaciones sutiles –que el líder puede reforzar inadvertidamente– impiden que los miembros ejerciten por completo facultades críticas y expresen abiertamente sus dudas cuando todos los demás parecen haber arribado a algún consenso.[23]

Del mismo modo que ocurre con las defensas, el objetivo del «pensamiento colectivo» consiste en minimizar la ansiedad y conservar la autoestima. Se refiere a las operaciones que emplea la mente del grupo para conservar la ilusión de la «familia feliz»:

Cada miembro del grupo –en opinión de Janis– se siente compelido a eludir las críticas que pudieran dar lugar a enfrentamientos que podrían destruir la unidad del grupo [...] Los integrantes evitan también obstaculizar la aparición de un consenso, convenciéndose de que los argumentos discrepantes que tienen cada uno de ellos en mente deben de estar equivocados o que sus dudas son irrelevantes y no merecen ser expuestas.

Los distintos mecanismos destinados a aumentar la autoestima requieren una ilusión de unanimidad en todas las decisiones importantes. Sin ella, la sensación de unidad del grupo se disgregaría, las dudas irían en aumento, disminuyendo la confianza en la capacidad del grupo para resolver los problemas, y el impacto emocional de la angustia que suele acompañar a todo proceso de toma de decisiones no tardaría en hacer su aparición.[24]

Pero el mismo aglutinante que mantiene unido a un grupo también puede convertirse en la causa de su desintegración. Una tira cómica del *New Yorker* en que aparecía un rey medieval diciendo a toda su corte: «Entonces, estamos todos de acuerdo. Nada huele a podrido en Dinamarca, pero el resto del mundo ciertamente apesta», resulta sumamente ilustrativa a este respecto.

La ansiedad y la autoestima desempeñan el mismo papel tanto en el «nosotros» como en el «yo»; ambas distorsionan la realidad en aras de disminuir la ansiedad y mantener alta la estima. En Japón, por ejemplo, donde la cultura concede gran importancia a la unidad del grupo, las reuniones y las correspondientes posibilidades de disenso pueden llegar a convertirse en un asunto de extraordinaria importancia. Arthur Golden, que trabajó en la edición inglesa de una revista japonesa, describió así una reunión laboral típica en este país:

La reunión puede comenzar cuando un empleado, que se había encargado de examinar una determinada propuesta, presenta su informe. El jefe –cuyo trabajo no consiste en presentar ideas sino en aprobar o rechazar las propuestas– cabecea y carraspea mientras todos los presentes mantienen la mirada clavada en el suelo. Finalmente dice: «¿Qué piensan ustedes?», una pregunta a la que nadie, por cierto, osa responder. Luego efectúa la misma pregunta a cada uno de los individuos por separado. Y manteniendo en mente el ideal de la unidad del grupo, todos se pronuncian con una respuesta ambigua del tipo «No me parece del todo mal», acompañada de más silencios y cabeceos.

Al final, alguien tal vez suspirará, se rascará la cabeza o hará alguna señal similar, como si diera a entender que, aunque no se trata de una circunstancia elegida por él, ha dado con una opinión disconforme que se siente en la obligación de exponer al grupo [...] Una vez se ha aceptado una determinada opinión, pasa a convertirse en la opinión de todo el grupo y deja de estar ligada a la persona que la expresó. Este tipo de conducta de grupo, en la que ningún miembro es individualizado según su intervención o iniciativa, contribuye a mantener intacta la unidad del grupo.[25]

Janis llegó a formular la noción de «pensamiento colectivo» basándose en sus investigaciones con grupos diversos, desde batallones de infantería a ejecutivos que estaban formándose para asumir funciones de liderazgo. Y en todos los casos que investigó detectó la presencia, en una u otra medida, de un extraño intercambio entre la conservación de la sensación de camaradería y la disposición a afrontar los hechos y expresar los puntos de vista que desafían los esquemas clave compartidos por el yo de grupo. El «nosotros» es en este sentido tan proclive a los sesgos «totalitarios» como lo es el yo individual. Janis pone como ejemplo una experiencia personal con un grupo de fumadores contumaces que trataban de dejar su hábito con ayuda facultativa. En la segunda reunión que tuvo con ellos, los dos líderes del grupo dijeron que era prácticamente imposible dejar de fumar, una opinión a la que rápidamente se adhirieron los demás, arremetiendo contra la única persona que no participaba de ella.

En el curso de la siguiente reunión, el mismo hombre que había disentido anunció: «Cuando llegué aquí, estuve de acuerdo en seguir las dos únicas reglas exigidas por la clínica: acudir a todas las reuniones y hacer un concienzudo esfuerzo para dejar de fumar.» Luego prosiguió diciendo que lo único que había aprendido del grupo era que sólo se podía seguir una de esas reglas, de modo que agregó: «He decidido que voy a asistir a todas las reuniones, pero volveré a fumar dos cajetillas de tabaco diarias.» Entonces, todos los presentes prorrumpieron en aplausos, radiantes de alegría, dándole de nuevo la bienvenida al redil. Pero cuando Janis trató de recordarles que el objetivo primario del grupo era precisamente el de dejar de fumar, los presentes simplemente se limitaron a ignorar su comentario refunfuñando que era imposible abandonar una adicción tan pertinaz como el tabaco.

El grupo era sumamente cordial y todos sus miembros llegaban fácilmente al acuerdo sobre cualquier tema, sin caer en disputas inquietantes que pudieran arruinar su aparente unidad. Pero el consenso estaba construido sobre una ilusión que nadie cuestionaba: la idea de que todos los miembros del grupo se hallaban aquejados de una adicción irreversible al tabaco. De este modo, el primer mártir del «pensamiento colectivo» es la capacidad crítica de sus integrantes.

Pero independientemente de que se trate de una terapia de grupo o de una reunión de consejeros del presidente, la dinámica del «pensamiento colectivo» es siempre la misma. Por lo general, la discusión se limita a unas pocas alternativas, ignorando un amplio espectro de posibilidades. No se presta atención a los valores implícitos desechados y nadie se detiene a considerar los inconvenientes de las decisiones adoptadas. De este modo, las alternativas desechadas nunca tienen la oportunidad de salir a la luz, por más ventajosas que pudieran llegar a ser. Nadie hace caso de la información experta que podría ofrecer una estimación apropiada de las posibles pérdidas y ganancias y los hechos que desafían la decisión tomada se dejan de lado. Es como si el grupo esperase únicamente el éxito y no elaborase planes para hacer frente a un eventual fracaso.

Las fuerzas que operan en el «pensamiento colectivo» constituyen una modalidad del prototipo de la «familia feliz». Así, en lugar de tratar de ocultar la ansiedad, el grupo simplemente restringe su atención, bloqueando el libre flujo de información en un intento de preservar la reconfortante sensación de aparente unanimidad. La lealtad al grupo requiere que sus miembros no manifiesten cuestiones embarazosas, ataquen los argumentos más débiles o traten de rebatir los razonamientos que parecen contradecir los hechos. Lo único permitido parece ser la expresión de los esquemas compartidos, un particular que Janis resume del siguiente modo: «Cuanto más amistoso sea el clima afectivo existente entre los miembros de un grupo, mayor será el peligro de que el pensamiento crítico independiente se vea reemplazado por el "pensamiento colectivo", lo cual, con toda probabilidad, abocará a algún tipo de acción irracional.»[26]

LA FÓRMULA DEL FRACASO

Por un extraño giro de la historia, el peor fracaso del presidente John F. Kennedy –bahía Cochinos– fue el resultado de una sugerencia originalmente hecha por Richard M. Nixon, su adversario en las elecciones. Durante la época en que fue vicepresidente de Eisenhower, Nixon propuso que el gobierno adiestrara a un ejército secreto de exiliados cubanos con el objetivo de derrocar a Castro. A Eisenhower le agradó la idea y ordenó a la CIA que preparase a un ejército de guerrilleros cubanos.

Cuando Kennedy alcanzó la presidencia, la CIA había elaborado un plan para invadir militarmente Cuba y estaba entrenando clandestinamente a un ejército. Sólo dos días después de que Kennedy tomara posesión de su cargo, Allen Dulles, jefe de la CIA, le informó acerca del plan. En el curso de los siguientes ochenta días, un pequeño grupo de consejeros del presidente sopesó la operación y en el mes de abril el plan fue ejecutado. Mil cuatrocientos exiliados cubanos desembarcaron en bahía Cochinos.

El ataque fue un verdadero desastre porque ninguno de los cuatro buques de abastecimiento llegó a tiempo. Al segundo día, doscientos mil soldados cubanos rodearon a los atacantes, y al tercer día todos los supervivientes de la brigada de asalto ya estaban en un campo de prisioneros. Sin embargo, hasta el mismo momento en que se produjo la invasión, Kennedy y sus consejeros estaban plenamente convencidos de que la operación acabaría derrocando al régimen de Castro.

De modo que, cuando el ataque fracasó, Kennedy estaba tan desconcertado que no dejaba de preguntarse: «¿Cómo he podido ser tan estúpido como para permitir que la operación siguiera adelante?»

Janis nos ofrece una exhaustiva respuesta a esa pregunta basándose en el relato de los hechos que los miembros del equipo de Kennedy le proporcionaron acerca de lo ocurrido durante los ochenta días de discusiones previas al intento de invasión. Los asistentes a las reuniones eran cinco consejeros de Kennedy –Rusk, McNamara, Bundy, Schlesinger y Robert Kennedy–, los tres jefes del ejército y Allen Dulles y Richard Bissel, de la CIA.

Bissel fue el encargado de presentar el plan de invasión. Kennedy le conocía desde hacía años y lo tenía en muy alta consideración, un hecho que propició que sus consejeros mostraran hacia él una actitud muy receptiva. El resultado fue una concatenación de errores fatales que llevaron al consenso de que la invasión era una excelente idea. Cada uno de esos errores, considerado aisladamente, podría haberse evitado en el caso de haber tomado en consideración la información que poseía uno u otro de los miembros del grupo, pero nadie lo hizo porque todos cayeron en las garras del «pensamiento colectivo».

El grupo creyó que la invasión desencadenaría una insurrección armada en toda la isla que culminaría con la caída de Castro. Sabían que la victoria dependía de que se produjera esa rebelión, porque la fuerza de invasión era demasiado pequeña para vencer al ejército cubano en su propio terreno –doscientos mil cubanos frente a mil cuatrocientos invasores–. Pero Bissel y Dulles estaban tan convencidos de que la sublevación tendría lugar que el grupo creyó a pies juntillas en su promesa.

Pero de hecho la CIA no compartía esa creencia y nadie –incluyendo al secretario de Estado, Dean Rusk– preguntó su opinión a los expertos de la oficina para asuntos cubanos del Departamento de Estado, que seguían estrechamente la vida política cubana. Asimismo, nadie sacó a relucir los resultados de una cuidadosa encuesta, realizada el año anterior, que demostraba el apoyo de la mayor parte del pueblo cubano hacia el régimen castrista. Esta encuesta había circulado ampliamente por los círculos gubernamentales y cualquiera que la hubiese leído habría llegado fácilmente a la conclusión de que las probabilidades de desencadenar una revuelta interna contra Castro eran prácticamente nulas. «Esta evidencia –señala Janis– fue completamente olvidada o desdeñada por los expertos políticos del grupo.»

Además, estaba el tema de la maniobra de los montes Escambray. Una de las creencias que sustentaba la invasión era que si la brigada fracasaba siempre quedaba la posibilidad de refugiarse en los montes Escambray y organizar allí la resistencia. Pero esta hipótesis pasaba por alto que esas montañas sólo hubieran podido ser una posición útil para la retirada si se hubiera elegido una zona más próxima para la invasión, porque la bahía Cochinos se hallaba separada de las montañas por doscientos kilómetros de una espesa maraña de pantanos y selvas. «Este descuido –señala Janis– hubiera podido ser corregido si cualquiera de los integrantes del grupo se hubiera tomado la molestia de mirar un mapa de Cuba en cualquier atlas escolar.»

¿Cómo pudo pues un grupo de personas tan brillantes y bien informadas llevar a cabo un plan tan descabellado? Janis esbozó su respuesta a esta pregunta rastreando la evolución de una serie de esquemas de grupos ilusorios y de los mecanismos que el grupo desarrolló para preservar esas ilusiones de la información que pudiera desmentirla. Esos esquemas eran meras creencias, pero el grupo no pareció advertirlo porque los mecanismos que las protegían les impidieron tomar conciencia de ese simple hecho.

Aunque algún miembro individual conociera información que pudiera desmentir las suposiciones compartidas por el grupo, la conciencia *colectiva* permanecía completamente ajena a todas esas cosas. En ese sentido, la información que queda al margen de la conciencia del grupo constituye el equivalente de la mente inconsciente del individuo. Es precisamente en el inconsciente del grupo donde opera el «pensamiento colectivo», desempeñando la misma función que cumplen los esquemas de distracción de atención en el inconsciente individual.

LA ILUSIÓN DE INVULNERABILIDAD. En su investigación acerca de las fuerzas que terminaron conduciendo al «pensamiento colectivo» de este caso particular, Janis señaló varios de los errores cometidos por Kennedy y sus consejeros. El primero de ellos fue que su trabajo estaba sesgado por una especie de «ilusión de invulnerabilidad», la sensación de que todos sus planes estaban destinados a ser coronados por el éxito. Kennedy acababa de ser elegido y la fortuna y el destino parecían hallarse de su lado. El optimismo de la Casa Blanca, dice Schlesinger, era desbordante. «Quienes le rodeaban [a Kennedy] creían que era una especie de rey Midas que convertía en oro todo lo que tocaba […] La euforia se enseñoreaba entre nosotros y, por un breve lapso de tiempo, todos creíamos que podíamos moldear el mundo a nuestro antojo y que el futuro estaba de nuestra parte.»

El mismo esquema ingenuo, prosigue Janis, se reproduce en la mayor parte de los grupos cuando acaban de constituirse como tales. El yo colectivo recién adquirido –al que Janis denomina «sensación de identidad del grupo»– proporciona a sus miembros «la sensación de pertenecer a un grupo protector y poderoso que les brinda nuevas oportunidades a cada uno de ellos. Y por lo general también hay una admiración desmedida hacia el líder del grupo».

Esta misma sensación de invulnerabilidad constituye un grave defecto en la capacidad del grupo para evaluar la información de modo realista. Los miembros se muestran reacios a hacer cualquier cosa que disminuya la sensación de euforia y de coherencia. El mero hecho de llamar la atención sobre los riesgos que implica una determinada decisión de grupo –por más objetiva que esta apreciación sea– es percibido como un ataque contra la integridad del grupo. «En las reuniones del grupo –dice Janis–, la tendencia al "pensamiento colectivo" puede operar como un ruido de baja intensidad que impide tomar conciencia de las señales de alarma. Todo el mundo parece estar predispuesto a prestar una atención selectiva a los mensajes que alimentan "los sentimientos compartidos de confianza y optimismo" de sus miembros, desatendiendo aquellos otros que parezcan desmentirlos.»

LA ILUSIÓN DE UNANIMIDAD. La sensación de invulnerabilidad va acompañada de la ilusión de unanimidad, y ambas se originan en la seguridad que proporciona el grupo. Una vez que el grupo adopta una creencia o toma una decisión, es muy probable que sus miembros sientan que tienen razón. ¿Cómo podrían estar equivocadas personas tan importantes?

La posición más cómoda consiste en creer en la existencia de un consenso unánime entre todos los miembros del grupo, una ilusión que se mantiene, en opinión de Janis, porque sus integrantes «suelen estar dispuestos, sin darse cuenta de ello, a impedir que afloren los desacuerdos latentes cuando se está a punto de emprender un determinado curso de acción. El líder del grupo y sus miembros se apoyan mutuamente, subrayando las áreas de convergencia de su pensamiento, a expensas de obviar las divergencias que pudieran interrumpir el clima de unanimidad».

Cuando consideró retrospectivamente lo ocurrido, Theodore Sorensen comentó: «Nuestras reuniones tuvieron lugar en una curiosa atmósfera de supuesto consenso.» En las reuniones clave no apareció ninguna oposición fuerte, ni tampoco se presentaron planes alternativos. «Sin embargo –prosigue Sorensen–, en el caso de que uno solo de los consejeros se hubiera opuesto a la aventura, creo que Kennedy hubiera terminado desestimando la intervención. Pero nadie dijo nada en contra de la operación.» De este modo, el silencio de los posibles consejeros disidentes posibilitó el que contribuyeran tácitamente a conformar la ilusión de unanimidad.

LA SUPRESIÓN DE LAS DUDAS PERSONALES. Pero ¿por qué las personas disidentes guardaron silencio? Una de las razones hay que buscarla en la existencia de una especie de autocensura. En opinión de Sorensen, «existieron dudas pero nunca fueron expresadas, debido, en parte, al miedo a ser tildados como "blandos" o pusilánimes por sus compañeros». De este modo, el clima de unanimidad acalla la disconformidad, porque cualquier posible objeción significa situarse al margen del grupo. Schlesinger escribió posteriormente:

En los meses que siguieron al episodio del desembarco en bahía Cochinos me reproché amargamente haber permanecido en silencio cuando se adoptaron las decisiones críticas en la sala del gabinete, aunque mis sentimientos de culpabilidad se vieron atemperados por la certeza de que una objeción de ese tipo me hubiera convertido en una incómoda molestia.[27]

Así, en lugar de convertirse en una especie de parias, los disidentes potenciales permanecen en silencio porque hablar equivaldría a destruir el consenso. Pero ese consenso, como ya hemos visto, es ilusorio. La autocensura de los disidentes impide que las críticas lleguen a la conciencia colectiva, permitiendo así que una dudosa creencia compartida campe por sus fueros.

GUARDAESPALDAS MENTALES. Un «guardaespaldas mental» es una persona que asume la función de eliminar la información que no se ajusta a los esquemas en curso. Para ello suele imponer una presión social sobre los miembros que podrían expresar una perspectiva diferente, una maniobra cuyo objetivo consiste en asegurarse de que el consenso del grupo no se verá desafiado. Normalmente, la presión es descarada y consiste en pedir al posible disidente que se calle si su opinión no coincide con la del grupo.

El «guardaespaldas mental» es una especie de policía que permanece en constante vigilancia para proteger al grupo, no de un ataque físico, sino de un ataque de información. «Un "guardaespaldas mental" –dice Janis– protege al grupo de los pensamientos que pudieran dañar su confianza en la viabilidad de las decisiones que adopta.»

En el círculo de la Casa Blanca, éste fue el papel que desempeñó Robert Kennedy, el hermano del presidente, frente a Schlesinger. Robert Kennedy había oído que Schlesinger tenía algunas dudas acerca del plan de invasión, de modo que en una reunión tuvo un aparte con él y le pidió que le expusiera sus reservas. Después de escucharle atentamente, Robert Kennedy dijo: «Puede que tenga razón o puede que esté equivocado, pero el hecho es que el presidente ya ha tomado una decisión y ahora ya no se trata de cuestionarla sino de apoyarla incondicionalmente.»

El valor que suponen los «guardaespaldas mentales» para el grupo resulta dudoso, porque conservan la ilusión de unanimidad a costa de la consideración objetiva de los datos disponibles. Los «guardaespaldas mentales» suelen conspirar activamente para mantener las ficciones en el seno del grupo, un equivalente de los mecanismos de defensa característicos de la represión.

LAS RACIONALIZACIONES. Gran parte de lo que los miembros del grupo se dicen para justificar un dudoso curso de acción son meras racionalizaciones, narraciones urdidas con el único objetivo de sustentar un determinado conjunto de creencias. Las racionalizaciones sirven para fomentar la confianza y tranquilizar al grupo con respecto a la ética, la seguridad, la sabiduría o la validez de sus decisiones. La decisión de bahía Cochinos giraba en torno a un conjunto de racionalizaciones que habían tomado por un hecho lo que no era más que un plan temerario. Estas racionalizaciones hicieron imposible que el grupo contemplara algunas de las aplastantes evidencias que parecían contradecir el plan, como, por ejemplo, que el ejército de Fidel Castro era casi ciento cincuenta veces superior.

CEGUERA MORAL. Uno de los esquemas del grupo es la creencia implícita en su sentido de la justicia y la moral, una falsa suposición que permite que sus miembros tiendan a ignorar las consecuencias morales de sus decisiones. Estas creencias son el fruto de un credo grupal que afirma «somos justos y buenos», que no es sino otro aspecto de la imagen de invulnerabilidad que el grupo se ha forjado de sí mismo. Después de todo, si somos buenos, todo lo que hagamos también será necesariamente bueno. Esta ceguera moral contribuye a que el grupo no se sienta avergonzado o culpable de lo que, de otro modo, resultaría más que discutible. Sus acciones pueden así verse protegidas por una confortable coraza de supuesta honradez. La suposición implícita en el caso del desembarco en bahía Cochinos era que, cuando el gobierno de Estados Unidos decreta que algo es lo mejor para determinadas personas, esa elección tiene que ser necesariamente «buena». Ésa era la creencia subyacente al fracaso del desembarco de bahía Cochinos y a tantos otros desastres políticos en otros países.

ESTEREOTIPOS. Un estereotipo es la lente desenfocada con que un grupo considera a otro. El estereotipo puede ser positivo o nega-

tivo, pero en cualquiera de los casos es invariablemente inadecua-
do. Se trata de un esquema que una vez se ha consolidado sólo
puede ser mantenido sobrevalorando todo lo que lo corrobora y
subestimando los datos que parecen contradecirlo. En este sentido, los estereotipos se refuerzan a sí mismos. En la decisión del
asalto a bahía Cochinos, el estereotipo de la histeria e inoperancia
de Fidel Castro condujo a la Casa Blanca a subestimar su respuesta
a la invasión. Los estereotipos son persistentes y los miembros del
grupo se aferrarán a ellos a pesar de todas las evidencias que pueda
haber en su contra. Las imágenes que todo grupo se forja del «enemigo» responden siempre a los estereotipos: el juicio implicado en
el mismo término «enemigo» resulta incompatible con nuestro conocimiento de que los demás no son tan diferentes de nosotros
mismos.

El autoengaño al que aboca el «pensamiento colectivo» puede
ser prevenido, y de hecho el presidente Kennedy, defraudado ante
el curso de los acontecimientos en bahía Cochinos, alentó a propósito la crítica y la disconformidad de sus consejeros para hacer
frente a la posterior crisis de los misiles. La disensión y el pensamiento crítico constituyen eficaces antídotos contra las mentiras
compartidas y son la garantía de que los esquemas del grupo se
adaptarán mejor a la realidad o, en el peor de los casos, que los
errores serán el resultado de la honestidad y no la consecuencia del
«pensamiento colectivo».

EL «PENSAMIENTO COLECTIVO»
EN EL MUNDO EMPRESARIAL

El «pensamiento colectivo» es una patología especialmente peligrosa en el mundo de la empresa, porque a la hora de tomar, por ejemplo, una decisión comercial o de desarrollo de un producto, un equipo directivo puede caer en sus garras e incurrir en errores económicamente muy costosos. Sin embargo, el balance de resultados proporciona una cierta salvaguardia y las decisiones que toman quienes se mueven en el mundo de la empresa suelen basarse en los datos de que disponen sobre la estabilidad del mercado. A fin de cuentas, los hombres de negocios cuentan siempre con el correctivo que supone el éxito o el fracaso, un contacto inmediato con la realidad que resulta difícil de ignorar hasta para el más insidioso de los «pensamientos colectivos». Los gobernantes y los políticos, sin embargo, suelen adolecer de un referente directo tan concreto para contrastar sus decisiones.

A pesar de todo, el mundo empresarial abunda en ejemplos del tipo de la «familia feliz» y del «pensamiento colectivo». Una de las situaciones típicas consiste en negarse a reconocer el alcoholismo de un antiguo trabajador. En tales casos, se suele pasar por alto la incompetencia y relevar discretamente al implicado, asignándole un puesto de menor responsabilidad. Pero esta clase de connivencia suele terminar cuando un nuevo equipo directivo asume el control, ya que los recién llegados –que no participan de la sensación de «familia»– considerarán al afectado simple y llanamente un incompetente.

Harry Levinson, psicólogo de empresa y agudo observador del mundo de las organizaciones, afirma que debemos llevar al ámbito laboral la comprensión que nos proporciona el funcionamiento del grupo que aprendimos en nuestras familias:

> Todas las organizaciones reproducen la estructura básica de la familia [...] De este modo, nuestras relaciones con las figuras de autoridad reproducen las experiencias más tempranas con nuestros padres. La vida familiar de nuestra infancia determina nuestra visión acerca de cómo se distribuye el poder, y en la medida en que vamos creciendo, establecemos grupos basados en ese mismo modelo [...] Si todo el mundo conoce las reglas, las cosas funcionarán sin problemas. Y dado que el mundo empresarial y el familiar comparten una dinámica psicológica similar, el terapeuta descubre en las sesiones problemas que son comunes en ambos ámbitos.[28]

Así pues, tanto el «pensamiento colectivo» como la «familia feliz» son imponderables inherentes a la estructura de toda organización. El éxito o el fracaso de un empleado depende en gran medida de la evaluación inmediata de su superior, lo cual hace que aquél tienda a secundar las opiniones de sus jefes, haciendo uso para ello de todos los ardides que le proporciona el «pensamiento colectivo». Otro rasgo característico del «pensamiento colectivo» tiene que ver con el ambiente laboral que rodea a quienes se ven obligados a trabajar codo con codo cada día.

Tomemos como ejemplo los grupos conocidos como «círculo de calidad», que se organizan entre los empleados al margen de toda estructura jerárquica para introducir cambios. Varios psicólogos de empresa se hallaban presentes en una asamblea de este tipo que tuvo lugar en una planta de montaje perteneciente a una gran compañía del sur.[29] Su misión consistía en elaborar el presupuesto anual, asignar los objetivos laborales, evaluar el control de calidad, determinar el rendimiento de los miembros de la plantilla y tratar de resolver cualquier otro problema adicional que pudiera surgir.

El objetivo de una de las reuniones en el laboratorio de control de calidad tenía que ver con una queja reciente relacionada con la larga duración de las inspecciones, ya que mientras el equipo de control de calidad llevaba a cabo los ensayos necesarios para detectar los defectos del producto, la cadena de montaje permanecía paralizada. Algo que llenaba de indignación a los trabajadores afectados. El equipo de control de calidad no tardó en llegar a la conclusión de que los trabajadores que se quejaban «esperan que hagamos la vista gorda» y «no comprenden el tiempo que requiere este tipo de trabajo». Se sentían cargados de razón y consideraban que las quejas de los empleados de montaje eran irracionales e injustificadas. Así pues, finalmente el asunto fue dejado de lado, sin tener en cuenta las quejas recibidas ni buscar una posible solución.

Desde el punto de vista de los psicólogos que asistían como observadores, el equipo de control de calidad había llegado a esta conclusión basándose en dos estrategias características del «pensamiento colectivo», la racionalización y los estereotipos compartidos. La racionalización les llevaba a concluir, a pesar de las quejas recibidas en sentido contrario, que no había nada reprochable en su trabajo. El estereotipo, por su parte, era que no podía esperarse que «los estúpidos trabajadores» comprendieran la complejidad de la labor que lleva a cabo el laboratorio de control de calidad. Como resultado de esta conclusión, la queja fue completamente ignorada.

En otra reunión, en la que se hallaba además el director, el problema tratado fue la considerable demora que suponía el control de calidad en la sección de empaquetado. Al comienzo, la discusión fue bastante animada y abierta y todos los presentes se expresaron libremente. Al cabo de un rato, sin embargo, el director comenzó a hablar: «Creo que lo que deberíamos hacer...», asumiendo desde ese momento las riendas de la reunión. A partir de entonces, los participantes permanecieron callados, pero sus rostros dejaban traslucir claramente que aunque aceptaran las recomendaciones del director no estaban en absoluto de acuerdo con él. De ese modo, la autocensura condujo a una ilusión de unanimidad, porque aunque ningún miembro del grupo compartía las directrices del jefe, nadie se atrevió a expresar su discrepancia. Y esta falta de participación hizo que el director creyera equivocadamente que existía un consenso que le apoyaba, cuando, en realidad, lo único que había ocurrido era que su propia opinión acabó convirtiéndose en la decisión del «grupo».

Existe cierta evidencia de que los líderes del mundo empresarial alientan inadvertidamente el «pensamiento colectivo».[30] En una investigación acerca del proceso de toma de decisiones, los voluntarios que desempeñaban el papel de ejecutivos de una empresa imaginaria llamada Modern World Electronic discutían sobre la posibilidad de fabricar un horno microondas. Cada uno de los miembros del grupo disponía de una información importante al respecto que sólo él conocía.

Se avaluó la conducta del jefe de cada uno de los grupos, que moderaban las discusiones, para saber hasta qué punto se hallaban motivadas por el ansia de poder. Las personas cuya motivación se halla fuertemente determinada por este tipo de intereses hacen las cosas buscando producir un impacto en los demás, en lugar de basarse en un criterio interno de excelencia –el rasgo distintivo de la motivación de logro– o disfrutar de la compañía de los otros –la motivación de pertenencia–. La investigación demostró que las personas cuya motivación perseguía el poder disfrutaban con el simple ejercicio de su autoridad, mostraban una escasa tolerancia hacia las interferencias y se incomodaban ante todo lo que desafiaba sus opiniones.

Los líderes motivados por el poder responden muy positivamente a los subordinados que tratan de adularles. De este modo, en los grupos dirigidos por un líder de esas características, el eje de la coherencia del grupo se desplaza de lo horizontal a lo vertical, y en consecuencia, en lugar de aproximarse a sus compañeros de trabajo, los implicados tienden a establecer un vínculo de fidelidad con el líder.

En la simulación a la que nos estamos refiriendo, los líderes motivados por el poder se atuvieron menos a los hechos y también recibieron menos propuestas. Una vez que el líder expresaba su punto de vista, los miembros se supeditaban a él. Y no era tanto que el líder sofocara las discrepancias –porque lo cierto es que muchos de ellos se mostraron bastante democráticos en el modo de manejar la situación–, sino que reforzaban sutilmente la sumisión. El «pensamiento colectivo» resultante era una cuestión de grado: menor iniciativa de los participantes, notable ausencia de oposición al líder y mayor sometimiento a sus decisiones.

Todas las personas relacionadas con el mundo empresarial reconocerán situaciones como la descrita y podrán aportar seguramente sus propios ejemplos al respecto. No obstante, aunque ocasionalmente puedan presentar algunos de sus síntomas, no todos los grupos son víctimas del «pensamiento colectivo». Pero cuanto mayor sea la frecuencia de aparición de esos síntomas, peores serán las ilusiones resultantes y más pobres las decisiones que adopte el grupo. La alternativa saludable, por supuesto, sería que el grupo fuera capaz de equilibrar la sensación de unidad con la disposición a tener en cuenta toda la información relevante, aunque ello implicase algún que otro fracaso.

Al igual que ocurre a nivel individual, el grupo es vulnerable a caer en una reducción de la atención a cambio de evitar la ansiedad. En el seno de un grupo, la comodidad que proporciona la aparente unanimidad descansa en el polo opuesto del continuo de la ansiedad; de modo que si esa situación se rompe puede dar lugar a situaciones de extraordinaria tensión. Así pues, cuando un grupo trata de mantener a toda costa la sensación de seguridad erigiendo barreras que le protejan de la información angustiosa, se pone en marcha una defensa colectiva. Este proceso de mantenimiento a ultranza de la imagen del grupo constituye precisamente el correlato del modo en que el yo individual sesga la realidad para seguir conservando la imagen que tiene de sí mismo.

Su imagen exterior se corresponde a la imagen que se ha forjado de sí mismo.

SEXTA PARTE

LA CONSTRUCCIÓN
DE LA REALIDAD SOCIAL

CONSTRUYENDO LA REALIDAD
POR EXCELENCIA

En una de las secuencias de la película *Starting Over,* una profesora (Jill Clayburgh) es la atracción principal en una caseta de «tiro a la maestra», en la fiesta de fin de curso de una guardería. Clayburgh está sentada algo tensa sosteniendo una sombrilla, mientras anima a los niños a que le lancen bolas. En ese momento, aparece Burt Reynolds, su amante –con quien acaba de pelearse–. Reynolds coge algunas bolas y se las arroja con fuerza hasta que consigue hacerla caer a un estanque. Ella se levanta aparentemente tranquila y circunspecta, pero al ver que Reynolds tiene otra bola en la mano, sin poder contener la irritación, grita:

–¡Acaba ya de una vez con toda esa mierda!

La consternación se cierne entonces sobre todos los asistentes:

–¡Ha dicho «mierda», mamá! –grita una niña, conmocionada.

–¡No, no lo ha hecho! –responde, indignada, su madre arrastrándola hacia otra de las casetas.

La noción de «marco», acuñada por Erving Goffman, desempeña a nivel social el mismo papel que los esquemas en el ámbito individual.[1] Los marcos acotan las situaciones, organizando y regulando las actividades sociales y nuestro grado de participación en ellas. En este sentido, los marcos son los que nos permiten diferenciar entre una «llamada de negocios» y una «llamada para quedar con una amiga». Cada uno de los diferentes contextos en que ocurren los eventos sociales orienta nuestra atención hacia determinadas regiones de la realidad inmediata, alejándola de otras y determinando así lo que resulta o no apropiado. Es precisamente por este motivo que la palabra «mierda» estaba fuera de contexto en la fiesta de la guardería.

Los marcos constituyen la fachada pública de los esquemas colectivos. El hecho de que compartamos las nociones de «juego», «venta» y «cita» nos permite participar activa y armónicamente en este tipo de eventos. La existencia de los marcos sólo resulta posible cuando las personas implicadas participan de los mismos esquemas, ya que en caso contrario el resultado puede ser sumamente embarazoso. Veamos un ejemplo de marco no compartido –extraído de la sección de sucesos de un periódico de San Francisco– que nos proporciona el mismo Goffman:

> ... Un hombre se hallaba tumbado boca abajo en el puente de Saint Powell, bloqueando el tráfico. Entonces se le acercó una anciana que acababa de bajar del tranvía, resuelta a practicarle la respiración artificial. Pero, cuando se disponía a hacerlo el hombre se dio la vuelta y le dijo: «Mire, señora, no sé a qué está jugando, pero yo tengo que soldar este cable.»[2]

Podemos participar sin problemas en los eventos sociales para los que disponemos de un marco, pero no podemos decir lo mismo en el caso contrario. El recién llegado, el neófito, el extranjero o quien practica por vez primera un determinado deporte comparten la misma inexperiencia que los niños pequeños que todavía no han cultivado sus «modales». La participación de estas personas en el curso de una determinada acción obligará a los demás a acomodarse a su ritmo, enlenteciéndose así el desarrollo de los acontecimientos.

Los marcos están compuestos de «guiones», las secuencias de acciones y respuestas características de un determinado marco. Veamos a continuación el guión propio de un restaurante:

Supongamos que le digo que fui a un restaurante, pedí langosta, pagué la cuenta y luego me marché. Pero ¿qué comí? No ha dicho nada al respecto, pero debió de ser langosta. ¿Dejé propina? Es muy probable, pero tampoco lo he mencionado. Y ¿qué tal se portó el camarero? ¿Qué camarero?

Es evidente que cuando hablo de restaurante estoy activando en usted todo su conocimiento acerca de menús, camareros, cuentas y propinas. Y lo mismo ocurriría en el caso de que habláramos de aviones, hoteles y escuelas.[3]

Los guiones codifican los esquemas pertinentes para cada evento concreto y enfocan selectivamente nuestra atención, destacando aquello que resulta relevante e ignorando el resto –un factor, por cierto, que resulta esencial en el campo de la programación de ordenadores–.* Los programas informáticos tienen la capacidad de llevar a cabo un número ilimitado de inferencias y respuestas –en su mayoría absurdas– a una determinada situación. Los guiones, en cambio, articulan todas las inferencias en torno a los cursos de acción que tienen sentido para un evento concreto.

En realidad, existe un guión para cada marco y un marco para todas y cada una de las situaciones en que debemos interactuar con nuestros semejantes, situaciones que van desde el simple acto de pasar junto a alguien –¿pasaremos por la derecha o por la izquierda? ¿Deberán cruzarse nuestras miradas? Y si es así, ¿durante cuánto tiempo? ¿Nos dirigiremos la palabra?– a algo tan sumamente complejo como lanzar un cohete al espacio, que exige la activación de un sinfín de rutinas y subrutinas.

El enfoque de Goffman parte de la tesis presentada por William James en el capítulo titulado «La percepción de la realidad», de su libro *Principles of Psychology,* en el que se pregunta «¿Bajo qué circunstancias pensamos que las cosas son reales?».[4] En opinión de James, la atención selectiva desempeña un papel decisivo en la creación de submundos, o parcelas de realidad, que disponen de «su propio estilo de existencia especial y separada». «*En la medida en*

---

* En su intento de elaborar programas informáticos cuyo funcionamiento emule las conductas de los seres humanos, los investigadores del campo de la inteligencia artificial se ocupan del estudio detallado de los guiones.

que le prestamos atención –señala James– cada mundo es real y sólo deja de serlo cuando dejamos de prestarle atención.»

Según Goffman, la noción de «mundo» propuesta por James se refiere «al mundo habitual de cada persona concreta», un mundo que cuando es compartido da lugar a un marco. En este sentido, sólo podremos adentrarnos en ese mundo –sólo podremos penetrar en ese marco– cuando nos adaptemos a las exigencias de la situación. El fenomenólogo Alfred Schutz nos proporciona un par de ilustrativos ejemplos a este respecto:

> ... cuando al contemplar un cuadro nuestro campo visual se circunscribe exclusivamente a lo que se halla dentro de él, experimentamos un cambio radical de perspectiva; cuando al escuchar un chiste aceptamos durante un breve lapso de tiempo el mundo ficticio de esa historia como una realidad –que al ser comparada con la del mundo cotidiano asume sus facetas más grotescas–, nuestra perplejidad deja paso al súbito estallido de la risa.

Es evidente que el mundo cotidiano es tan arbitrario como cualquiera de los otros mundos posibles. Son sólo nuestros esquemas compartidos los que lo convierten en la realidad por excelencia.

La noción de que la realidad social es producto de los esquemas compartidos es novedosa para el campo de la sociología. Pero esa formulación no es muy distinta de otras ideas actualmente en boga y nos proporciona un concepto más acorde con la comprensión actual del modo en que el individuo construye la realidad.

Se trata de una idea muy próxima a lo que Peter Berger y Thomas Luckmann sugerían en su ya clásico *The Social Construction of Reality*, un texto en el que los autores coinciden con William James en que, si bien existen múltiples realidades, «hay una –la de la vida cotidiana– que se nos presenta como la realidad por excelencia». A este respecto, Berger y Luckmann señalan:

> El lenguaje que utilizamos en nuestra vida cotidiana nos proporciona de continuo la necesaria objetividad y postula el orden dentro del cual ésta cobra sentido y nuestra vida cotidiana tiene un significado. Vivo en un lugar que se halla geográficamente definido; empleo utensilios –desde abrelatas hasta coches deportivos–,

para los cuales nuestra sociedad dispone de un término técnico; vivimos inmersos en un entramado de relaciones humanas –desde el club de ajedrez hasta los Estados Unidos de América–, que también se hallan ordenados gracias al vocabulario. De este modo, el lenguaje fija las coordenadas de nuestra vida social y la llena de objetos significativos.[6]

Si Berger y Luckmann hubieran profundizado más en su indagación acerca del principio organizador del lenguaje, habrían llegado a descubrir los esquemas. El lenguaje es un conjunto de esquemas sonoros y los actos sociales son esquemas visuales. Poco importaría pues que en la cita anterior sustituyéramos el término «lenguaje» y sus equivalentes por el concepto de esquemas, porque el significado seguiría siendo exactamente el mismo, aunque sus implicaciones pudieran ser distintas.

La realidad de la vida cotidiana, señalan Berger y Luckmann, constituye un «mundo intersubjetivo», es decir, un dominio que podemos compartir con los demás. Y el medio en que tiene lugar este tipo de intercambios constituye, en mi opinión, el marco que posibilita la activación conjunta de los esquemas compartidos, un contexto que nos brinda un punto de referencia, una perspectiva común sobre las respuestas que resultan adecuadas a una determinada situación.

Los marcos –las reglas inherentes a la estructura de cada situación– suelen ser difíciles de identificar directamente y resultan más sencillos de reconocer cuando se ven transgredidos. En este sentido, los actos que se alejan de la norma social –por ejemplo, el psicótico que deambula por unos grandes almacenes llevando mercancías de una sección a otra– ponen de relieve, al quebrantarlas, las reglas existentes.

Éstos son los trucos a los que solía recurrir Pirandello en sus obras de teatro, transgrediendo los marcos estrictos de la representación teatral para, así, resaltarlos. La obra *Esta noche se improvisa,* se inicia con el apagado de las luces de la sala, momento en que los espectadores se callan, esperando que la obra dé comienzo, pero sigue sin ocurrir nada. Seguidamente, se escuchan gritos procedentes del fondo de la sala, simulando algún tipo de altercado, y entonces comienza realmente la obra:

> Un caballero desde el foso de la orquesta (*Mirando alrededor y luego preguntando a voz en grito*): ¿Qué ocurre?
> Otra voz responde desde el palco: Parece una pelea.
> Una tercera voz que sale de una caja que se halla en el escenario: Tal vez forme parte del espectáculo.[7]

Cuando este diálogo, que, obviamente, forma parte del espectáculo, fue representado por vez primera en 1930, despertó la respuesta airada del público. En la actualidad, este tipo de transgresión autorreflexiva de los marcos se ha convertido en algo común. Joseph Heller en *We Bombed in New Haven* y Jean Genet en *The Blacks* se sirven, respectivamente, de este recurso. La obra *Goedel, Escher y Bach* constituye una reflexión sobre el tema de la autorreflexión. A mitad de la novela de John Barth *Lost in the Fun House* leemos el siguiente pasaje.

> ¡Eh, tú, lector! Obstinado indeseable, bastardo de la letra impresa, es a ti a quien me dirijo –¿a quién si no?– desde el interior de esta monstruosa ficción. Has leído hasta aquí, ¿no es así? ¿Cómo has llegado tan lejos? ¿Por qué inconfesable motivo? ¿Por qué no estás viendo la televisión, contemplando una película o mirando simplemente la pared?[8]

El marco proporciona el contexto e impone la forma en que debemos interpretar lo que ocurre. ¿Ésos labios se unen para besarse o para practicar la respiración boca a boca? El marco es el que determina la orientación y el ajuste del foco central de la atención. Así, si lo que estamos contemplando es como alguien intenta salvar a otra persona practicando la respiración boca a boca, el placer que se deriva de un beso queda fuera de contexto. El mundo nos brinda una cantidad de información muy superior a la que podemos prestar atención en un determinado momento, de ahí que los marcos cumplan con la extraordinaria función de seleccionar los datos más relevantes para una determinada actividad.

Como demostró la mujer de la sombrilla blanca que paseaba por el campo de baloncesto del experimento de Neisser, lo que queda fuera del contexto impuesto por un determinado marco puede pasar fácilmente inadvertido, al menos para la conciencia, puesto que puede ser registrado por el inconsciente. Para poder mantener una conversación en una calle ruidosa, debemos concentrarnos e ignorar el bullicio, las imágenes y los ruidos procedentes del entorno. Los marcos delimitaban así el estrecho foco al que los esquemas pertinentes dirigirán la atención, separándolo de la multitud de cuestiones irrelevantes que permanecen ignoradas.

Esto precisamente es lo que sugiere Goffman, y lo ilustra con un ejemplo sacado de *A Nun's History,* de Katherine Hulmes:

> Apenas vio caer inconsciente a la novicia en la capilla, rompió todas las reglas y la miró. Nadie más se atrevió a mirar la forma blanca que se había desplomado sobre las rodillas y luego había caído sobre su costado, dejando escapar el misal de su mano... Entonces Gabriella vio a la hermana enfermera caminando a toda prisa por el pasillo, y cuando tiró de la manga de la monja más cercana, ésta se levantó de inmediato y la ayudó a transportar a la novicia que había caído, pasando junto a cien cabezas que no se giraron ni un solo instante, doscientos ojos permanecieron con la mirada clavada en el altar.[9]

Todos los marcos, dice Goffman, comparten la misma estructura dual: un canal de actividad manifiesta y reconocida junto a otro paralelo que se halla fuera del marco y que en consecuencia es ignorado. (Por definición, todo aquello que queda fuera del marco no merece nuestra atención.) Y dado que ambos canales son simultáneos, el más relevante permanece continuamente enfocado en desmedro del otro que queda siempre fuera del foco de nuestra atención.

Los conjuntos de secuencias suelen estar definidos por lo que Goffman denomina «paréntesis» –un término acuñado por Bateson–; es decir, las convenciones que determinan los límites espaciotemporales de un determinado marco, que son los que nos indican cuándo y dónde deberá tener lugar un evento dentro de un determinado marco; por ejemplo, cuándo comenzar y finalizar una sesión de terapia. El canal «desatendido» proporciona la ocasión de desdibujar los actos que son necesariamente colaterales (como podría ser un bostezo), actos que deben ser acallados para que no se entrometan en el marco.

Estos canales paralelos –que determinan, repitámoslo, lo que queda dentro y lo que queda fuera del marco– reproducen a nivel social la división interna de la mente individual entre conciencia e inconsciencia. Porque lo que queda fuera del marco se halla también fuera de la conciencia consensual, configurando así una especie de submundo colectivo. Como veremos, la región definida por el canal que se halla fuera del marco puede servir de receptáculo donde se ocultan los hechos sociales conflictivos, dando origen de ese modo al surgimiento de puntos ciegos colectivos.

De hecho, el mundo social está plagado de marcos que orientan nuestra conciencia hacia determinados aspectos de la experiencia al tiempo que la alejan de otros. Pero estamos tan habituados a que nuestra conciencia sea dirigida de este modo que rara vez nos damos cuenta de ello. A continuación analizaremos los marcos que regulan el mundo laboral y el uso de los roles sociales.

VENTAJAS Y SERVIDUMBRES DE LOS MARCOS

En la medida en que la sociedad va evolucionando, unos marcos van siendo reemplazados por otros. Hoy en día, por ejemplo, el hecho de que la jornada laboral sea de ocho horas es una convención profundamente arraigada. Y aunque existen diferentes variantes de este marco –el horario, la semana sueca o el teletrabajo–, sólo se entienden como desviaciones menores de la norma general establecida, una construcción social fruto de la revolución industrial.

En las sociedades tradicionales, el trabajo y el ocio se hallaban mucho más entremezclados. El comprador y el vendedor se demoraban en tomar un café antes de comenzar a regatear y ante la visita de un amigo podía dejarse de trabajar para atenderle adecuadamente. El marco laboral en que actualmente nos movemos es un producto de la sociedad moderna. Fueron los propietarios de las tejedurías inglesas del siglo XVII y XVIII quienes inventaron el marco de la actual jornada laboral. Hasta los albores del siglo XVIII, el marco laboral en Inglaterra era muy flexible y dejaba un amplio grado de libertad, puesto que la mayor parte de las personas, ya fueran granjeros o comerciantes, trabajaba en su propia casa. De este modo, el ritmo laboral consistía en ciclos de tiempo libre salpicados de períodos de intenso trabajo.

Durante el siglo XVIII, en cambio, la economía inglesa experimentó una transformación radical y los comerciantes, que hasta ese momento sólo se habían dedicado a comprar y distribuir mercancías manufacturadas en el hogar, comenzaron también a intervenir en el proceso productivo. En ese momento el *locus* de fabricación –centrado anteriormente en núcleos familiares rurales que hilaban y tejían en sus propias casas– comenzó a girar en torno a la tejeduría, el prototipo de la fábrica moderna.

Veamos a continuación la opinión de un historiador acerca de esta transformación:

> El trabajador [...] era en muchos sentidos su propio dueño [...] Las fuerzas que gobernaban su vida cotidiana se hallaban en cierto modo en su mano y no ensombrecían ni afectaban a su familia, su hogar, sus movimientos, hábitos, horas de trabajo y el horario de sus comidas [...] En el mundo moderno, en cambio, la mayor parte de las personas debe adaptarse a una disciplina y obedecer las órdenes de otras personas [...] No debemos olvidar que la población que quedó atrapada en el engranaje de la fábrica –cuyas condiciones originales eran especialmente inhumanas– se había ganado la vida hasta entonces con relativa libertad.[10]

La fábrica fue el escenario de una importante recontextualización del mundo laboral. Como señala Shoshana Zuboff,[11] el trabajo comenzó a establecer «directrices cada vez más rígidas acerca de lo que era la actividad laboral cotidiana y a imponer esa nueva realidad a toda una clase social [...] Las nuevas exigencias de rapidez y regularidad no podían seguir asentándose en el improductivo ritmo de la vida del campesino».

Los patronos se adjudicaron entonces el derecho a controlar los movimientos y el uso del tiempo de sus empleados durante la jornada laboral. Pero en opinión de Zuboff lo más opresivo para los trabajadores de la época tal vez fuera que los patronos también se arrogaban el derecho a determinar «la forma de organizar y distribuir la atención de los trabajadores durante la jornada laboral». En este sentido, un observador destaca: «Si el trabajador se encuentra con un amigo no puede darle una palmada en el hombro e irse con él a la taberna de la esquina [...] La fábrica y la maquinaria trajeron consigo la bendición de hacer más llevadero el trabajo, pero

también la maldición de tener que prestarle más atención durante
períodos de tiempo determinados de forma estricta. Las máquinas
eran las que imponían su frenético ritmo y el trabajo comenzó a
gravitar en torno a ellas.»[12]

El patrono terminó convirtiéndose en el propietario de la atención y el tiempo de los trabajadores durante la jornada laboral. Él
era quien decidía, por lo tanto, el contenido y el ritmo de sus actividades. Así fue como el patrono acabó configurando, en función
de sus intereses, la jornada laboral actual.

La instauración de los nuevos marcos concernientes al tiempo
y a la actividad laboral fue un proceso de desarrollo gradual. Veamos por ejemplo esta vieja crónica –que data aproximadamente de
1831– de lo que con el tiempo ha terminado convirtiéndose en las
pausas para el almuerzo y la comida:

> La disminución de los intervalos de tiempo libre durante el
> trabajo fue una imposición gradual. Originalmente se concedió una
> hora para la comida, pero el empresario, presionado por sus com-
> promisos, quiso que sus trabajadores regresaran cinco minutos
> antes. Y este acuerdo no tardó en ser adoptado por otras fábricas.
> Y esos cinco minutos pronto condujeron a diez. También se descu-
> brió que el descanso para el almuerzo no era necesario y que po-
> día ser llevado a cabo en el mismo puesto de trabajo. De ese modo,
> el ahorro de tiempo condujo a un aumento de la productividad que
> permitió vender los artículos a un coste más bajo [...] Así fue como
> lo que comenzó siendo un acuerdo parcial y temporal ha termina-
> do generalizándose y convirtiéndose en algo permanente.[13]

Como señala Zuboff, esta regulación del tiempo de los trabajadores supuso un cambio radical. En el siglo XVI el tiempo era
impreciso, estacional, y se consideraba cruel hasta la misma idea de
medirlo. Uno de los personajes de Rabelais afirma: «Nunca sujeto
mi persona a un horario. Las horas se han hecho para el hombre
y no el hombre para las horas.» Así pues, aunque existieran algunos relojes públicos, se consideraba que la puntualidad era un lujo
innecesario.

Hacia finales del siglo XVIII, sin embargo, el marco laboral pasó
a verse determinado por las manecillas del reloj y el mercado de

relojes y despertadores se disparó debido al crecimiento de la demanda de una fuerza de trabajo sincronizada. Y la compra del tiempo de los trabajadores también supuso el derecho a disponer de su atención. Lo que se pretendía era, nada menos, que los trabajadores prestaran una atención diligente y silenciosa al trabajo que estaban haciendo, un cambio radical y absoluto de las rutinas a las que estaban acostumbrados.

Por esta razón, no resultaba nada fácil reclutar y retener a los trabajadores. Según describe Zuboff, en 1830 se construyó una fábrica de tejidos en Nantucket a la que acudieron masivamente las mujeres y los niños –los hombres se dedicaban a la pesca de la ballena–. Al cabo de un mes, sin embargo, era tal el absentismo que la fábrica se vio obligada a cerrar. Tres décadas después, una fábrica de Lowell estableció la norma de cerrar sus puertas durante las horas de trabajo y los trabajadores se encolerizaron tanto ante la idea de que no podrían ir y venir a su antojo durante la jornada laboral que organizaron una huelga.

Henry Ford, el gran innovador del mundo laboral, recurrió a la cadena de montaje para aumentar el ritmo de producción. Gracias a este sistema, se fragmentaba cualquier operación compleja en una serie de secuencias simples y repetitivas efectuadas a intervalos fijos, y se maximizaba el rendimiento. Pero este nuevo marco laboral tropezó con una enfervorecida resistencia. Y a pesar de que Ford pagaba los mejores sueldos, los problemas laborales de su fábrica fueron tan graves que en 1913 se vio en graves dificultades para poder contratar el personal necesario para mantener en marcha la fábrica.

En el presente siglo, el marco laboral –que nadie cuestiona– ha experimentado dos grandes cambios: una mayor disciplina en el ordenamiento de la secuencia que incluye el cronometraje de las tareas que se realizan y una agenda laboral más fragmentada e insensible. En opinión del sociólogo Harold Wilensky:

> El cronómetro, las normas de la fábrica, la presencia de los supervisores y otros especialistas en control, la atención centrada en la cantidad y la calidad del producto final, han aumentado las exigencias [...] Y estamos tan acostumbrados a esa disciplina en la oficina, el almacén y la fábrica que casi no nos damos cuenta de ella.[14]

La actitud hacia el marco laboral ya no debe ser impuesta mediante el despido o el castigo. «Sencillamente –dice Zuboff– aprendemos dicha actitud gracias a las fuerzas sutiles que dirigen nuestra atención y dan forma a la experiencia dentro de esa organización. De este modo, si una persona no se adapta, puede irse. Se trata de un tipo de disciplina que no exige derramamiento de sangre; es un proceso civilizado.»

Al igual que ocurre en el mundo laboral, los roles sociales constituyen una especie de marco que orienta y enfoca sutilmente nuestra atención, delimitando la forma en que atenderemos a la persona que los desempeña. La unidimensionalidad de los roles no obliga a ignorar las facetas irrelevantes para la tarea en cuestión.

Sartre describió la obligación de los comerciantes de ajustar su conducta y su atención al desempeño de su papel:

> Su actitud es completamente ceremonial. El cliente le exige que se comporte como si estuvieran llevando a cabo un rito. Y así nos encontramos con la danza del tendero, del sastre o del subastador, una danza mediante la cual tratan de convencernos de que son lo que representan. Un tendero que nos cuente sus fantasías resulta casi inconcebible porque no se comportará realmente como un tendero. La sociedad le exige que se limite a representar el papel de tendero, del mismo modo que el soldado que permanece firmes se convierte en un soldado objeto y su mirada deja de ver porque es el rol y no su propio interés del momento el que determina el punto en que debe fijar los ojos (la mirada «clavada diez pasos al frente»). Se toman, de hecho, muchas precauciones para aprisionar al ser humano en lo que es, como si constantemente temiéramos que pudiera romper, eludir o escapar súbitamente de su condición.[15]

El mantenimiento de un rol exige la restricción mutua de la atención tanto en quien lo representa como en su audiencia. Al sostener la premisa de que alguien no es más que un camarero, un empleado de la gasolinera o un tendero, evitamos que la atención tenga que centrarse en otros aspectos de su persona –qué le habrá ocurrido hoy que parece tan nervioso y malhumorado–. Y al igual que ocurre con el «soldado objeto» del que nos habla Sartre, él también desvía la mirada, metafóricamente hablando, para hacer lo mismo con sus clientes, desatendiendo así las facetas que caen fuera del contexto del rol de éstos. Un intercambio casual de palabras tal vez sea adecuado, pero no debe prolongarse más de la cuenta porque, en caso de trascender los límites impuestos por el rol, sería una incorrección, cuando no una impertinencia.

Sartre afirma que la unidimensionalidad de los roles sociales constituye un síntoma de la profunda alienación que aqueja a la condición del hombre moderno. Pero si bien esta apreciación puede tener algo de verdad, no acierta a reconocer los beneficios que proporciona.

Una de las ventajas más evidentes de esta superficialidad social es la autonomía, porque brinda una burbuja de privacidad que da la libertad suficiente para fantasear, pensar, soñar despierto y dedicar el remanente de atención a las aspiraciones y placeres privados, aun en medio del torbellino de la actividad pública. Es cierto que todo rol comporta ciertas exigencias, pero éstas siempre pueden ser acopladas a la rutina y dejar un amplio espacio de libertad en el dominio psicológico. Es evidente, pues, que el establecimiento de rutinas proporciona cierta libertad interior. El tendero es libre de soñar precisamente porque no tiene que compartir sus sueños.

Esta libertad se desvanecería si para desempeñar nuestro rol se nos exigiera una implicación más auténtica y «plena» con cada una de las personas con las que nos encontráramos. La comedida amabilidad del camarero impide que su esfera personal se vea invadida por sus clientes y también les proporciona a éstos la ilusión de mantener su intimidad en público. Los esquemas impuestos por los roles desvían la atención permitiéndonos, dentro de sus limitaciones, el disfrute de una cierta libertad.

Si, por otra parte, nos refugiamos tras la máscara del rol, correremos el peligro de quedar eclipsados por él o de utilizarlo como escudo, pero en cualquiera de ambos casos nos quedaríamos atrapados en la prisión impuesta por los criterios de la atención característicos del rol. El camarero, por ejemplo, está fuera de lugar si formula algún comentario sobre los problemas de la pareja a la que está sirviendo, aunque pueda haber escuchado su conversación; y lo mismo ocurre con el terapeuta que descarga sus problemas, por muy graves que éstos sean, sobre su cliente.

Todo marco que delimite lo que puede o no ser objeto de atención se convierte también en una barrera, ya que, cuando las imposiciones de la atención ocultan los sentimientos y las preocupaciones urgentes, los roles ejercen su tiranía sobre quienes los desempeñan. En la película *Mi cena con André,* André Gregory expone claramente las limitaciones impuestas por este tipo de barreras:

> ... Recuerdo una noche, dos semanas después del fallecimiento de mi madre, que me hallaba bastante decaído y fui a cenar con tres viejos amigos, dos de los cuales conocían bastante bien a mi madre. La velada entera discurrió sin que mencionara siquiera lo que había ocurrido. ¿Sabes? No es que deseara amargarme la noche hablando sin cesar del dolor que me embargaba. ¡No, no era eso! Pero el hecho es que nadie me preguntó si estaba apenado por la muerte de mi madre y nadie parecía tampoco hallarse interesado por cómo me sentía. Todos se comportaron como si nada hubiera ocurrido.[16]

La tiranía de los papeles de la que hablaba Sartre se origina cuando el marco se emplea para ocultar preocupaciones humanas genuinas y relevantes. En tal caso, las anteojeras que proporcionan los roles son alienantes más que liberadoras. Wally Shawn y André Gregory se lamentan de ello:

> ANDRÉ: ... Si nos permitiésemos ver lo que hacemos todos los días y la forma en que tratamos a los demás, nos daríamos cuenta de que es sencillamente nauseabundo. Varias veces al día, por ejemplo, atravieso la puerta del edificio en que vivo. El portero me llama señor Gregory y yo le llamo Jimmy. Y algo similar ocurre cuando voy a la tienda de comestibles... ¿Comprendes? Por ello, cada vez que entro en el edificio, me siento como si estuviera cometiendo un asesinato, porque ahí hay un hombre digno e inteligente de mi misma edad y, cuando le llamo Jimmy, es como si él se transformase en un niño y yo me convirtiera en un adulto...

> WALLY: Cierto, muy cierto. Cuando yo era profesor de latín, la gente solía tratarme como si estuviéramos en una tertulia de litera-

tos e intelectuales profesionales y yo me sentía simplemente, en el sentido más estricto del término, como un perro. Dicho en otras palabras, no se trataba de que yo fuera incapaz de ponerme al mismo nivel que los demás. Lo que quiero decir es que apenas la otra persona me preguntaba por mi profesión –lo cual, por cierto, solía ocurrir en los primeros cinco minutos–, la expresión de su rostro experimentaba una brusca transformación y por más que hubieran estado disfrutando de la conversación o incluso coqueteando conmigo, su rostro asumía súbitamente una expresión parecida a un «rastrillo» cerrado, ¿sabes? Aquellas rejas metálicas que cerraban el acceso a los castillos medievales.[17]

El «rastrillo cerrado» es la simple consecuencia de la retirada de la atención. Estos desaires tienen un efecto deshumanizador en el receptor ya que cambia el foco de atención de la persona hacia el rol que desempeña, un acto que mantiene la relación en un nivel superficial y no permite ir más allá del rol y conectar con la persona que lo representa. Y este fracaso en trascender el rol y llegar a conectar con la persona puede estar al servicio de un trueque entre la ansiedad y la atención. Cuando nos negamos a ver –cuando preferimos ignorar a la persona en lugar de establecer contacto con ella– y atendemos sólo al rol, disponemos de un fácil y repentino consuelo. Se trata, dice Zuboff, de un proceso civilizado.

LA EDUCACIÓN DE LA MIRADA

Los marcos definen el orden social. Nos indican lo que está ocurriendo, cuándo hacer algo y con quién; orientan nuestra atención hacia el contexto de la acción en curso y se alejan de aquello que, aunque resulte accesible a la conciencia, es irrelevante en un determinado momento.

En Oriente Próximo la gente se mira directamente a los ojos. Recuerdo que el mismo día que llegué a Jerusalén, mientras paseaba por la calle, cada vez que me cruzaba con alguien sentía que estaba siendo observado, y cuando me decidía a mirar tímidamente para verificar lo que ocurría, solía tropezar con unos ojos abiertamente escrutadores.

Mi primera reacción fue de desconcierto. ¿Había algo raro en mí? ¿Era tan evidente que era un turista, un extranjero? ¿Mi aspecto era tan extravagante?

Entonces, decidí mirar a los demás de la misma forma abierta y me di cuenta de que todos los transeúntes hacían lo mismo. Los judíos ortodoxos tocados con sus típicos sombreros y ataviados con largos abrigos miraban a los sacerdotes coptos vestidos con túnicas blancas, las mujeres árabes con el rostro cubierto por el velo observaban fijamente a las militares israelíes, etc.

No era, pues, algo que tuviera que ver exclusivamente conmigo, sino que se trataba de una norma local de atención en público.

En Oriente Próximo la convención establece que la gente se mire abiertamente en la calle, mientras que en Estados Unidos la regla determina que cuando dos extraños se cruzan cada uno puede mirar al otro para evitar la colisión, sin embargo cuando se hallan a unos ocho pasos de distancia, deben desviar la mirada hasta que se han cruzado.[18]

Los habitantes de Jerusalén me hicieron tomar clara conciencia de que en este sentido nuestros marcos de referencia son completamente diferentes.

Cada cultura impone un determinado conjunto de marcos, y es precisamente esta diferencia la que torna tan delicado el contacto entre personas procedentes de culturas distintas. El soborno, por ejemplo, un hecho que llena de indignación a los estadounidenses, constituye una práctica habitual en muchas partes del mundo.

Los americanos, por otra parte, nos relacionamos con una franqueza que los mejicanos interpretarían como debilidad o intento de engaño y que los japoneses considerarían sumamente tosca y burda. En muchos países asiáticos apenas si se utiliza el «no», de modo que «sí» puede significar «sí», «no» o «tal vez», según el contexto. (De hecho, un libro destinado a ayudar a los ejecutivos angloparlantes a llevar a cabo sus negocios con japoneses se titula *Never Takes «Yes» for an Answer* [Nunca tome un «sí» como respuesta].)

En la India la gente no puede soportar dar malas noticias, de modo que para evitarlo no dudan en llegar incluso a mentir. Así, cuando un indio nos dice que el tren «está a punto de llegar» puede querer decirnos que lleva cinco horas de retraso. El significado de la palabra «retraso» también cambia significativamente de una cultura a otra. Por ejemplo, cinco minutos es un retraso habitual en una cita de negocios en Estados Unidos, pero, en los países árabes esa norma es de unos treinta minutos. En Inglaterra, un invitado a cenar puede llegar entre cinco y quince minutos tarde, pero un italiano puede demorarse un par de horas, un etíope más todavía y un javanés podría llegar a no acudir y haber aceptado la invitación sólo para no quedar mal con su anfitrión. La lista de posibles malentendidos culturales sería interminable.

En nuestra cultura, la evitación de la mirada cumple con la

función de facilitar la vida pública. Nuestros encuentros se ven así moldeados por marcos de atención que se hallan profundamente inmersos en el tejido social y que en su mayoría sólo advertimos cuando son transgredidos. Por ello, cuando un transeúnte no mira hacia otro lado al cruzarse con nosotros, su inusitada atención nos incomoda. En cualquier tipo de situación pública –curiosear en un almacén, caminar al lado de un extraño, entrar en un ascensor repleto de gente– nuestra intimidad se ve salvaguardada por una especie de velo invisible que nos ocultase de la mirada de los demás.

Los marcos que determinan la relación definen las coyunturas en que resulta aceptable prestar abiertamente atención, como, por ejemplo, el «¿Puedo ayudarle?» del vendedor, la oportuna frase «¿Cómo estás?» de un conocido con el que nos cruzamos casualmente o el vistazo que echamos a otros pasajeros antes de ocupar nuestro lugar en el ascensor. Si en cualquiera de estos casos percibiéramos que alguien nos estuviera observando, nos sentiríamos incómodos, por no decir completamente azorados. De este modo, los marcos que prescriben el uso público de la atención protegen nuestro derecho al anonimato.

El uso adecuado de la atención constituye una parte importante de lo que denominamos «tacto», algo de lo que todos nosotros dependemos para poder desenvolvernos cómodamente en la vida. En su libro *The Presentation of Self in Everyday Life,* Goffman se refiere a las etiquetas de atención que regulan la vida pública:

> Cuando la interacción debe proseguirse en presencia de extraños, vemos a menudo que éstos actúan con mucho tacto, como si no advirtieran lo que ocurre y como si no les interesara. Así, si no se obtiene el aislamiento físico por medio de las paredes o la distancia, puede lograrse un aislamiento eficaz por convención. Por ejemplo, cuando dos grupos de personas están sentados en mesas contiguas en un restaurante, la norma exige que ninguno de ellos aprovechará la ocasión –que realmente existe– para escuchar la conversación que sostienen sus vecinos.[19]

Los marcos no sólo se ocupan de regular nuestras interacciones, sino que también determinan el modo en que debemos observar a quienes desempeñan sus diversos papeles. En este sentido,

Goffman utiliza la metáfora del teatro para describir la dinámica de los roles sociales. Cuando estamos desempeñando un determinado rol, aquellos a quienes nos dirigimos constituyen nuestro «auditorio». Y también, en tal caso, las normas de atención resultan esenciales para ayudarnos a ejecutar adecuadamente las exigencias de nuestro rol:

> Observamos que existe una etiqueta elaborada por la cual los individuos guían su propia conducta en calidad de miembros del auditorio. Esto incluye mostrar un grado adecuado de atención e interés; estar dispuestos a controlar las propias actuaciones a fin de no introducir demasiadas contradicciones, interrupciones o exigencias de atención; impedir todos los actos y expresiones que puedan conducir a pasos en falso; y, sobre todo, el deseo de evitar una escena.
>
> Cuando los actores incurren en un desliz, poniendo de manifiesto una clara discrepancia entre la impresión suscitada y la realidad revelada, el auditorio podrá, con todo tacto, «no ver» el desliz o aceptar de buena gana la excusa ofrecida para explicarlo. Y en momentos de crisis para los actores, la totalidad del auditorio puede entrar en connivencia tácita con ellos para ayudarlos a pasar ese mal trago.[20]

En ninguna parte resulta más evidente este tipo de connivencia tácita que en la transgresión del orden social. En *El guardián en el centeno*, el protagonista, Holden Caulfield, provoca un pequeño escándalo en la capilla de su escuela cuando expulsa una sonora ventosidad. La transgresión no pasa inadvertida y las primeras risas nerviosas terminan estallando en una risotada general. Su pedo capta la atención de todos y se convierte en un verdadero acto de rebelión contra los marcos represivos impuestos por el orden social de la escuela.

Las interrupciones que se hallan fuera de lugar pueden llegar a arruinar la apariencia de comodidad que impregna nuestras relaciones con los demás, algo que sólo es posible mediante la activación sincrónica de los mismos marcos. Por ello, cuando nuestros marcos mutuos no encajan, el orden público se tambalea. Goffman establece una lista de tales desafíos al orden público:

En primer lugar, un actor puede transmitir de manera acciden-
tal incapacidad, incorrección o falta de respeto al perder momentáneamente el dominio de sí mismo. Puede resbalar, tropezar, caer-
se; eructar, bostezar, cometer un *lapsus linguae,* rascarse o tener
flatulencia; chocar accidentalmente con otro actor [...] Puede tar-
tamudear, olvidar lo que tiene que decir, aparecer nervioso, culpable o afectado; tener explosiones inapropiadas de risa, ira u otras
reacciones que le incapacitan momentáneamente; puede mostrar
una participación o un interés excesivos, o, por el contrario, demasiado superficiales [...] Y el medio puede no estar en orden, haber
sido preparado para otra actuación o haberse estropeado durante la
misma; las contingencias inesperadas pueden causar una regulación
incorrecta del momento de llegada y de partida del actor o provocar silencios embarazosos durante la interacción.[21]

La estrategia principal a la que solemos recurrir para suavizar
estas transgresiones consiste en ignorarlas. En tal caso, la defensa
no reside tanto en la negación abierta del hecho como en minimizar su importancia, generalmente a través de la risa. La risa implica el reconocimiento de una transgresión del marco, al tiempo que
evidencia que la situación no es lo suficientemente importante
como para llegar a interrumpir el curso de la acción. Pero la estrategia subyacente es, en ambos casos, la negación (ya sea de la se-
riedad de la transgresión o, incluso, de la transgresión misma). Es
así como la ficción social puede mantenerse incólume.

Desde este punto de vista, lo que denominamos «buenos modales» no son más que marcos de referencia que facilitan nuestra
vida pública. La interacción entre personas que no comparten los
mismos esquemas sobre lo que resulta apropiado en una determinada situación aboca a la fricción, el desconcierto social y la ansiedad. Un artículo periodístico titulado «Cómo reaccionar ante la
falta de modales» desarrolla este tema:

¿Lo has visto? ¿Lo has oído? Hablar durante una representación, colarse, fumar mientras se está comiendo, marcar otra vez el
mismo número de teléfono cuando hay cinco personas aguardan-
do junto a la cabina. Debería estar avergonzado. ¡Alguien debería
decirle algo!

Quizá alguien lo haga o quizá no, pero en cualquiera de los casos se trata de transgresiones menores [...] ¿Por qué alguien actúa de ese modo y cómo deberíamos reaccionar el resto de los presentes?

«Ciertamente, usted no diría "¡Eh, cabeza de chorlito, yo estaba primero" –señala el doctor Leonard Berkowitz, profesor de psicología de la Universidad de Wisconsin–. Porque, aparte de no ser muy constructivo, podría llegar a suscitar respuestas muy desagradables.»

«En lo que respecta a los transgresores –prosigue Berkowitz– la mayor parte de nosotros no estamos seguros de cuáles son las reglas sociales, de modo que dudamos en censurar una determinada acción y al mismo tiempo tampoco queremos generar fricciones o problemas.»[22]

No resulta difícil transgredir los esquemas que conforman las normas sociales de comportamiento público, es decir, los «modales». No es infrecuente, en este sentido, que ignoremos cuál es el marco «adecuado» a cada momento, una inseguridad que alimenta a una industria menor de expertos que escriben columnas periodísticas sobre este particular como, por ejemplo, Dear Abby o Miss Manners. Los esquemas sociales se hallan tan ocultos e inmersos en el entramado mismo de nuestra vida colectiva que sólo nos damos cuenta de ellos cuando nos vemos obligados a explicarlos. Los expertos a quienes acudimos en busca de consejo constituyen una fuente de tranquilidad en este sentido.

Hay que decir al respecto que la socialización del niño equivale a un aprendizaje de los marcos imperantes: «La supervivencia de cualquier sistema social exige la socialización de los recién llegados en sus pautas de atención características (de percepción, conducta, creencias, etc.). Una tarea que requiere energía, es decir, atención. De este modo, podríamos llegar a decir que la supervivencia de los sistemas sociales depende del equilibrio existente entre la cantidad de atención que invertimos en ellos y la que recibimos.»[23]

Dicho en otros términos, es necesaria una inversión inicial de atención para introducir a la persona en los pormenores concretos de un determinado marco. Y cuanto más complejo sea ese marco, mayor inversión requerirá: poner al día a una nueva secretaria, enseñar «modales» a un niño, instruir a un neófito en el protocolo de la corte, requiere un esfuerzo sostenido.

Cuando ese esfuerzo deja de ejercerse, el marco que depende de él se desmorona. En determinados ambientes sociales, era costumbre que los niños se dirigieran a sus maestros con el tratamiento de «don» o «doña» y que permanecieran en pie mientras hablaban en clase, etc. Un marco protocolario cada vez más infrecuente fuera del ámbito de algunas escuelas privadas o colegios religiosos.

La vigencia de un determinado marco depende enteramente de su capacidad para reclutar a nuevos usuarios y conseguir que quienes lo conocen lo utilicen en la ocasión adecuada. La lenta evolución de las costumbres sociales y de las normas de educación no es sino la historia del apogeo y caída de los marcos.

Hay marcos que son inculcados de manera encubierta y otros de un modo mucho más directo. Un ejemplo de la última categoría nos lo proporciona el siguiente pasaje de Charlotte Selver:

> El otro día visité a unos amigos. Entre los invitados había una pareja y su hija, una niña de ocho años [...] que subió la escalera y se sentó con una pierna colgando y la otra sobre un sofá. La madre le dijo: «Pero, Helen, ¿cómo te *has sentado*? ¡Baja la pierna de ahí! ¡Una chica *nunca* se sienta así!» La pequeña obedeció, pero al hacerlo la falda se le subió por encima de las rodillas. La madre volvió a regañarla: «¡Helen, bájate la falda! ¡Se te puede ver todo!» La niña se ruborizó, miró sus piernas y se acomodó la falda mientras preguntaba: «¿Por qué? ¿Qué tiene de malo?» La madre la miró con aire sorprendido y le dijo: «¡Porque esas cosas *no se hacen*!»
>
> Para entonces el clima de la habitación era algo tenso. La pequeña no sólo había bajado las piernas sino que las apretaba, al tiempo que mantenía los hombros levantados y los brazos pegados al cuerpo. Permaneció en esa postura hasta que no pudo aguantar más. De pronto, se desperezó y bostezó sonoramente, despertando de nuevo la respuesta indignada de su madre.
>
> ¿Qué pasará con esa niña? Mantendrá la incómoda postura durante unos minutos y luego terminará cambiándola. La próxima vez que su madre la reprenda, mantendrá la postura durante unos minutos más y así sucesivamente hasta que al final [...] la madre consiga su objetivo, convertirla en una persona socialmente adaptada.[24]

Esta educación en la restricción del movimiento constituye una analogía perfecta de lo que ocurre con la atención durante el aprendizaje infantil de los marcos sociales. Los modelos de atención socialmente aceptables requieren una adecuada asimilación, porque es esencial que los niños aprendan qué cosas pueden advertir y cuáles no. Un niño de cuatro años podría preguntarle alegremente a un inválido «¿Por qué caminas así?», o espetarle a una persona obesa «¿Por qué estás tan gordo?». Pero un niño de nueve años ya sabe que no debe formular esas preguntas, el adolescente desviará la mirada y el adulto fingirá no haberlo visto siquiera. De esta forma los esquemas sociales modulan nuestra atención.

Los marcos pueden ser utilizados de manera defensiva para definir lo que resulta adecuado o no en una determinada situación. Cualquier incidente que despierta nuestra inquietud suele ser abordado manteniéndolo fuera del marco. En este sentido, la gente demuestra un extraordinario grado de coordinación para utilizar conjuntamente los marcos de manera defensiva. No es necesario que nadie nos diga que fingimos que algo no está ocurriendo, porque todos sabemos muy bien de qué se trata sin necesidad de más explicaciones.

Veamos como ejemplo el siguiente incidente descrito por Paul Theroux. Ocurrió en el vagón de un ferrocarril que atravesaba la campiña inglesa y que Theroux compartía con una pareja de ancianos y algunos matrimonios jóvenes que iban de excursión con sus hijos. De pronto, un grupo de cabezas rapadas cubiertos de tatuajes, pendientes, chaquetas de cuero y gruesas botas subieron al vagón entre risotadas y gritos del tipo «¡Vete a la mierda!»... Un caso en el que los ingleses educados suelen recurrir a la estrategia de dejar fuera del marco:

> Sus gritos perforaban los tímpanos de todos, pero nadie parecía escuchar nada. Los excursionistas siguieron comiendo como si nada ocurriera, mientras el resto de los pasajeros permanecían inmóviles en sus asientos sin pronunciar palabra alguna [...] «El parte meteorológico ha dicho que hará muy buen tiempo», susurró uno de los Touchmores.[25]

La conjura de silencio ante las groserías de los recién llegados prosiguió hasta que una niña dijo inopinadamente:

–Papá, ¿por qué dicen «¡Vete a la mierda!»?

–No lo sé, querida. Haz el favor de dejarme seguir leyendo el periódico.

Su voz dejaba traslucir un cierto nerviosismo, como si hubiera estado conteniendo la respiración, algo que yo sí que había estado haciendo...

–Pero, papá, otra vez han vuelto a decir «mierda».

–Sé buena y cállate, cariño.

–Ahora hay uno que ha dicho «joder».

–¡Ya basta! –dijo el padre en voz baja para que no lo escuchara nadie [...]

Y de hecho es muy probable que nadie lo hiciera. Los cabezas rapadas gritaban y corrían por el pasillo [...] Uno de ellos –un muchacho de unos trece años–, también tatuado, pelado al cero y con un pendiente en la oreja, gritó:

–¡Tú, saco de mierda, voy a acabar contigo!

La invasión del vagón por parte de los cabezas rapadas constituye una auténtica agresión, un ataque en el que, si bien no hicieron daño físico a nadie, transgredieron manifiestamente los marcos del resto de los pasajeros del tren, en una acción que bien podríamos calificar como vampirismo de atención. Al irrumpir en escena de un modo que no podía ser ignorado, los cabezas rapadas se introdujeron a la fuerza en el marco de los demás. Este mismo tipo de violencia es uno de los rasgos distintivos de los niños repelentes, los borrachos pendencieros, los maníacos y cierto tipo de psicópatas. Todos ellos transgreden las normas de atención tácitas que cumplen con la función de ordenar nuestro comportamiento público.

Pero no sólo recurrimos a esta maniobra para dejar fuera de marco lo que nos parece amenazador, sino que también podemos llevarla a cabo para no reparar en algo que, por un motivo u otro, no deseamos advertir. Una mujer que se hallaba embarazada de ocho meses escribió una carta al director de una revista relatando lo que le había sucedido en un tren repleto de pasajeros que iba de Nueva Jersey a Manhattan en un húmedo y caluroso día de verano. Cuando el tren llegó al andén en el que ella estaba esperando:

... Todas las personas impecablemente vestidas que estaban junto a mí se aprestaron a empujar, como si hubiera una ley que prohibiese ir sin asiento. Me las arreglé para esquivar casi todos los codazos, pero no pude evitar que uno de ellos me diera de lleno. Entonces me volví hacia la persona que me había golpeado y le dije: «Haga usted el favor de no empujar», pero no obtuve respuesta alguna.

... Una vez dentro, me quedé de pie junto a dos «caballeros» cómodamente sentados, que inmediatamente abrieron sus periódicos para no tener que reconocer mi «condición» y poder seguir disfrutando de sus sagrados asientos.

... Creo que jamás podré comprender la total indiferencia de esa gente aparentemente bien educada. ¿Se hallan tan absortos egocéntricamente en sus propios asuntos que no hay espacio, en su escenario mental, para nadie más? ¿Acaso desearían que sus esposas o madres embarazadas tuvieran que afrontar la misma situación que yo tuve que soportar?[26]

Veamos a continuación qué puede aclararnos al respecto una investigación que luego fue conocida con el nombre del experimento del «buen samaritano».[27] En el seminario de teología de Princeton, cuarenta estudiantes en prácticas aguardaban para pronunciar un breve sermón. Cada quince minutos, uno de ellos tenía que dirigirse a otro edificio para dar su charla y en el camino debía cruzarse necesariamente con un pordiosero que imploraba una limosna. Seis de cada diez pasaron junto a él y siguieron su camino ignorándolo. Y a pesar de que muchos de ellos iban a dar una charla sobre la parábola del «buen samaritano» –un hombre que se detuvo a ayudar a un forastero necesitado con el que se tropezó en el camino–, no mostraron la menor predisposición a echar una mano al mendigo.

Es muy probable que haya momentos en que ni el más altruista de nosotros se detendría a ayudar a alguien, como por ejemplo, cuando estamos a punto de perder un avión. De hecho, una de las variables determinantes, en el caso de los seminaristas, fue precisamente la prisa, puesto que sólo el 10 por ciento de los que creían llegar tarde a la conferencia se detuvo, una proporción que fue seis veces superior en el caso de quienes creían contar con suficiente tiempo. Y el hecho de que algunos hubieran estado reflexionando sobre la parábola del «buen samaritano» no pareció tener la menor incidencia.

Cuando se trata de ofrecer ayuda a alguien, los marcos en que nos movemos pueden resultar ciertamente decisivos. En el célebre asesinato de Kitty Genovese, ninguno de los treinta y ocho vecinos de Kew Gardens que escucharon los gritos llamó a la policía y todos ellos atribuyeron esa negligencia a un marco que justificaba su no injerencia –«Es una disputa de pareja», «Alguien habrá llamado a la policía» o «No es asunto mío».

El hombre que está tirado boca abajo en medio de una transitada calle plantea una serie de interrogantes menores al viandante. ¿Es un alcohólico?, ¿un drogadicto?, ¿estará enfermo?, ¿estará herido?, ¿es peligroso?, ¿tendrá una navaja escondida?, ¿necesitará ayuda?, ¿debo preocuparme por él o dejar que lo haga la policía?

La respuesta a cada una de estas preguntas es la que determinará el marco de cada posible intervención. Si es un borracho, el marco dicta no interferir. Pero todo cambia en el caso de que se trate de un enfermo que necesita ayuda. Sin embargo, la interpretación «necesita ayuda» aboca a otro dilema: ¿Qué hacer?, ¿intervenir o dejar que lo haga la policía?

Espoleados por el escándalo que suscitó la tragedia Genovese, los psicólogos han llevado a cabo numerosas y elaboradas investigaciones –como el estudio del «buen samaritano»– para tratar de determinar en qué situaciones las personas intervendrían para ayudar a quienes lo necesitan. En uno de estos experimentos, un individuo que actuaba a modo de señuelo escenificó una emergencia, desmayándose en el metro de Nueva York, para tratar de determinar las circunstancias que mueven a la gente a intervenir.

Todas estas situaciones tienen en común el hecho de coger por sorpresa al transeúnte, que se halla inmerso en un marco diferente –de camino a una cita o atrapado en el ir y venir de sus ocupaciones cotidianas–. De este modo, el encuentro súbito con una persona que necesita ayuda nos obliga a dejar provisionalmente de lado nuestro marco y a adentrarnos en otro diferente para brindarle nuestra ayuda.

Algunas de las variables que determinan la intervención del individuo dependen de la evaluación del estatus de la víctima –no ayudar a los vagabundos pero sí a las personas bien vestidas– o de su estado –no a los borrachos o a los drogadictos pero sí a las personas enfermas–, así como también del marco en que se halle el posible auxiliador. Cuando éste tiene prisa –como ocurría en el caso de los seminaristas– o se halla en un lugar solitario, disminuye la tasa de ayuda. Se ha comprobado que si hay más gente presente en el lugar del incidente es más probable que se preste auxilio a la persona que lo necesita.

Pero el factor más decisivo a la hora de que la gente brinde su auxilio tal vez sea el conjunto de marcos que el sociólogo Georg Simmel denominó «trance urbano». A comienzos de siglo, Simmel afirmó que los habitantes de las ciudades eran menos sensibles a las personas y a las cosas que les rodeaban, por lo que consecuentemente se mostraban menos dispuestos a brindar su ayuda a quien la necesitaba. Esta falta de sensibilidad se debe, según Simmel, al «trance urbano», un estado de absorción en que permanecen inmersos los habitantes de las ciudades para poder adaptarse al tráfago de la vida ciudadana.*

Según Simmel, la vertiginosa intensidad del entorno urbano activa una especie de distanciamiento y cautela autoprotectoras. Más recientemente el psicólogo social Stanley Milgram reformuló esta misma hipótesis en términos de «sobrecarga de *inputs*»; es decir, una situación en que la capacidad de atención de la persona se ve desbordada por un aluvión de estímulos que no puede procesar. En opinión de Milgram, las imágenes, los sonidos y los requerimientos de la vida urbana superan con mucho nuestra capacidad de procesamiento. Y la estrategia mental que nos permite adaptarnos a esta sobrecarga pasa por la negación de todo lo que no sea relevante para la situación inmediata que nos toca vivir. Dicho en otras palabras, vemos el taxi que está acercándose, pero no advertimos al borracho tendido en la cuneta que acabamos de sortear.

Desde el punto de vista del modelo de la mente que proponemos en este libro, esto significa que el umbral de atención del ha-

---

*   Aunque también podría hablarse de una especie de «trance rural», puesto que quienes viven en el campo también muestran ciertamente la misma actitud aislacionista.

bitante de la ciudad está calibrado a un nivel más elevado que el del habitante del entorno rural. No es que no *registre* tanta información, sino que los estímulos que entrarán en su campo de atención deberán atravesar, por así decirlo, más controles. Son pocos los esquemas disponibles que justifican la inversión de atención que se requiere para hacerles un espacio en nuestra conciencia.*

Los marcos tienen el poder de orientar nuestra atención hacia los datos relevantes. Y hablando en términos generales, este olvido es más beneficioso que dañino, porque el espacio mental creado por un marco nos permite prestar plena atención a los asuntos inmediatos, sin la injerencia del mundo que nos rodea. Pero como demuestran los «malos samaritanos» este olvido puede tener un elevado coste social.

* Esto explicaría el desconcierto que experimenta una persona que ha vivido siempre en un pequeño pueblo cuando llega a la ciudad, porque sus esquemas no se hallan adaptados para eliminar el elevado número de datos irrelevantes. Su marco es tan amplio que, en consecuencia, percibe más cosas de las necesarias.

Lo mismo cabe decir del hombre de ciudad que se desplaza al campo o de la persona que viaja a un país extraño, ya que en ambos casos sus esquemas tampoco se adaptan al entorno, y eso genera en los individuos un estado de confusión. Sólo después de haber pasado algún tiempo en el nuevo lugar –y de haberse elaborado esquemas que les permitan asimilar lo que originalmente les pareció extraño y exótico– estas personas podrán sentirse cómodas.

OJOS QUE NO VEN,
CORAZÓN QUE NO SIENTE

Si los marcos son los elementos constitutivos de la realidad social, todo lo que hemos dicho con respecto a la mente individual también puede ser aplicable al orden social y, en consecuencia, la información que provoca ansiedad puede ser diestramente negada. Así pues, al igual que ocurre con la familia y otros grupos, cuando determinados aspectos de la realidad compartida nos inquietan, podemos mantener una fachada de aparente normalidad recurriendo a algún tipo de compromiso tácito que niegue los hechos en cuestión. El salir del contexto impuesto por un marco obliga a hacer frente a información que no se quiere conocer. Los marcos nos proporcionan un refugio seguro para escapar de las situaciones dolorosas.

Las pequeñas mentiras que tan habitualmente se emplean en las relaciones sociales se conocen como «lubricantes del engranaje social». Normalmente, se acepta que la interacción civilizada exige cierta dosis de engaño –remitir dobles mensajes, ocultar nuestros verdaderos sentimientos, olvidar cuestiones cruciales, etc.–, por ello, además de las mentiras flagrantes, están también las medias verdades. Así, del mismo modo que la fluidez de las relaciones sociales nos exige silenciar determinadas incorrecciones, el tacto nos obliga también a no denunciar toda muestra de insinceridad que percibamos.

Las mentiras sociales cumplen determinadas funciones. Las mentiras inocentes, para librarse por ejemplo de una invitación no deseada, tratan de no dañar los sentimientos de la otra persona. Pero hay otras mentiras que tienen el objetivo de mantener nuestra imagen social, y a éstas se las conoce como «mentiras de autopresentación», «el intento de mostrarnos un poco más bondadosos, sensibles, inteligentes y altruistas de lo que en realidad somos».

Solemos pasar por alto las mentiras sociales, y llamar la atención de nuestros familiares, amigos y conocidos sobre ellas es considerado como una falta de tacto. Del mismo modo, también alentamos tácitamente las mentiras ajenas en virtud de un acuerdo social implícito según el cual sólo veremos aquello que se supone que debamos ver, dejando lo que no se puede ver fuera del marco. Si no existiera el acuerdo de atenernos a estas reglas, se destruiría la apariencia de consenso que regula nuestras interacciones cotidianas, fomentando, qué duda cabe, el resentimiento.

Las mentiras sociales sólo pueden cumplir adecuadamente con su función de lubricante social cuando son recibidas con una discreta desatención. La relación directa nos ofrece la oportunidad de detectar esta clase de mentiras, observando, por ejemplo, las contradicciones entre lo que alguien nos dice y los diferentes aspectos de su conducta.

La investigación más detallada acerca del juego de emitir y detectar las mentiras sociales –y el papel que desempeñan en la simplificación de nuestras actividades cotidianas– ha sido llevada a cabo por un grupo de psicólogos sociales y de estudiantes de Harvard, dirigidos por Robert Rosenthal. Para tratar de determinar las reglas que gobiernan el hecho de decir, detectar o ignorar las mentiras más o menos importantes de la vida cotidiana, se dedicaron a estudiar, en las postrimerías de la década de los setenta, la función social de la mentira.[28]

Su investigación partió de la observación de Freud de que las claves proporcionadas por los datos no verbales pueden ocultar nuestros verdaderos sentimientos: «Aunque los labios permanezcan callados, el sujeto habla con el movimiento de las manos y todos los poros de su piel rezuman significado.» Hoy en día es un tópico muy conocido que el cuerpo es portador de mensajes muy elocuentes –la tristeza, por ejemplo, se oculta tras una sonrisa forzada y los puños crispados dejan traslucir el enfado contenido–. Pero la investigación realizada por el equipo de Rosenthal sobre la mentira evidencia que a la hora de mentir existen determinados aspectos del lenguaje corporal que resultan más adecuados que otros. El rostro, por ejemplo, es con gran diferencia más eficaz que el cuerpo –e incluso que la palabra– para contar mentiras.

Fue Paul Ekman, especialista en la interpretación de las expresiones faciales, quien sugirió por vez primera que el rostro es con toda probabilidad el canal de comunicación no verbal más locuaz... y también el más mentiroso. La destreza de una persona para el engaño depende de una serie de variables –el tono de voz o la expresión facial, por ejemplo–. Y en este sentido, hablando en términos generales, cuanta mayor es la «capacidad de emisión» de un determinado canal, más grande es la probabilidad de engaño.

Hay que decir que la capacidad de emisión de un determinado canal es mayor cuanto más claros, rápidos y evidentes sean los mensajes que puede transmitir. En opinión de Ekman, el rostro posee una gran capacidad de emisión y por ese mismo motivo está perfectamente equipado para mentir. El cuerpo –incluyendo los gestos– es más difícil de dominar, más lento y también menos evidente, características que, si bien lo convierten en una herramienta menos apta para mentir, también lo tornan más proclive a los deslices; es decir, los mensajes no verbales que revelan inadvertidamente los sentimientos que la persona está tratando de ocultar. Para poder tener una mayor comprensión de estas indiscreciones, el grupo de Rosenthal elaboró la siguiente clasificación jerárquica: rostro, cuerpo, tono de voz, gestos fugaces y el grado de discrepancia entre todo lo anterior.

A primera vista, el tono de voz podría equipararse al rostro en su capacidad para el engaño. Al igual que ocurre con éste, la voz puede ser portadora de innumerables matices y las personas parecen dominarla sin muchos problemas. Los datos experimentales, sin embargo, sugieren algo muy distinto. La acústica de nuestra bóveda craneal impide que escuchemos nuestra propia voz del mismo modo que lo hacen nuestros interlocutores –lo que explicaría la reacción tan común de desconcierto que tiene lugar cuando una persona escucha por primera vez una grabación de su propia voz–. En una grabación es posible identificar inflexiones y cualidades tonales reveladoras de sentimientos que, aparentemente, pasan inadvertidos para el emisor. Por este motivo el equipo de Rosenthal consideró que el tono de voz ocupa un lugar superior al cuerpo en la jerarquía de canales que nos permiten detectar una mentira.

Una categoría adicional –añadida por estos investigadores– incluye los movimientos fugaces del cuerpo –el mudo movimiento de una mano, por ejemplo–, o del rostro –una media sonrisa que se desvanece de inmediato–. En opinión de Ekman, estos gestos apenas apuntados suelen ser inadvertidos e inconscientes y, en este sentido, son más expresivos incluso que el tono de voz.

Pero más reveladores, si cabe, que estos microlapsus son las discrepancias que evidencia, por ejemplo, una sonrisa que acompaña a un tono de voz enojado. Esta clase de contradicciones, según el equipo de Rosenthal, constituye la más reveladora de todas las claves, porque afecta a dos canales que resultan muy difíciles de dominar, sobre todo si actúan simultáneamente. Un mentiroso tal vez pueda ser muy diestro al contar una mentira y recordar incluso que debe sonreír mientras lo hace, pero es extraordinariamente difícil que muestre la misma habilidad para dominar el tono enojado de su voz. Una discrepancia que podría alertar de la mentira al observador atento.

Los resultados de la investigación acerca de la mentira y de los medios para detectarla llevada a cabo por Rosenthal y Bella DePaulo, su colaboradora, fueron sorprendentes. Tras diez años de investigaciones, las cuales fueron realizadas fundamentalmente por Rosenthal, resulta evidente que las mujeres son, con gran diferencia, mucho más diestras y precisas que los hombres en la lectura de los mensajes no verbales que por ejemplo trasluce un determinado gesto o tono de voz. No obstante, su habilidad es mucho menor en lo que se refiere a interpretar los deslices, los mensajes no verbales que revelan inconscientemente nuestros sentimientos ocultos. Cuanto más inconsistente –o más incongruente– sea un determinado mensaje, *menor* es la capacidad de las mujeres para interpretarlo. Los hombres, por su parte, evidencian exactamente la pauta contraria, ya que muestran una *mayor* precisión a la hora de detectar mensajes que revelan sentimientos ocultos.

Aunque las mujeres superan a los hombres en su capacidad para interpretar las expresiones faciales, esta ventaja se desvanece en la medida en que deben enfrentarse a canales de comunicación más complejos. Rosenthal y DePaulo relacionaron este hecho con el mayor civismo manifestado por las mujeres. Desde este punto de vista, prestar atención a los errores y deslices de una persona constituye una indiscreción; de hecho, sacar a relucir los errores puede llegar a constituir una grosería.

Aparte de ser más educadas a la hora de ignorar las mentiras evidentes, las mujeres son también más ingenuas y abiertas en cuanto a los mensajes no verbales que ellas mismas emiten. Las investigaciones acerca de la empatía han evidenciado que las mujeres suelen ser más diestras que los hombres para expresar sus sentimientos, y según parece permiten también en mayor medida que los hombres que sus mensajes no verbales resulten más patentes.

En opinión de Rosenthal y DePaulo, las mujeres son más «discretas» que los hombres en la lectura de los mensajes no verbales. «Tal vez las mujeres de nuestro entorno cultural hayan aprendido el riesgo que conlleva saber demasiadas cosas sobre los sentimientos de otra persona. Esta relativa evitación de la indiscreción por parte de las mujeres concuerda con la imagen de afabilidad y cortesía que nuestra cultura asigna tradicionalmente al sexo femenino, un rol de género que sólo recientemente está comenzando a cambiar.»[29]

La interpretación de que las mujeres son más «adaptables» y «amables» en virtud de su desinterés por los deslices ajenos, no ha dejado de despertar la controversia con otros investigadores de la comunicación no verbal. Judith Hall, por ejemplo, antigua discípula de Rosenthal especializada en el estudio de las diferencias de género en la comunicación no verbal, objeta los motivos sociales que Rosenthal atribuye a las mujeres para ignorar los deslices.[30]

«La necesidad de precisión en la lectura de los deslices –señala Hall– es relativamente rara en la vida cotidiana. Y no se trata, en mi opinión, de que los hombres hayan desarrollado una habilidad de la que carecen las mujeres, que es la idea que subyace en la interpretación llevada a cabo por Rosenthal y DePaulo, sino que las mujeres desarrollan determinadas habilidades socialmente útiles, desdeñando otras. Tal vez, desde este punto de vista, las mujeres estén haciendo simplemente algo que constituye una inteligente estrategia social. La interacción amable requiere la cortesía de no percatarse ni comentar nada acerca de cada pequeño lapsus o muestra de insinceridad que tenga lugar. La vida social funciona porque ignoramos las pequeñas mentiras sociales y, en este sentido, las mujeres demuestran una mayor destreza que los hombres.»

Pero ¿cómo aprendemos a ignorar las mentiras sociales? Después de todo, no nacemos con esa habilidad. Como muestra el cuento *El traje nuevo del emperador,* los niños pueden ser sumamente ingenuos, abiertos y atrevidos. Los niños destacan no sólo por su capacidad para mentir, sino también por su capacidad para decir la verdad. Sin embargo, sólo si se trata de un niño pequeño su franqueza será disculpada, ya que a medida que crece y se considere, en consecuencia, que ya es responsable, esa misma franqueza puede llegar a ser sumamente embarazosa. En este punto se les enseña a mentir socialmente. Para moverse pues sin problemas en el mundo de los adultos, los niños deben adquirir la capacidad de sopesar si resulta más beneficioso socialmente ser un buen mentiroso o un mal detector de mentiras.

El mundo del niño está plagado de pequeñas y grandes mentiras. «Algunas de las mentiras que se cuentan a los niños —señala DePaulo— no son menos absurdas que los cuentos de hadas, las películas de dibujos animados o las series de televisión. Se les cuenta, por ejemplo, que una vez al año un hombre gordo vuela por los aires sobre un trineo arrastrado por ciervos. Del mismo modo, los hechos más graves suelen describirse con mentiras menos vistosas —«El abuelo se ha ido a pasar fuera unas largas vacaciones»— o se esquivan, evitan o cubren bajo el manto del silencio. Buena parte de los anuncios publicitarios podrían ser clasificados también como mentiras para niños, ya que muchos de ellos les dicen que si comen los productos de determinada marca de alimentos se harán grandes y fuertes. Hay mentiras, por otra parte, que son inocuas o incluso beneficiosas, cuando, por ejemplo, un adulto dice a un niño que ese garabato azul tan bonito se parece a un saltamontes o que acaba de marcar un gran gol.»[31]

En un artículo publicado en la revista de New York Academy of Sciencies, DePaulo planteó la siguiente cuestión: «¿Qué es mejor, que nos percatemos de los verdaderos sentimientos de una persona o no ver lo que la otra persona no quiere que veamos?» En el caso de una mentira o un engaño que pudiera llegar a perjudicarnos, responde DePaulo, la detección de la mentira es especialmente beneficiosa. Y en determinadas profesiones –como la de psiquiatra o la de agente de policía– el cultivo de esta sensibilidad también resulta muy ventajoso. Pero la evidencia sugiere que la mayor parte de las personas no somos muy diestros al respecto. Es más, hablando en términos generales, en la medida en que envejecemos, empeora nuestra capacidad para percatarnos de los verdaderos sentimientos que se ocultan detrás de una mentira (la diferencia de sexo presente en la capacidad de detección de los deslices no se debe tanto a la mejora de los hombres como al empeoramiento de las mujeres al envejecer).

«Parece –dice DePaulo– como si a lo largo de su desarrollo los niños aprendieran a través de la socialización a leer educadamente lo que los demás quieren mostrar y no lo que realmente sienten», o, dicho de otro modo, los esquemas sociales van restringiendo cada vez más nuestra atención. Por otra parte, las personas que son más «comedidas» en este sentido tenderán a ser más populares, mostrarán una mayor comprensión social y también vivirán de un modo más pleno sus relaciones.

Todo ello parece indicar, en opinión de DePaulo, que «al menos en ciertas situaciones puede que sea mejor para nosotros advertir sólo lo que los demás desean mostrar y no lo que realmente sienten. Y esto precisamente es lo que los niños parecen aprender cuando se hacen mayores. Las personas que hacen caso omiso de esta fórmula de cortesía, una fórmula que parece ajustarse especialmente bien a las mujeres, tienen que pagar un elevado precio personal e interpersonal».

«La forma educada de decodificar la información recibida –añade DePaulo– constituye probablemente un modo más fácil de abordar los datos interpersonales que lo que supondría el uso de un estilo más escéptico [...] Lo primero que consiguen las personas que comienzan a dudar de las apariencias externas es una mayor sensación de inseguridad, luego pueden llegar también a sentirse culpables por su suspicacia y su falta de confianza, y tal vez terminen descubriendo algo sobre los sentimientos de la otra persona hacia ellos que quizá hubiera sido mejor seguir ignorando.»

La discreción −en forma de una educada desatención− constituye la piedra angular del acuerdo social que nos permite preservar la integridad de los marcos que compartimos. Llamar la atención acerca de un desliz equivale a romper un marco, violar el contrato social que nos obliga a proteger mutuamente nuestra fachada pública. En este sentido, la falta de tacto constituye una agresión en toda regla, puesto que corroe los cimientos mismos en que se asienta el edificio social.

> Cuando un individuo define una determinada situación −señala Goffman−, formula también la declaración, más o menos explícita, de ser una persona de este o aquel tipo, imponiendo automáticamente una exigencia moral sobre los demás, obligándoles a valorarle y tratarle del modo en que se supone que deben ser tratadas las personas de su clase [...] Este tipo de definiciones no sólo cumplen con la función de informar a los demás acerca de lo que uno es, sino también de lo que los otros *deben* considerar que «es».[32]

El coste social de quienes prestan una atención excesiva a los deslices y rompen de ese modo el acuerdo social básico suele ser la infelicidad. Esto podría explicar la paradoja −una paradoja, por otra parte, nada infrecuente en el campo de la mentira social− de que quienes ven −y dicen− francamente lo que pueden estar sintiendo los demás deben pagar por ello un elevado precio. En este contexto, indica DePaulo, «los sistemas de regulación y recompensa que gobiernan el mundo verbal y el no verbal se invierten completamente. Los canales de transmisión de información, como el rostro, por ejemplo, que suelen ser extraordinariamente elocuentes, pueden tornarse francamente engañosos y el tipo de habilidades por las que habitualmente somos recompensados −la capacidad de comprender cuáles son los verdaderos sentimientos de los demás, por ejemplo– puede convertirse en una franca desventaja. La persona que sabe cuándo tiene lugar una mentira y conoce además lo que experimenta el otro, tiene una percepción más exacta del funcionamiento del mundo interpersonal. Pero tal vez lo que resulta adecuado en determinadas circunstancias para comprender las claves interpersonales y sociales deje de serlo en otras».

Las pequeñas mentiras son modalidades inocentes –y hasta bien intencionadas– de la mentira social, una forma de proteger los marcos que hacen posible una vida social armoniosa. Pero la misma dinámica puede operar en el ocultamiento de hechos que no son tan inocentes. Lo que comienza siendo una pequeña mentira, un acuerdo inocuo para no percatarnos de ciertos hechos delicados, puede terminar derivando en usos sociales no tan inocentes.

CUESTIONES QUE NO PUEDEN PREGUNTARSE

Los marcos crean la realidad social enfocando nuestra atención en el asunto inmediato y desviándola al mismo tiempo de todo lo que no tenga una relación directa con él. Todo aquello que queda fuera del marco no existe. Pero si bien esta atención selectiva resulta útil en la mayor parte de los casos, la capacidad de mantener la información fuera de un determinado marco puede significar perder verdades importantes a cambio de una cierta comodidad social. Estas artimañas terminan provocando lagunas que distorsionan la realidad social a fin de mantener oculta la información que pueda resultar incómoda.

Cierto abogado criminalista que conozco me contó que algunos funcionarios policiales de su condado solían mentir en los juicios, especialmente en los que se veía un causa de drogas. No es que siempre cometieran perjurio de continuo, apostilló mi amigo, pero algunos lo hacían de forma ocasional y otros con cierta frecuencia. Él sabía que era así porque siendo asistente del fiscal del distrito sacó provecho de esas mentiras.

Le pregunté si el juez lo sabía y su respuesta fue que, aunque lo sospechara, veía a los policías casi a diario mientras que sólo veía al acusado en el curso del juicio. Así pues, el hecho de que el juez suela creer a los policías hace que las cosas funcionen mejor.

–Pero ¿acaso eso no significa que se termina condenando a muchas personas inocentes? –le pregunté.

–Probablemente sí –respondió mi amigo.

Si comparamos el falso testimonio de los policías con las pequeñas mentiras de las que nos servimos para contrarrestar el malestar social, nos daremos cuenta de que, aunque la primera tenga consecuencias terribles y las otras sean relativamente benignas, ambas constituyen un engaño colectivo que nos lleva a ignorar cierta información esencial.

Las mentiras compartidas sirven muchas veces para proteger a profesionales incompetentes. De las 760 demandas judiciales por error o negligencia médica presentadas en el estado de Nueva York, sólo doce de ellas pasaron por el colegio de médicos. William Farley, un anestesista canadiense que actualmente dirige un programa de rehabilitación para médicos adictos, fue durante casi diez años alcohólico y adicto a una droga hipnótica llamada Dalmane.[33] Si estaba más de tres horas sin tomar su dosis, sufría unos temblores convulsivos tan intensos que le resultaba difícil clavar una aguja intravenosa en los pacientes sin aterrorizarlos.

Con el tiempo los síntomas de su adicción fueron cada vez más patentes. Vestía de forma desaliñada, se mostraba muy susceptible y violento y sus ojos siempre estaban hinchados y enrojecidos. Sin embargo, se sentía arropado por «la conspiración de silencio de mis colegas». Todos sabían que algo iba mal, pero nadie se atrevía a dar la señal de alarma.

Los tabúes –un tipo de engaño social muy frecuente– delimitan las zonas oscuras capaces de generar ansiedad. En el vestuario de hombres de una universidad femenina que está cerca de mi casa, los profesores eluden cuidadosamente uno de los tópicos más habituales de esos lugares, lo atractivas que son sus discípulas. La posibilidad de un romance entre profesor y alumna es tan amenazadora que el tema ha pasado a ser tabú.

Uno de los temas más evitados en nuestra sociedad es el de la muerte y la agonía. A menudo se escucha a parientes o amigos decir a la persona agonizante que no corre ningún peligro, aunque todos los indicios –desviar la mirada cuando se hace tal afirmación, por ejemplo– apunten claramente hacia esa posibilidad. Tolstói describió perfectamente la pretensión de los implicados en una situación así, de comportarse como si nada ocurriera:

> Lo que más atormentaba a Iván Ilich era el engaño, la mentira, que por alguna razón todos habían aceptado, de que no estaba agonizando, sino que padecía una simple enfermedad y que lo único que requería para mejorar era tranquilizarse y seguir el tratamiento. Él sabía, no obstante, que cualquier cosa que le hiciesen sólo serviría para empeorar las cosas. La mentira le torturaba, no quería admitir que todos, incluso él, sabían lo que estaba ocurriendo, aunque siguieran manteniendo el engaño acerca de su terrible condición y desearan —y hasta le obligasen— a participar de esa mentira.[34]

En ocasiones ignorar la información dolorosa también sirve para mantener una ficción política, y el modo en que ciertas naciones recuerdan los angustiosos años de la Segunda Guerra Mundial nos brinda un buen ejemplo al respecto. La publicación de un libro que revelaba la política implícitamente antisemita del gobierno canadiense entre 1933 y 1945, que llevó a que esta nación prácticamente despoblada sólo admitiera a un pequeño número de judíos, conmocionó a todo Canadá. (Y la misma acusación se ha lanzado también contra Estados Unidos.) La película *The Boat Is Full* —cuyo mismo título hace referencia a una conocida expresión suiza utilizada como eufemismo para negar la admisión de los judíos que huían de Alemania— formuló la misma imputación sobre Suiza. El revuelo provocado en ambos casos hacía evidente la coartada urdida en el pasado para negar tácitamente los hechos.

Es frecuente que los libros de historia alentados por la política oficial encubran tras un manto de silencio la culpabilidad no aceptada. En Japón, por ejemplo, causó verdadera indignación la propuesta del ministro de Educación de que los libros de texto ofrecieran una visión menos «negativa» del ejército japonés en Asia.[35] De este modo, la cifra de 53.000 civiles coreanos muertos durante la ocupación japonesa de este país fue atemperada con una nota que indicaba que, según las estimaciones del gobernador coreano, sólo hubo 2.000 bajas, aunque el libro omitía el significativo detalle de que el gobernador en cuestión era un militar japonés.

Las 20.000 víctimas en Singapur se convirtieron en «más de 6.000». Asimismo, el gobierno japonés dijo que la afirmación de que en 1937 murieron 300.000 personas en Nanking era una exageración de las autoridades chinas. Estas distorsiones de la historia cumplían, dijo el ministro japonés de Educación, con la «misión social» de lograr que los escolares japoneses se sintieran más orgullosos de su historia.

Por razones similares, los libros de texto de Estados Unidos rara vez dejan traslucir la injusticia de la ocupación de los territorios indios por parte de los «pioneros». Las invasiones estadounidenses de México, Canadá y Rusia son consideradas como verdaderas hazañas, mientras que en esos países no se les atribuye la menor importancia. También los libros de texto franceses ofrecen una visión sesgada de su historia que se adecua a las exigencias de la versión oficial:

> [Una] página de *The World Today* [...] trataba sobre la asistencia sanitaria, el desarrollo económico y la educación en las antiguas colonias francesas de África. Otra hablaba del poder perverso en América del Norte y otra de la miseria en Sudamérica [...] El profesor [...] no advirtió nada especialmente extraño en el hecho de que la visión del África francófona se asemejase, globalmente considerada, a una serie de postales del Ministerio de Turismo y de que la imagen ofrecida de la ciudad de Nueva York, por el contrario, parecía como si hubiera sido fotografiada por un policía mientras resolvía el caso de un homicidio en un sórdido barrio.[36]

La mente colectiva es tan vulnerable al autoengaño como la mente individual. Las zonas oscuras de un determinado colectivo son el simple producto de los esquemas compartidos por sus miembros, y de este modo las regiones de la experiencia que quedan fuera de la mente individual también serán anuladas de la mentalidad colectiva.

Las culturas y las naciones nos ofrecen el mejor ejemplo de este principio. La cínica definición de la educación colectiva como la «transmisión de una mentira social» resulta adecuada en la medida en que lo que se enseña se halla sesgado por las lagunas. En mi opinión, los puntos ciegos –los elementos concretos de la realidad cultural que reprimimos para aliviar nuestra ansiedad– constituyen el mejor indicador de la singularidad de una determinada cultura.

Estos puntos ciegos caen fuera del campo visual de quienes se hallan inmersos en un determinado entorno cultural, pero llaman poderosamente la atención de las personas que no lo comparten. Recuerdo al respecto un estudio realizado por John Ogbu, un antropólogo nigeriano que se ha dedicado a investigar culturas que se rigen por sistemas de castas, determinados en ciertos países por la raza. Las castas inferiores llevan a cabo los «trabajos sucios» –limpiar, recoger las basuras, trabajar en los mataderos, etc.–, y el rendimiento escolar de los miembros de esas castas es notablemente inferior. En opinión de Ogbu, este problema es consecuencia de la diferencia del trato recibido en la escuela, ya que en sus respectivos entornos culturales lo único que se espera de los niños de casta inferior es que desempeñen los peores trabajos. Así, desde su más tierna infancia, son víctimas de la discriminación.

Para apoyar su hipótesis, Ogbu incluyó en su estudio observaciones de un distrito escolar de una pequeña ciudad de California que le permitieron corroborar que, al igual que ocurre en otras partes del mundo, en dicho entorno imperan también los mismos prejuicios y los maestros someten sutilmente a los niños de las minorías étnicas a un trato sesgado por sus expectativas. La hipótesis era muy interesante y sus observaciones resultaban de lo más elocuente, pero el hecho de que el distrito escolar en cuestión fuera el de Stockton –donde yo había estudiado de niño– supuso una auténtica sorpresa para mí.[37]

Todos los datos y argumentos que presentaba Ogbu me parecieron ciertos vistos con la perspectiva del tiempo, ya que mientras fui al colegio y también durante los años posteriores, jamás se me ocurrió pensar siquiera en la posibilidad de que existiera allí ese tipo de discriminación.

¿Cómo pueden pasarnos inadvertidos hechos sociales negativos? ¿Cómo se articulan los puntos ciegos colectivos? Para tratar de responder a estas preguntas, consideraremos el caso de Ingeborg Day, cuyo padre había servido en las SS austriacas y que tenía cuatro años de edad cuando finalizó la Segunda Guerra Mundial.

A Ingeborg nunca le dijeron nada sobre los terribles hechos acaecidos en la guerra durante los años de su educación.

> ... en Austria [...] la conciencia nacional había olvidado todo el período de tiempo comprendido entre el Anschluss y la llegada del Ejército Rojo [...] Y aunque los excombatientes podían intercambiar recuerdos del frente oriental, en los círculo familiares toda referencia al período nazi solía reducirse a una mirada de complicidad entre los padres cuando escuchaban por la radio alguna noticia relacionada con el tema y la sugerencia de que los niños debían ocuparse de sus propios asuntos. Los libros escolares de Ingeborg estaban encabezados por una diminuta cruz gamada que se hallaba cubierta por una pegatina. Y cuando preguntaba al maestro qué significaba, éste respondía: «Era el símbolo de un antiguo gobierno, actualmente tenemos otro. Ahora vamos a estudiar los ríos y los afluentes de Estiria Oriental.»[38]

Cuando a los dieciséis años Ingeborg viajó a Estados Unidos en un intercambio de estudiantes, se escandalizó al descubrir lo que había hecho el Tercer Reich y qué se opinaba sobre las personas que como su padre habían sido nazis. A su regreso, se enfrentó a su padre:

–¿Qué ocurrió en la guerra?

–No quiero hablar de eso.

–¿Metiste a algún judío en una cámara de gas?

–Si no quieres que te eche de casa para siempre, no vuelvas a hacerme esa pregunta.

Bini Reichel, nacida en Alemania en 1946, describió cómo en los años de posguerra «la amnesia llegó a convertirse en una enfermedad nacional contagiosa que afectó incluso a los niños nacidos en esa época. En ese nuevo mundo [...] no había lugar para los niños o adolescentes curiosos. Postergábamos toda pregunta al respecto y finalmente terminábamos dejándolas de lado». En sus libros de texto de historia, el período nazi era explicado en diez o quince páginas abiertamente condenatorias.

Reichel también recuerda cómo se les inculcaba la amnesia en la escuela:

De pronto recordé cómo siendo adolescente percibía ese capítulo del pasado de Alemania. Nuestra curiosidad se hallaba tan manipulada que ni siquiera nos dábamos cuenta de que nunca hacíamos preguntas. Mi profesora de historia en el instituto era fräulein Schubert, una vetusta institución de sesenta y cinco años, ataviada de gris, cuyo interés obsesivo por Johann Gutenberg y otros personajes del pasado le evitaban mencionar el nombre de Adolf Hitler.[39]

En su intento por resquebrajar la amnesia colectiva, Reichel ha entrevistado recientemente a supervivientes de la generación que luchó en la guerra. Cuando preguntó a un antiguo nazi por qué nunca había hablado de aquella época con sus hijos, el hombre contestó: «Porque estaba más allá de toda discusión y, además, ellos nunca preguntaron nada.»

Las preguntas que no se puede –o no se quiere– responder son el signo inequívoco de la existencia de las lagunas. La creación de puntos ciegos constituye el instrumento esencial del que se sirven los regímenes opresivos para soslayar los datos que amenazan la versión oficial. Y para ello definen un marco de referencia que delimita lo que resulta admisible, dejando fuera de él lo subversivo… e incluso un tercer ámbito que queda completamente fuera de los límites de la atención. Tomemos, por ejemplo, el caso de Argentina. Durante la época en que la Junta Militar ocupó el poder, no podía preguntarse por el destino de los más de siete mil desaparecidos, pero ésa fue precisamente la primera pregunta que se formuló públicamente cuando la dictadura militar se vio reemplazada por un régimen democrático. Y la respuesta, obviamente, acusaba directamente a los hombres que habían detentado el poder durante esos años.

En la antigua Unión Soviética, este tipo de prohibiciones se hallaban a la orden del día. Durante la época de Stalin, la historia fue reescrita para ocultar sus atrocidades. Cuando Jruschov asumió el poder una comisión se ocupó de investigar los crímenes de Stalin, pero sus hallazgos fueron tan escandalosos que no pudieron ser revelados públicamente. Jruschov admitió parcialmente los hechos en una conversación privada en 1956 y también en un congreso posterior del partido. Finalmente, el informe terminó sepultado en los archivos oficiales.

Según Harrison Salisbury, «El mismo Jruschov dijo que las revelaciones eran tan terribles que había temido que se repitieran los hechos acaecidos entre 1937 y 1938, cuando media Rusia acusó de traición a la otra media, si se hacían públicas».[40] La dimisión final de Jruschov puso fin a la investigación.

Unos veintiocho años después, el historiador Anton Antonov-Ovseyenko rescató del olvido esa página de la historia oculta de Rusia, descubriendo, entre otros hechos, la inocencia de las víctimas de las purgas llevadas a cabo por Stalin durante la década de los treinta y su complicidad en el asesinato de muchos disidentes políticos –incluyendo a la viuda de Lenin y a su misma esposa–. El número de víctimas superó los cincuenta millones de personas; Stalin cometió genocidio contra su propio pueblo.

En opinión del mismo Antonov-Ovseyenko, la recuperación de esa parte del pasado ruso era necesaria «porque en el curso de una generación han tenido lugar cambios sustanciales y frecuentemente irreversibles en la memoria colectiva. Hechos, sucesos, nombres y estratos enteros de la historia de nuestro país se desvanecen en la nada. La nueva generación se enfrenta a la vida con una amnesia provocada, inducida y sostenida artificialmente». De hecho, el libro de Antonov no pudo ser editado en la Unión Soviética y tuvo que esperar a ser publicado en Estados Unidos en 1982.

La necesidad de reconstruir la historia para adaptarla a la versión oficial deja el pasado de la Unión Soviética plagado de puntos ciegos. David Shipler, corresponsal en ese país de un periódico estadounidense a comienzos de la década de los setenta, lo percibió así:

La historia adulterada de la Unión Soviética que se nos ofrece hoy en día se caracteriza más por la omisión de los hechos que por la abierta falsificación. La táctica más utilizada actualmente es el silencio. El silencio sobre las primeras discrepancias y enfrentamientos en el seno del naciente Partido Comunista; el silencio sobre las crueldades y penurias que acompañaron al proceso de colectivización forzada; el silencio sobre las purgas y ejecuciones de los líderes del partido y los mejores oficiales del Ejército Rojo antes del estallido de la guerra [...]; el silencio sobre el pacto de no agresión de 1939 con la Alemania nazi [...]; el silencio sobre la falta de previsión de la Unión Soviética con respecto al posible ataque alemán; el silencio sobre los quince mil millones de dólares en alimentos y equipo militar que transportaron los americanos y los británicos en una arriesgada expedición hasta Murmansk [...][41]

En 1974 el poeta Yevgeny Yevtushenko se sintió consternado cuando, hallándose en Siberia, una joven de dieciocho años propuso un brindis por Stalin. «¿Acaso ignoras cuántas personas fueron arrestadas y asesinadas durante su mandato?», le preguntó el poeta. «Tal vez veinte o treinta», respondió la muchacha.

> Entonces comprendí –señala Yevtushenko– que las generaciones más jóvenes carecen de hecho de toda posibilidad de descubrir la trágica realidad de aquella época porque en ninguna parte aparece la menor referencia a esos hechos. Y cuando algún artículo habla de los héroes de nuestra Revolución muertos durante la represión estalinista, no se menciona siquiera la causa de su muerte... De este modo es como la verdad termina viéndose sepultada por el silencio, y éste, a su vez, acaba convirtiéndose en una mentira.[42]

EL FLUJO DE LA INFORMACIÓN
EN UNA SOCIEDAD LIBRE

Las ideas van por delante de los hechos. Y en la medida en que
una sociedad restringe el alcance de la atención imponiendo marcos autoritarios, limita también las posibilidades de elección de sus
miembros. De esta forma, las lagunas pueden terminar desterran-
do las ideas «peligrosas». Ésta es precisamente la idea que trataba
de transmitir George Orwell con su concepto de *newspeak*, un término introducido en su obra *1984,* donde se refería también a
nociones como «doble-pensamiento» y «no-persona», y exponía
eslóganes propagandísticos como «la ignorancia es poder». El *newspeak* encarna el intento de controlar los esquemas de que disponen los ciudadanos y de restringir su margen de acción.

En el apéndice a *1984,* titulado «Los principios del *newspeak*»,
Orwell explicita los fundamentos de este uso ideológico del lenguaje.

> Una persona que tuviera el *newspeak* como única lengua nun-
> ca sabría que *igual* tuvo una vez la connotación de «igualdad polí-
> tica» o que *libre* significó en el pasado «intelectualmente libre», ni
> conocería, ya que nunca habría oído hablar del ajedrez, los signifi-
> cados asociados a los términos *reina* o *enroque.* Así, muchos erro-
> res y delitos quedarían fuera del campo de sus posibilidades de

acción, sencillamente porque carecería de una palabra para referirse a ellos y serían, por consiguiente, inimaginables.[43]

En opinión de Orwell, con el paso del tiempo, el vocabulario del *newspeak* se iría empobreciendo, sus significados se anquilosarían y las posibilidades de acción de sus hablantes también irían en consecuencia reduciéndose.

Cualquier intento de regular el mundo político y social trata de controlar el flujo de la información en el seno de la sociedad. La sociedad suele administrar la información perturbadora del mismo modo en que lo hace la mente individual. La democracia permite que la información fluya libremente, por ello es absolutamente necesario que la Constitución garantice el derecho a la libertad de expresión.

Las dictaduras –al igual que ocurre con el yo totalitario– saben que su versión oficial de la realidad es demasiado inconsistente como para resistir el libre flujo de las ideas. Por ello, para que la autoridad totalitaria pueda asentar su control, debe silenciar las visiones y las interpretaciones alternativas de los hechos. La censura –un instrumento esencial de control político– constituye el equivalente social de los mecanismos de defensa individuales.

Los regímenes dictatoriales representan uno de los polos extremos del continuo que une a todas las sociedades posibles, incluyendo las democráticas. Los distintos partidos políticos enfrentados que fortalecen a las democracias también constituyen perspectivas sesgadas, y cada una conlleva sus propios puntos ciegos. Pero esos sesgos son inevitables, porque las razones que mueven al yo social son las mismas que mueven al yo individual. La función de los esquemas consiste en dirigir la atención hacia lo fundamental y alejarla de lo menos relevante. Pero el esquema ya se halla sesgado en el mismo acto fundacional de definir lo que *es* relevante y cómo construirlo.

Comparemos, por ejemplo, la estructura editorial de Estados Unidos con la de países totalitarios. En estos últimos, es evidente que las editoriales, que suelen depender del Estado, cuentan con muy pocas personas que puedan tomar decisiones clave y que todo lo que se publica se ve sometido a un férreo control. En Estados

Unidos, en cambio, existen más de mil editoriales independientes, y aunque el 85 por ciento del negocio se halle en manos de sólo doscientas de ellas, no existe nada parecido a una visión unilateral que dependa del monopolio estatal.*

Aun así, en Estados Unidos cabe hablar de cierta tensión entre el principio de libertad de expresión y la práctica política. Un ejemplo claro al respecto nos lo proporciona la obsesión de la administración Reagan por lo que un experto en derecho constitucional denominó «los riesgos de la información»:

> ... [la administración Reagan] temerosa de su imprevisibilidad [la de los medios de comunicación] y de su potencial para llevar a la opinión pública a extraer conclusiones «erróneas» [...], basa su actuación en la defensa de la seguridad, equiparando ésta al secretismo y trata la información como si fuera una enfermedad contagiosa, potencialmente incapacitante, que debe en consecuencia ser controlada, sometida a cuarentena y, a la postre, erradicada.[44]

Por ello la administración Reagan propuso, ateniéndose a esta visión, un curioso mecanismo, un contrato, suscrito por todos los funcionarios con acceso a información clasificada, que les obligaba a someter todos sus posibles escritos a la revisión del gobierno durante el resto de sus vidas. Dos son los aspectos más llamativos de esta disposición, el primero, como destacaba una nota de la American Society of Newspaper Editors, que constituía una flagrante «censura en tiempo de paz de un alcance sin precedentes en este país desde que, en 1791, se había firmado la Carta Magna»; el segundo, que se podía considerar como el equivalente político de una represión neurótica.

Tal acuerdo permitía que el gobierno que se hallaba en el poder censurara las opiniones y puntos de vista no coincidentes con la versión oficial. «Y el efecto de esta disposición es –como señala el experto constitucionalista Floyd Abrams– que las personas que

---

* No obstante, hay que decir que también existe la información sesgada en ciertas publicaciones y periódicos, y desde luego no lo es de forma inadvertida. Véanse Herbert Gans, *Deciding What's News,* Pantheon, Nueva York, 1978, y Ben Bagdikian, *The Media Monopoly,* Beacon Press, Boston, 1981.

más conocimiento posean sobre los temas de interés nacional tendrán menos margen de maniobra para poder hablar de ello sin la aprobación previa de aquellos a quienes se supone que puedan criticar.»

Este intento de amordazar a la crítica –especialmente las críticas mejor fundamentadas– es más bien torpe si lo comparamos con el sesgo implícito inherente a todo colectivo, desde el grupo más pequeño hasta una colectividad o incluso toda una nación.

En la vida política oficial de la antigua Unión Soviética –por poner un ejemplo distante, que siempre resulta más fácil de entender–, cierto tipo de disidentes políticos eran diagnosticados como «esquizofrénicos» y recluidos en hospitales psiquiátricos, justificando tal diagnóstico en la disidencia manifiesta, un claro signo, en consecuencia, de desviación.

Se sabe que cuando los funcionarios y los agentes del KGB se enfrentaban a un disidente político, se sentían «completamente desconcertados cuando éste les hablaba de los derechos que, según la Constitución soviética, le asistían». Esto era así porque entendían que la gente normal no actuaba de ese modo, por lo tanto era lógico que pensaran que esas personas habían perdido el juicio y requerirían asistencia psiquiátrica:

> Los psiquiatras requeridos para emitir un diagnóstico –señala Walter Reich, un psicológo que estudió el sistema soviético– eran también ciudadanos soviéticos, educados en la misma cultura, afectados por las mismas realidades políticas y desarrollando, en consecuencia, las mismas percepciones sociales.
>
> Y puesto que el diagnóstico psiquiátrico que dictaminaba si la persona se hallaba o no enferma dependía en buena medida de las creencias que sostenía el psiquiatra sobre lo que era normal dentro de su sociedad, el especialista, al establecer contacto con el disidente, podía experimentar la misma extrañeza que el agente del KGB y concluir, en consecuencia, que se trataba, efectivamente, de un enfermo.[45]

En resumen, los psiquiatras soviéticos compartían los esquemas colectivos que equiparaban la disidencia con la desviación. Por ello, el contacto con un crítico del sistema soviético no sólo resultaba

desconcertante sino también exasperante. Los sentimientos evoca-
dos por esa situación se asemejan a los que alguien experimenta
cuando se encuentra con un psicótico. Pero desde luego, aunque
no es nada difícil para un médico hacer un diagnóstico, esta explicación de la instrumentalización de la psiquiatría soviética para
controlar la disidencia es, por decirlo de un modo muy suave, sumamente indulgente, porque libera a los psiquiatras implicados de
toda complicidad en la represión política.*

Pero esta visión de los puntos ciegos que aquejaban al sistema
soviético es aplicable en cierta medida a todas las sociedades. Los
puntos de vista o las versiones sobre la realidad que no concuerdan con la visión consensual suelen verse rechazadas como si se
tratara de aberraciones o excentricidades. En la política de la experiencia, la facilidad con que una sociedad desprecia, y hasta sepulta,
las visiones discrepantes depende evidentemente del conjunto de
lagunas compartidas por sus ciudadanos. No nos damos cuenta
de lo que nos desagrada ver y tampoco nos damos cuenta de que
no nos damos cuenta.

---

* De hecho, la acusación de que la psiquiatría es un instrumento para reprimir toda
desviación política también ha sido lanzada sobre la psiquiatría occidental por antipsiquia-
tras como Thomas Szasz. En cierto modo, todos los psicóticos son disidentes del orden social
establecido en la medida en que sus acciones y pensamientos se alejan de los esquemas
mayoritariamente compartidos.

CONCLUSIÓN

UNA ANTIGUA ENFERMEDAD
Y SU CURACIÓN

La dinámica del flujo intrapersonal e interpersonal de información evidencia la existencia de una enfermedad específicamente humana, la evitación de la ansiedad, que amputa parcelas enteras de nuestra conciencia y crea así innumerables puntos ciegos. Pero esta enfermedad, que se aplica tanto a las mentiras personales como a las ilusiones compartidas, no es en modo alguno nueva, porque ya Buddhagosa, un monje budista que en el siglo v escribió un texto sobre psicología, describió la misma distorsión de la mente calificándola como *moha,* la «ilusión».[1]

Buddhagosa definió la «ilusión» como «la neblina mental que nos lleva a percibir erróneamente los objetos de conciencia». Esta definición se asemeja bastante a la que nos ofrece la moderna psicología cognitiva. Según Buddhagosa, la ilusión oscurece la verdadera esencia de las cosas, y en tanto que «atención torpe», nos proporciona una falsa perspectiva que nos lleva a malinterpretar todas nuestras experiencias. Buddhagosa afirmó que la ilusión es la raíz de todos los «estados mentales insanos».

Pero lo más fascinante de las afirmaciones de este monje budista acerca de la condición humana no es tanto su coincidencia con la visión actual como la solución propuesta para superarla. Según él, la cura de la ilusión es *panna* –un término sánscrito que signi-

fica «visión profunda», es decir, ver las cosas tal como son,* algo
que, en términos de nuestro modelo de la mente, implica una comprensión que no se halle distorsionada por el impulso defensivo de
evitar la ansiedad.

Las modalidades de la comprensión son muy variadas y los
detalles concretos de la forma de alcanzarla dependen del tipo de
ilusión que se pretenda curar. Freud fue muy explícito a este respecto al recomendar la comprensión profunda como cura para las
distorsiones neuróticas de la mente, una estrategia cognitiva que
tiene pleno sentido desde el punto de vista de nuestro modelo de
la mente. La cura de la atención distorsionada, decía Freud, comienza con la visión clara. En 1912, en una conferencia ante un
grupo de médicos interesados en la aplicación del psicoanálisis,
Freud defendió que el analista debe abrir su propio inconsciente al
inconsciente del paciente, sin llevar a cabo ninguna selección ni
distorsión:

> La técnica [...] consiste simplemente en no intentar retener
> especialmente nada y acogerlo todo con una «igual atención flotan-
> te». De este modo [...] evitamos un peligro inherente a la atención
> voluntaria, pues en cuanto esforzamos deliberadamente la aten-
> ción con una cierta intensidad comenzamos también, sin quererlo,
> a seleccionar el material que se nos ofrece: fijándonos especialmente
> en un elemento determinado y eliminando en cambio otro, siguien-
> do en esta selección nuestras esperanzas o nuestras tendencias.
> Y esto es precisamente lo que más debemos evitar. Si al realizar tal
> selección nos dejamos guiar por nuestras esperanzas, corremos el
> peligro de no descubrir nada, sólo lo que ya sabemos, y si nos guia-
> mos por nuestras tendencias, falsearemos seguramente la posible
> percepción.[2]

En otros términos, para comprender los esquemas del paciente, Freud recomendaba que el terapeuta dejara de lado sus propios
esquemas y se tornase más receptivo, asumiendo la forma más pura

---

* Es sabido que los filósofos griegos tenían una concepción semejante de la naturaleza y la función de la intuición. Platón definía el quehacer filosófico como *melete thanatou*
–«la conciencia plena de la muerte»–, un quehacer que, paradójicamente, requiere de una
conciencia igualmente plena de la vida.

posible de la escucha, lo cual significa que, en el caso ideal,* el terapeuta no trata de imponer su particular selección y organización de los datos.

En cierto sentido, todas las terapias apuntan a una reconstrucción de los esquemas. Las terapias de «comprensión» –de las cuales el psicoanálisis es la más conocida– tratan de iluminar los rincones más oscuros de la mente creados por las defensas. Las terapias familiares, por su parte, tienen un objetivo similar, ya que reelaboran las pautas destructivas de los esquemas que comparte la familia. Hasta las mismas terapias conductuales, que teóricamente ignoran toda cognición, pueden ser consideradas como un intento de reacondicionamiento de los esquemas ilusorios.

El terapeuta es capaz de brindar este servicio porque no comparte la necesidad del paciente de negar la información que le produce ansiedad. Lo que él pretende, en realidad, es que el paciente se sienta incómodo e inseguro, haciéndole afrontar entonces la información que anteriormente había rechazado para poder alcanzar de este modo una mayor seguridad que le permita asimilar la información amenazante.

Lo que el terapeuta hace por el paciente puede hacerlo también una voz solitaria por el grupo, siempre que esté dispuesto a echar luz sobre los puntos ciegos que aquejan al colectivo. En sus instrucciones para contrarrestar el «pensamiento colectivo», Irving Janis propone la designación de una especie de abogado del diablo, un observador ajeno al grupo que se encarga de sacar a la luz las dudas y las objeciones, salvaguardando así al grupo de sí mismo, y garantizando también su disposición a afrontar los hechos incómodos y sopesar los puntos de vista impopulares que pudieran resultar esenciales para tomar una decisión coherente.

Esta predisposición a romper el equilibrio es la cualidad fundamental imprescindible para quienes tratan de superar la ilusión y constituye un requisito necesario para el periodista de investigación, el defensor del pueblo, el miembro del jurado y el terapeuta. Para

---

* Pero, para poder seguir este consejo y mantener tal actitud de atención, el terapeuta debe adiestrarse, una tarea para la que Freud no formula otra sugerencia concreta más que la recomendación global de que el analista también debería ser analizado.

poder llevar a cabo su cometido, todos estos profesionales deben hacer gala de la imparcialidad necesaria para sacar a la luz los hechos que se hayan ocultado en aras de una falsa seguridad, porque de lo contrario se correría el peligro de reemplazar unos sesgos por otros.

Esta misma comprensión resulta esencial también en otros ámbitos. El sociólogo Georg Simmel, subraya la importancia del extraño o del forastero para el grupo. En su opinión, la figura del extraño se define por el hecho de que no ha pertenecido al grupo desde el comienzo y aporta a él un punto de vista completamente ajeno. Es alguien que se halla al mismo tiempo dentro y fuera del grupo, y ahí es precisamente donde reside su valor, porque su singularidad aporta una especial objetividad al grupo.

Pero Simmel no sólo se refiere a la función social que desempeña el extraño, sino que también señala su función psicológica. Porque desde un punto de vista psicológico el extraño no se halla comprometido con la visión unilateral compartida por el grupo, ya que aunque conoce sus esquemas básicos, no está condicionado por ellos. De ese modo, aun siendo capaz de comprender la visión de la realidad que proporciona esa perspectiva compartida, no se halla comprometido con ella.

Su objetividad, por tanto, no es mero desapego sino una combinación de indiferencia y participación, de intimidad y distanciamiento. De este modo, su objetividad le dota de cierta libertad, no tiene ninguna obligación con el grupo que pueda sesgar su percepción ni distorsionar su comprensión. El extraño, según Simmel, «dispone, práctica y teóricamente, de una mayor libertad, observa las condiciones con menos prejuicios, sus criterios suelen ser más objetivos y más globales y no se halla obligado a seguir un curso de acción determinado por el hábito, la piedad o las situaciones anteriores».

Así, aun cuando pueda tener ciertos puntos ciegos, es poco probable que sean los mismos que comparten los integrantes del grupo, y de ese modo, le resultará posible percibir lo que el grupo pasa por alto. Ahí es, precisamente, donde se asienta su extraordinario valor y su posible peligro. Janis ha observado que esta actitud permite que los miembros del grupo admitan nuevos puntos de vista que puedan mantenerlos a salvo de la ilusión. Esta actitud ha sido comparada a la vieja costumbre de las antiguas ciudades ita-

lianas de recurrir a jueces procedentes de otros lugares, porque
ningún residente era ajeno a los problemas locales.

El impulso a oscurecer los hechos, como se ha señalado anteriormente, se deriva de la necesidad de conservar la integridad del
yo, tanto a nivel individual como a nivel colectivo. De este modo,
el grupo puede exigir implícitamente a sus miembros que sacrifi-
quen la verdad en aras de una ilusión. Por ello, el extraño se convierte para los miembros del grupo en una amenaza potencial,
aunque lo único con lo que pueda amenazarles sea con la verdad,
una verdad cuya simple formulación constituye, en el caso de socavar las ilusiones compartidas, una auténtica traición al grupo.

Aun así, la persona que dice la verdad puede satisfacer una
inexcusable necesidad de nuestro tiempo. Nuestra época asigna un
valor extraordinario a la información veraz que hoy en día se ha
convertido en el más valioso de los bienes. En el mercado de la información, la verdad es la más preciada de las mercancías, y las
ilusiones, por su parte, constituyen una especie de falsa moneda.

El conocimiento tiene un valor curativo. En condiciones ideales, la comunidad científica opera como un poderoso sistema tera-
péutico que recopila la información y corrige sus posibles distorsiones. Cuando David Hamburg era presidente de la American
Association for the Advancement of Science, propuso que la comunidad científica adoptara un modelo para afrontar la que indiscu-
tiblemente es la peor amenaza que atraviesa nuestro mundo, la
creciente proliferación de las armas nucleares:

> La comunidad científica es, con mucho, la aproximación más
> seria que ha logrado nuestra especie a una familia respetuosa e in-
> terdependiente. No trata de resolver los problemas culpabilizando
> a los demás sino emprendiendo un análisis objetivo [...] Si quere-
> mos llegar a resolver el conflicto nuclear debemos, pues, invocar el
> espíritu de la ciencia.[3]*

Pero esto, por supuesto, resulta mucho más fácil de decir que
de llevar a la práctica.

---

* Sin embargo, no se debería idealizar la objetividad de los científicos, ya que en
ciertas ocasiones dependen demasiado de las fuerzas sociales que sesgan la percepción.

LAS VIRTUDES DEL AUTOENGAÑO

Nuestra tesis, en suma, es que el rumbo que seguimos los seres humanos depende en gran medida de la curiosa capacidad de engañarnos a nosotros mismos, una capacidad que nos permite eludir los hechos amenazadores y sumergirnos en la inconsciencia. Y la magnitud del autoengaño y la simulación –que llega a impregnar la estructura misma de nuestra vida psicológica y social– es tan grande que estamos tentados a creer que el autoengaño tal vez pudo haber cumplido con algunas funciones en el curso del proceso evolutivo. Es posible que, desde el punto de vista de la especie, la ilusión pueda resultar beneficiosa a largo plazo aunque su coste, a nivel individual, pueda ser excesivo.

La conciencia, como ya hemos visto, se mueve por una serie de caminos paralelos e interconectados que en su mayor parte quedan fuera del alcance de nuestra atención. La conciencia representa pues la última estación –una estación, por cierto, no siempre esencial– del flujo de la información. Es nuestra mente inconsciente la que toma las decisiones más cruciales con respecto a lo que debe o no acceder a la conciencia. Resulta pues evidente que una capacidad tan esencialmente humana como la conciencia de uno mismo es sumamente proclive al autoengaño.

No es de extrañar que la mente inconsciente distorsione las cosas y nos obligue a aceptar una visión sesgada de los hechos cuyo objetivo consiste en persuadir a nuestra mente consciente de que emprenda un determinado curso de acción. El inconsciente puede, dicho en otros términos, manipular la mente consciente de igual modo que lo hace un titiritero con sus marionetas. Pero ¿por qué la mente se halla estructurada de este modo?

En opinión de ciertos sociólogos, el autoengaño ha desempeñado un papel fundamental –y ciertamente positivo– a lo largo de la evolución del ser humano. Según esta hipótesis, los varones que por ejemplo presentan un mayor éxito genético –es decir, aquellos que tienen más progenie y más contribuyen a la difusión genética– serán los que fecunden a más hembras. Y la estrategia óptima para lograrlo depende de su capacidad de convencerlas de su fidelidad y de su posterior participación en el cuidado de los retoños de esa unión. Pero ésa no es más que una mentira, ya que su auténtica intención consiste en hacer el amor y abandonarlas. Sin embargo, existen más probabilidades de que logre su objetivo –prosigue el argumento– insistiendo en su fidelidad... y la mejor forma de conseguirlo consiste en creerse sus propias mentiras, es decir, engañarse primero a sí mismo.

Son muchas las variantes que adopta la defensa de las virtudes evolutivas del autoengaño. Supongamos, por ejemplo, que dos hipotéticos cazadores y recolectores prehistóricos se encuentran en una llanura tras el rastro de un pequeño mamífero, y que uno de ellos termina convenciendo al otro de que es mejor que se dirija a una colina distante cuando, de hecho, lo más indicado sería quedarse donde están. Pero si bien esta mentira resulta poco ética, posee un extraordinario valor genético, puesto que, cuando dos sujetos buscan comida en un lugar donde apenas hay alimento para uno, la probabilidad de supervivencia dependerá de su capacidad para convencer al otro de que busque en otro lugar.

Si admitimos, a título provisional, la utilidad de estas mentiras, resulta evidente la ventaja adicional que supone creérselas uno mismo. Como dice un sociólogo, «No es difícil ser biológicamente egoísta y aparentar sinceridad si uno ignora sus verdaderos motivos». Dicho de otro modo, para mentir bien la persona debe comenzar creyendo sus propias mentiras, una máxima cuya eficacia no debería soslayar ningún hombre de negocios ni político moderno.

Pero con ello no queremos decir en modo alguno que los beneficios evolutivos del autoengaño deban servir para manipular a los demás, ya que el autoengaño también es esencial en el fortalecimiento de los vínculos sociales. En un estudio sobre las interacciones existentes entre padres e hijos, el psicólogo evolutivo Kenneth Kaye afirmó que «a pesar de que un bebé sea más un organismo que una persona –puesto que no posee ni una personalidad ni un yo hasta que cumple el primer año de vida–, los adultos se engañan a sí mismos tratando a los bebés como si fueran interlocutores capaces de comprender todo lo que se les dice». Pero aunque la madre que habla con su bebé como si éste la entendiera puede estar engañándose a sí misma, con su interacción –reclamando su mirada, gesticulando, hablando con una expresión y una entonación especial, etcétera– proporciona a su hijo las experiencias que éste debe aprender para comprender todas esas cosas. De hecho, si la madre no actuara de ese modo, privaría al bebé de un aprendizaje auténticamente esencial. Es mejor, desde un punto de vista evolutivo, equivocarse en un sentido positivo y convertirse en tutores de una criatura a la que tratan como si supiera más de lo que realmente sabe. De ese modo, puntualiza Kaye, es mucho más probable que el bebé consiga aprender ciertas lecciones imprescindibles desde el punto de vista de la supervivencia.

El autoengaño, asimismo, puede llevar a todo tipo de acciones muy meritorias. Consideremos, por ejemplo, el valor mostrado por Spicer Lung en el vuelo 925 de la Pan Am que viajaba de Miami a Houston, cuando evitó, según afirmaron los periódicos, el secuestro del avión y su posterior desvío a Cuba.

Aproximadamente veinte minutos después de despegar, un hombre que afirmaba llevar una pistola exigió que el avión desviara su rumbo hacia Cuba. En ese momento uno de los ciento veintiún pasajeros que se hallaban a bordo se decidió a intervenir. «Si quiere apoderarse del avión tendrá que pasar antes por encima de mi cadáver», dijo Lung, dirigiéndose al secuestrador. Luego, con ayuda de su hijo de quince años, el señor Lung redujo al pirata aéreo, que resultó estar desarmado. «No me considero un héroe y tampoco quiero ser tratado como tal –declaró posteriormente Lung, un nicaragüense que residía en Estados Unidos–. Soy una persona normal y corriente. Yo no quería ir a Cuba y tenía que hacer algo para detener aquello. Ignoraba si realmente llevaba una pistola, pero la verdad es que no me asustan las armas.»

En situaciones como ésta, en que una evaluación racional de los pros y de los contras seguramente nos llevaría a no intervenir, el valor puede depender de algún tipo de autoengaño, que en el caso del señor Lung se identificó con la frase «no me asustan las armas». Una modalidad igualmente positiva de autoengaño puede ser constatada en el caso del jugador de tenis que ve aumentada su autoconfianza tras vencer a un oponente teóricamente superior o del vendedor que se autoconvence antes de hacer una llamada de teléfono difícil cuando cualquier evaluación racional de sus posibilidades implicaría una franca desventaja.

A lo largo de la evolución del ser humano, el autoengaño puede haber servido para promover actos de osadía y coraje, para establecer relaciones y compartir o para esforzare competitivamente, y todo ello contribuye a largo plazo al beneficio de la especie. El remanente de esa capacidad puede todavía suponer un considerable beneficio, como en aquellos momentos en que nuestra intuición «sabe más que nosotros» y nos lleva a tomar la decisión correcta.

Toda percepción, como ya hemos visto, conlleva una selección. Así pues, se podría afirmar que en el proceso evolutivo nuestra supervivencia como especie ha podido depender parcialmente de nuestra capacidad para seleccionar la información más adecuada y engañarnos a nosotros mismos.

No obstante, la capacidad de la mente inconsciente para dirigir la conciencia puede conllevar también serias desventajas. Los problemas se presentan cuando el autoengaño se moviliza para protegernos de la ansiedad y caemos en las redes de nuestros puntos ciegos, ignorando regiones completas de información que sería mejor conocer por más doloroso que pudiera resultar.

MENTIRAS VITALES Y VERDADES SIMPLES

Somos muy proclives a apartar de nuestra mente los hechos que nos resultan desagradables. Y en ese sentido nuestra capacidad colectiva no es mejor que nuestra capacidad individual. Nos inhibimos, evitamos y desviamos la atención, nos olvidamos de que lo hemos hecho y, finalmente, olvidamos incluso que nos hemos olvidado. De este modo, las verdades dolorosas quedan sumidas en una laguna de supuesta indiferencia.

«La memoria es nuestro escudo, nuestra mejor protección», afirmó Elie Wiesel, superviviente de Auschwitz y Buchenwald. Con esta afirmación Wiesel quiso dar a entender que la única forma de evitar la repetición de ciertos hechos consiste en llevarlos a la conciencia. Pero nosotros solemos escuchar estos relatos como si fueran «una batallita más del abuelo».

Sin embargo, su objetivo consiste en subrayar las verdades angustiosas que solemos olvidar. Los denunciantes, como Frank Serpico, cuyo testimonio reveló la corrupción existente en determinados sectores de la policía de Nueva York, nos brindan una versión «interna» de las cosas que funcionan mal. Los llamados «jinetes de Nader»,* por ejemplo, cumplen con la misma función,

---

* Referencia al equipo de Ralph Nader, famoso abogado que en la década de los sesenta inició en Estados Unidos el movimiento de defensa del consumidor, querellándose

desde la ventajosa posición externa de alguien que no se halla inmerso en el proceso. En ocasiones, sin embargo, los denunciantes «internos» pasan a ser «externos», como ocurrió en el caso de Dwight Eisenhower cuando, en las postrimerías de su mandato presidencial, advirtió contra el complejo militar-industrial y se mostró súbitamente dispuesto a contar las cosas que iban mal *porque* había dejado de verlas «desde dentro».

Hoy en día asistimos al nacimiento de un nuevo tipo de héroe americano, «el que dice la verdad», cuyo mejor ejemplo es el «denunciante», una persona normal y corriente que acopia el valor suficiente para denunciar públicamente un abuso. Cuando alguien actúa de ese modo, revela las lagunas compartidas que había mantenido en silencio y que le vinculaban al grupo, dejando al descubierto desde ese momento sus puntos ciegos, una traición que el grupo nunca perdona.

Bill Bush, un ingeniero aeronáutico de Alabama, decidió presentar una demanda contra la política arbitraria y secreta de su empresa –la NASA–, consistente en asignar a los ingenieros de más edad, y él era uno de ellos, misiones con las que no estaban familiarizados para que se desmoralizaran y solicitaran la jubilación anticipada. Finalmente, un tribunal federal le dio la razón, pero antes tuvo que sufrir la destitución de su antiguo cargo y reiteradas amenazas de despido.

Desde entonces, Bush coordina una red de apoyo para todos aquellos ciudadanos que se enfrentan a una situación similar, respondiendo a cartas y llamadas telefónicas de personas procedentes de todo el país. «Soy muy cauteloso con lo que digo –comentó Bush a un periodista–, porque esas personas deben estar dispuestas a sufrir y afrontar lo que puede ser un auténtico calvario para su familia y sus amigos. Así pues, en lo que siempre insisto es en que el hecho de denunciar la verdad puede llegar a ser algo muy arriesgado.»

Lo más sencillo es seguir formando parte de la conspiración de silencio que mantiene en suspenso los hechos inquietantes y no

---

contra todas las empresas que recurrían a la publicidad engañosa para fomentar la venta de sus productos. (*N. de los T.*)

perturba la aparente monotonía. Pero la sociedad puede llegar a sucumbir bajo el peso de las mentiras ocultas. En este sentido, el atractivo que despiertan las personas que se atreven a denunciarlas es el de contrarrestar el peso de la mentira colectiva.

Aun así, debemos ser muy cautelosos. En mi opinión, el amordazamiento de la conciencia para evitar la ansiedad ha sido especialmente útil, y hasta me atrevería a decir que imprescindible, para la evolución de nuestra especie y de nuestra cultura. Pero al igual que ocurre con toda pauta natural, ésta se halla sometida al equilibrio dinámico de una totalidad superior. Como me dijo en una ocasión Gregory Bateson, «Siempre existe un valor óptimo más allá del cual todo, ya sea el oxígeno, el sueño, la psicoterapia o la filosofía, resulta nocivo. Las variables biológicas siempre deben estar adecuadamente equilibradas».

¿Cuál es el equilibrio óptimo entre la negación y la verdad?

¿Deben decirse abiertamente todas las verdades? Posiblemente no. En este sentido, cabe señalar un caso expuesto por Theodore Lidz de una de sus pacientes, una chica de quince años que idolatraba a su madre como modelo de belleza y eficacia.[4] La madre tenía un próspero negocio de seguros que compensaba con creces las exiguas ganancias de su padre como artista y no tenía el menor problema en comprar a su hija la ropa más cara y pagarle unas vacaciones de invierno en cualquier lugar cálido.

Pero la muchacha terminó descubriendo que el «negocio de su madre no era lo que parecía», porque el único cliente de su supuesta compañía de seguros era un acaudalado hombre de negocios. Casualmente, estando de vacaciones, coincidieron con ese hombre en el mismo hotel y la joven entendió que los «viajes de negocios» que alejaban a su madre del hogar una o dos noches por semana eran en realidad citas con ese empresario. Y aunque casi todos los vecinos del pequeño pueblo en que vivían conocían la situación, su padre había logrado no darse cuenta de lo que ocurría. Una vez destrozada la imagen que tenía de su familia, la muchacha adoptó una actitud promiscua que presentaba claros rasgos patológicos, y finalmente fue ingresada para recibir ayuda psiquiátrica. Fue entonces cuando Lidz la conoció.

En opinión de Lidz, cuando un adolescente descubre una verdad como la que afectó a su paciente, experimenta un profundo desengaño. «El adolescente necesita modelos tangibles. Su autoestima depende de la estima de sus padres, y cuando ese ideal se desmorona, el adolescente se hace daño a sí mismo.»

Este tipo de enredos familiares han sido tema central de muchas obras de teatro de Ibsen. «Privemos al hombre medio de sus mentiras vitales –dijo en una ocasión el autor– y le habremos despojado también de su felicidad.» No obstante, aferrarse con uñas y dientes a las mentiras vitales puede ser igualmente peligroso, como evidencia la obra *Muerte de un viajante,* de Willie Loman.

El talante de muchos terapeutas de comienzos de los setenta fomentó la creencia de que el enfrentamiento abierto tenía virtudes terapéuticas. Will Schutz, uno de los más conocidos promotores de grupo de Esalen, invitaba a las parejas que participaban en sus cursillos a contarse tres secretos como forma de combatir el tedio de la vida familiar. La terapia familiar, por su parte, seguía el credo de Virginia Satir, que afirmaba que «la verdad tiene un gran poder curativo» y, en consecuencia, consideraba que el camino hacia la curación pasaba por sacar a la luz los fantasmas, los secretos y los muertos que se ocultan en el fondo de los armarios de cualquier familia, recelando de las terapias tradicionales en que los pacientes sólo revelan sus secretos en la intimidad de la relación terapéutica.

El clima cultural imperante por aquel entonces alentaba de algún modo la confesión pública. Los americanos reaccionaban en contra de los secretos de las altas esferas –los concursos televisivos amañados, la guerra encubierta en el Sudeste asiático o el caso Watergate– y los terapeutas de grupo sostenían la promesa de que la cura sólo era posible desnudando públicamente el corazón.

Actualmente, sin embargo, la visión es algo más moderada, porque los terapeutas consideran que esa «verdad» puede ser otra forma de alentar la guerra psicológica entre las personas y convertirse en una estrategia neurótica más que en una catarsis curativa. En el ámbito de la terapia familiar, por ejemplo, existe el creciente convencimiento de que la mejora no pasa por el ataque frontal al equilibrio familiar, sino que exige recurrir a la paradoja y a la introducción de pequeños cambios. Parece que cada vez es más arraigado el convencimiento de que la respuesta no consiste ni en el autoengaño ni en el exhibicionismo.

Si bien es cierto, tal como afirmó Franz Boas, que «todo lo que podemos hacer por la humanidad es alentar la verdad, ya sea ésta dulce o amarga», la forma de exponerla es un asunto muy delicado. Cuando la verdad desgarra los velos que nos mantienen a salvo de la información dolorosa, la exposición a la verdad puede resultar peligrosa.

Nuestro recorrido comenzó con el sistema de dolor del cuerpo, con un modelo neurológico del posible trueque existente entre el dolor y la atención, un intercambio que hemos rastreado también en los distintos niveles de organización de la conducta. Convendría ahora que considerásemos las lecciones que nos proporciona la cirugía del dolor.

Cuando un paciente experimenta un dolor crónico tan refractario que ningún tratamiento parece aliviarlo, el médico puede recomendar una intervención quirúrgica. Pero ésta, aunque puede resultar muy beneficiosa, en ocasiones sólo contribuye a empeorar la situación. De modo que, si bien nuestra comprensión del sistema neurológico del dolor ha aumentado considerablemente en las dos últimas décadas, todavía nos quedan, al respecto, muchas cosas por aprender. Pero el cirujano tiene en sus manos el más peligroso de los poderes, el conocimiento parcial.

Ciertos intentos de poner fin quirúrgicamente a un dolor irreductible no han tenido el éxito esperado. La intervención quirúrgica que afecta a cualquier región del sistema del dolor –desde la espina dorsal y el tronco cerebral hasta el tálamo y el córtex– puede provocar una lamentable condición conocida como «dolor central». Este tipo de dolor posee características especialmente desagradables –«aparición y desaparición súbita del dolor, entumecimiento, frío, pesadez, quemazón y otras sensaciones perturbadoras que hasta los pacientes más locuaces tienen dificultades para describir»–[5] cuya naturaleza es muy distinta de todo lo que anteriormente ha conocido el paciente.

Pero la aparición de este dolor suele ocurrir después de que la operación haya aliviado el dolor original. Lo paradójico, obviamente, es que esta situación es la consecuencia de la misma intervención quirúrgica destinada a aliviarlo. El problema es que los mecanismos nerviosos que registran y reaccionan ante el dolor son sumamente delicados y se hallan sujetos a un equilibrio muy complejo. Este ejemplo nos brinda la importante lección preventiva de que, una intervención puede empeorar las cosas, aunque su origen haya sido precisamente dar solución a una situación dolorosa.

· Esta lección se puede aplicar también a las complejidades intrínsecas a cualquier tipo de realidad dolorosa. En el mundo de la diplomacia, por ejemplo, ese tipo de realidades suelen ser abordadas con una extrema delicadeza. La «normalización» de las relaciones entre la China continental y Estados Unidos, iniciada por Nixon, descansaba en la ambigüedad y suponía una relajación de los vínculos con la China nacionalista. Como destacaba un editorial, «Ambas partes han comprendido que la presión de los acontecimientos y de la realidad les obligaba a tender un velo de ambigüedad. La expectativa era que en algún momento las ventajas evidentes de la relación compensarían las evidentes desventajas».[6]

El equilibrio existente entre la eliminación de los velos protectores y el ocultamiento de las verdades dolorosas resulta muy sutil. De este modo, cuando Janis propone la figura del abogado del diablo para contrarrestar los inconvenientes del «pensamiento colectivo», se apresura también a advertir que esta medida podría amenazar la cohesión del grupo y destruir el consenso necesario para su buen funcionamiento.

Pero hay que señalar también que esto puede terminar convirtiéndose en una trampa. Desde que Janis publicó su libro en 1971, la utilización indiscriminada de la figura del abogado del diablo se ha difundido tanto que en ocasiones ha terminado convirtiéndose en un ritual vacío de contenido:

> Por ejemplo, el presidente Johnson y otros insignes personajes que solían participar en las comidas que se organizaban en la Casa Blanca todos los martes, afirmaban que contaban con sus propios abogados del diablo cada vez que querían intensificar la intervención americana en la guerra contra Vietnam del Norte. Pero lo cierto es que esos abogados no eran muy diabólicos que digamos [...] porque eran fácilmente silenciados y el presidente sólo les permitía exponer sus opiniones siempre que no fueran más allá de los

límites de lo que tanto él como algunos de los miembros más destacados del grupo consideraban una discrepancia aceptable.[7]

Sin embargo, la «discrepancia aceptable» no es en modo alguno una discrepancia real porque depende de los esquemas compartidos y no supone la menor amenaza para las ilusiones colectivas.

Como me dijo en cierta ocasión Gregory Bateson, a propósito
de un comentario que le hizo Robert Oppenheimer en 1947: «El
mundo se dirige hacia el infierno a gran velocidad, con una aceleración positiva y un incremento también positivo de esa aceleración. Y el único modo de eludir ese destino consiste en que tanto
los rusos como nosotros nos propongamos cambiar de dirección
[...] Cada acción que emprendamos movidos por el miedo a una
posible guerra –prosiguió Bateson– no hace más que acelerar su
emergencia. Aumentamos nuestro arsenal para tratar de mantener
bajo control a los rusos y ellos, por su parte, hacen lo mismo. Es
la ansiedad, a la postre, la que nos aproxima a lo que más tememos
y la que da origen a su propio desastre.» «¿Debemos, entonces,
limitarnos a dar la espalda a la ansiedad y no hacer nada?», le pregunté. «Lo único que podemos hacer –dijo– es ser muy cautelosos
con la política que seguimos a este respecto, puesto que, si desconocemos la pauta global, todo intento de resolver un horror presente podría dar lugar a un horror todavía peor.»

¿Qué podemos hacer entonces?

A pesar de la cautela de Bateson, debemos actuar. Cuando nos
dejamos guiar por una sensibilidad afectada por los puntos ciegos y
distorsionada por la necesidad imperiosa de omitir las verdades, estamos acelerando nuestra marcha hacia el desastre. Si queremos llegar a descubrir nuestro camino, debemos estar dispuestos a escuchar
las verdades. Nuestra mejor esperanza consiste en atender a la voz
clara e inconfundible de quienes parecen más lúcidos. No podemos
permitir que la prudencia paralice nuestra acción y nos impida ver
y decir cómo son realmente las cosas. Necesitamos el consejo que
brota de la visión interior porque la visión interior es curativa.

A decir verdad, existe una diferencia fundamental entre los
puntos ciegos que se derivan de la autoprotección y aquellos otros
que dimanan de la mera confabulación. Cuando la verdad amena

za con romper la conspiración de silencio que salvaguarda una moral corrupta, la alternativa es bien clara: decir la verdad o unirse a los conspiradores.

Pero, como hemos visto, algunos puntos ciegos nos ayudan a soportar ciertas verdades dolorosas que forman parte esencial de la condición humana. Cuando los puntos ciegos en cuestión resultan, a la postre, benignos –y hasta positivos–, el posible curso de acción no está tan claramente definido. La existencia es tan compleja que no resulta fácil decidir qué mentiras son vitalmente imprescindibles y qué verdades deberían ser reveladas. El grito de angustia de Willie Loman en *Muerte de un viajante*, mientras se aproxima la catástrofe, obnubilado por las mentiras que no puede dilucidar, es «¡Debo prestar atención!».

Pero ¿cómo y a qué debemos prestar atención? ¿Cómo tendremos que proceder ante un equilibrio tan delicado?

El comienzo de *The Illusionless Man*,[8] un relato de Allen Wheelis publicado en 1966, puede ser muy revelador:

> Había una vez un hombre que carecía de todo tipo de ilusiones. Cuando aún estaba en la cuna aprendió que su madre no era siempre bondadosa; a los dos años de edad, había dejado ya de creer en las hadas; y las brujas y los duendes desaparecieron de su mundo a los tres; a los cuatro supo que los conejos no ponen huevos, y a los cinco, en una fría noche de diciembre, se despidió de Santa Claus con una amarga sonrisa en los labios. A los seis años de edad, cuando comenzó la escuela, las pocas ilusiones que le quedaban escaparon de su vida como plumas arrastradas por el viento: descubrió que su padre no había sido siempre valiente ni honesto, que los presidentes suelen ser hombres bajitos, que la reina de Inglaterra va, como todo el mundo, al cuarto de baño y que su maestra de primer grado, una hermosa joven de rostro ovalado con hoyuelos en las mejillas, no lo sabía todo, como él creía, y que lo que más parecía interesarle eran los hombres… Cuando alcanzó la adolescencia, se dio cuenta de que el acto más generoso es el que uno se hace a sí mismo, que la investigación en apariencia más imparcial sirve a intereses espurios y que los libros están llenos de mentiras. Había perdido mucho más que la ilusión… había perdido los tabúes y las reglas. Y, como todo estaba permitido, no había nada que mereciera la pena.

Pero el protagonista de la historia de Wheelis se casa con una mujer llena de ilusiones. Cuando están a punto de contraer matrimonio, él le dice:

> A Dios no le gustaría estar aquí, cariño, un lugar donde las mujeres lloran por la juventud y la inocencia perdida, donde los hombres quieren llevarte a la cama y el sacerdote, desde una posición levemente superior a la nuestra, mira tu escote con la boca reseca [...].

Al final del relato, Henry, el hombre que carecía de ilusiones, y Lorabelle, su esposa, son ya ancianos, y para entonces él ha descubierto que la ilusión hace más agradable la vida y la llena de sentido.

> ... podía vérsele esforzándose por alcanzar la belleza, la verdad, la bondad y el amor imposibles. Pero mientras que en su juventud siempre decía «Es una ilusión» y se alejaba, ahora en cambio decía «No hay nada más» y seguía ahí [...] Y cuando finalmente llegó la hora de la muerte, Lorabelle le dijo: «Ahora estaremos juntos para siempre.» Henry sonrió, la besó y se dijo a sí mismo: «No hay nada más.» Y ambos murieron.

El siguiente relato –sin duda, apócrifo– sobre el actual Dalai Lama también puede ser muy revelador. En Lhasa, existía la tradición de que los monjes se reunieran a debatir sobre temas doctrinales en los aledaños del monasterio principal. Uno a uno, todos iban turnándose para tratar de responder a una especie de acertijos religiosos. Las preguntas, sin embargo, se habían repetido una y otra vez a lo largo de los años y las respuestas, memorizadas desde hacía mucho tiempo, eran siempre las mismas.

Para su propia desazón, se esperaba que el Dalai Lama se presentara ante la asamblea de monjes una vez al año y participara en la ceremonia de las preguntas. Los tutores del Dalai Lama seleccionaban previamente al monje que iba a hacer la pregunta cuya respuesta ya se conocía de antemano. Y si bien el ritual no era más que una mera representación, toda la asamblea se quedaba boquiabierta ante su respuesta.

Pero cuando el Dalai Lama cumplió trece años y llegó el momento de cumplir con el ritual de la pregunta, supo que le sería difícil soportar la falsa espontaneidad y el suspiro de asombro que presumiblemente seguiría a su ensayada respuesta, una respuesta mecánica que, a decir verdad, nadie comprendía.

La pregunta de ese año era: «¿Cómo responde el río al pájaro cuando llueve?, a lo que él debía responder: «Tornándose nieve.»

El Dalai Lama anhelaba fervientemente poder dar otra respuesta más original, que acallara para siempre la falsa expresión de asombro y rasgara el velo de la cortesía ritual de los monjes. Pero cuanto más se esforzaba por hallar una respuesta profunda, más se fruncía su ceño y más se hundían las cuencas de sus ojos. Pasaba en vela las noches tratando de encontrar la respuesta correcta y, de ese modo, a las pocas semanas parecía haber envejecido. Finalmente, cayó en un estado de profunda melancolía.

El día señalado, llamó a su regente, que se quedó asombrado por el maciliento aspecto del joven lama, que parecía una cáscara nudosa y reseca.

—Ya no habrán más preguntas rituales —dijo secamente el Dalai Lama—. Sólo quiero que se haga una nueva pregunta, una pregunta que no me sorprenda, pero que nos permita tomar conciencia de cómo son las cosas realmente. Y prohíbo terminantemente que nadie me ayude a responder.

Cuando el consumido Dalai Lama se presentó ante la asamblea de monjes, éstos se quedaron boquiabiertos y silenciosos al verlo, pero siguieron manteniendo la compostura. Nadie parecía poder encontrar una nueva pregunta y nadie tenía tampoco ninguna pregunta adecuada que hacer. De modo que permanecieron reunidos, sentados en silencio, durante todo el día y gran parte de la fría y oscura noche. Al final, uno de los monjes más jóvenes se atrevió a preguntar con voz tímida:

—Su Santidad, ¿acaso no tenéis frío?

—Sí, tengo frío. Y vosotros, ¿tenéis también frío? —respondió.

—Sí, Su Santidad, tenemos frío —replicaron los monjes.

—Entonces —dijo el Dalai Lama— vayamos adentro.

Cuando los monjes se volvieron a reunir en el vestíbulo, lleno de lamparillas de grasa de yak que ardían cálidamente, el Dalai

Lama, que había recuperado su aspecto juvenil y saludable, se sentó de nuevo en su trono.

–Éste es, sencillamente, el tipo de preguntas y respuestas que deberíamos plantearnos –dijo, dedicándoles la más amplia de sus sonrisas y mostrándose como el risueño joven que siempre habían conocido.

En algún punto ubicado entre ambos extremos –vivir una vida plagada de mentiras vitales o ceñirse exclusivamente a decir las verdades más simples– descansa el más útil de los instrumentos, el sendero que conduce a la cordura y la supervivencia.

NOTAS

INTRODUCCIÓN

1. Michael Weissberg, *Dangerous Secrets,* W. W. Norton, Nueva York, 1983.
2. *Ibíd.*, p. 27.
3. Entrevista a Jesse Jackson publicada en *Playboy* (mayo de 1981), p. 70.
4. Samuel G. Freedman, «From South Africa. A Tale Told in Black and White», *The New York Times* (19 de febrero de 1984), H7.
5. Estos ejemplos proceden de Robert Jervis, *Perception and Misperception in International Politics,* Princeton University Press, Princeton, Nueva Jersey, 1976.
6. Louis Cunniff, «Soviet Photojournalism», *Columbia Journalism Review* (mayo/junio de 1983), p. 45.
7. John Updike, «Reflections Kafka's Short Stories», *The New Yorker* (9 de mayo de 1983), p. 121.
8. Esta conversación fue parcialmente reproducida en «Breaking Out of the Double Bind», *Psychology Today* (agosto de 1978).

PRIMERA PARTE

1. David Livingstone, *Missionary Travels,* 1857, citado por Dennis D. Kelly, «Somatic Sensory System IV: Central Representations of Pain and Analgesia», en Eric Kandel y James Schwartz (eds.), *Principles of Neural Science,* Elsevier North Holland, Nueva York, 1981, p. 211.
2. Dennis D. Kelly, en Eric Kandel y James Schwartz, *op.cit.* La descripción del sistema del dolor que presentamos en este capítulo se basa fundamentalmente en este texto.
3. Hans Selye, *The Stress of Life,* McGraw-Hill, Nueva York, 1956.

4.   Samuel C. Risch y col. «Co-release of ACTH and Beta-Endorphin Immu-noreactivity in Human Subjects in Response to Central Cholinergic Stimulations», *Science* 222 (7 de octubre de 1983), p. 77.

5.   Brendan Maher, «The Language of Schizophrenia: A Review and Inter-pretations», *British Journal of Psychiatry* 120 (1970), pp. 3-17.

6.   Los datos y argumentos esgrimidos por Buchsbaum se encuentran reco-gidos en los siguientes artículos: Glenn C. Davis, Monte Buchsbaum y col., «Anal-gesia to Pain Stimuli in Schizophrenics and Its Reversal by Naltrexone», *Psychiatry Research,* p. 1 (1979), pp. 61-69; Glenn C. Davis, Monte Buchsbaum y William E. Bunney, Jr., «Alterations of Evoked Potentials Link Research in Attention Dys-function to Peptide Response Symptoms of Schizophrenia», en *Neural Peptides and Neuronal Communications,* E. Costa y M. Trabucci (eds.), Raven Press, Nueva York, 1980; Monte S. Buchsbaum y col., «Evoked Potential Measures of Attention and Psychopathology», *Advances in Biological Psychiatry* 6 (1981), pp. 186-194; Monte S. Buchsbaum y col. «Role of Opioid Peptides in Disorders of Attention in Psychopathology», *Proceedings of the New York Academy of Science,* 1982, pp. 352-265; Glenn C. Davis, Monte S. Buchsbaum y col. «Altered Pain Perception and Ce-rebrospinal Endorphins in Psychiatric Illness», *Proceeding of the New York Acade-my of Science,* 1983, pp. 366-373.

7.   Floyd Bloom, Salk Institute, comunicación personal del autor.

8.   Y. Shavit y col. «Endogenous Opioids May Mediate the Effects of Stress on Tumor Growth and Immune Function», *Proceedings of the Western Pharmaco-logy Society* 26 (1983), pp. 53-56.

9.   La estrecha relación existente entre la atención y los centros de la tensión se describe en David M. Warburton, «Physiological Aspects of Information Processing and Stress», en Vernon Hamilton y David M. Warburton, *Human Stress and Cognition: An Information Processing Approach,* John Wiley and Sons, Nueva York, 1979.

10.   Karl H. Pribram y Dianne McGuinnes, «Brain Systems Involved in At-tention-Related Processing: A Summary Review», presentado en el Symposium on the Neurophysiology of Attention, Houston, julio de 1982.

11.   Warburton, *op. cit.*

12.   G. Weltman, J. E. Smith, y G. H. Egstrom, «Perceptual Narrowing During Simulated Pressure-Chamber Exposure», *Human Factors* 13 (1971), pp. 79-107.

13.   Mardi Horowitz, «Psychological Response to Serious Life Events», en Shlomo Breznitz (ed.), *The Denial of Stres,* International Universities Press, Nue-va York, 1983.

14.   La lista de intromisiones se cita en Horowitz, *ibíd.,* p. 136.

15.   David Alpren, *The New York Times,* sección 10, p. 1 (27 de septiembre de 1981).

16.   Richard Lazarus, «The Stress and Coping Paradigm», conferencia pre-sentada en The Critical Evaluation of Behavioral Paradigms for Psychiatric Science, Gleneden Beach, Oregón (noviembre de 1978).

17.   C. H. Folkins, «Temporal Factors and the Cognitive Mediators of Stress Reaction», *Journal of Personality and Social Psychology* 14 (1970), pp. 173-184.

18.   Aaron Beck, *Cognitive Therapy and the Emotional Disorders*, International Universities Press, Nueva York, 1976, p. 14.

19.   Michael Wood, «In the Museum of Strangeness», *The New York Review
of Books* (19 de marzo de 1981), p. 44.

20.   Robert Jay Lifton, *Death in Life*, Basic Books, Nueva York, 1967, p. 10.

21.   Horowitz, *op. cit.*, p. 134.

22.   Richard Lazarus, «Positive Denial: The Case for Not Facing Reality»,
Psychology Today (noviembre de 1979), p. 57.

SEGUNDA PARTE

1.   Sigmund Freud, *The Interpretation of Dreams*, Basic Books, Nueva York,
1900; traducción castellana: *La interpretación de los sueños* (3 tomos), Alianza
Editorial, Madrid, 1992.

2.   *Ibíd.*, p. 540.

3.   La mejor revisión de este punto y de los asuntos que tienen que ver con
el modelado de la mente se presenta, en mi opinión, en Matthew Hugh Erdelyi,
«A New Look at the New Look: Perceptual Defense and Vigilance» *Psychology
Review* 81 (1974), pp. 1-25. También es recomendable consultar Colin Martindale,
Cognition and Consciousness, Dorsey Press, Homewood, Illinois, 1981.

4.   R. N. Haber, «Nature of the Effect of Set on Perception», *Psychological
Review* 73 (1966), pp. 335-351.

5.   Donald E. Broadbent, *Perception and Communication*, Pergomon Press,
Londres, 1958.

6.   Erdelyi, *op. cit.*, p. 19.

7.   Donald A. Norman, «Toward a Theory of Memory and Attention», *Psychological Review* 75 (1968), pp. 522-536.

8.   George Miller, «The Magical Number Seven, Plus or Minus Two; Some
Limits on Our Capacity for Processing Infomation», *Psychological Review* 63
(1956), pp. 81-97. Véase también Herbert A. Simon, «How Big Is a Chunk?»,
Science 183 (1974), pp. 482-488.

9.   Ulric Neisser, «The limits of Cognition», en Peter Jusczyk y Raymond
Klein (eds.), *The Nature of Thought*, Lawrence Erlbaum Associates, Hillsdale, Nueva Jersey, 1980.

10.   Donald A. Norman y Tim Shallice, «Attention to Action: Willed and
Automatic Control of Behavior», Center for Human Information Processing, diciembre de 1980. Michael Posner, en una ponencia titulada «Psychoanalysis and
Cognitive Psychology», durante la reunión anual de la American Psychological Association, celebrada en agosto de 1983, propuso que la capacidad de la que habla Neisser no se halla dentro del ámbito del conocimiento consciente, sino que
se ubicaría en los canales inconscientes.

11.   Donald A. Norman, *Slips of the Mind and a Theory of Action*, Center for
Human Information Processing, Universidad de California, San Diego, manuscrito
inédito, 22 de febrero de 1979, p. 8.

12.   Emmanuel Donchin, comunicación personal del autor. Donchin es el jefe del Laboratorio de Psicobiología Cognitiva de la Universidad de Illinois, Champaign, Urbana.

13   Roy Lachman, Janet Lachman y Earl Butterfield, *Cognitive Psychology and Information Processing,* Lawrence Erlbaum Associates, Hillsdale, Nueva Jersey, 1979.

14.   Una presentación completa de los esquemas se ofrece en David Rumel-hart, *Schemata: The Building Blocks of Cognition,* Center for Human Information Processing, Universidad de California, San Diego, diciembre de 1978.

15.   Jean Piaget, *The Construction of Reality in the Child,* Basic Books, Nueva York, 1971. Una introducción más completa a la obra de Piaget es la que nos ofrecen Dorothy G. Singer y Tracey A. Revenson, *A Piaget Primer,* American Library, Nueva York, 1979; traducción castellana: *La construcción de lo real en el niño,* editorial Crítica, Barcelona.

16.   A menos que se diga lo contrario, los comentarios de Ulric Neisser en este capítulo proceden de una conversación que sostuvimos en Cornell en noviembre de 1982.

17.   Rumelhart, *op. cit.,* p. 13.

18.   Emmanuel Donchin, «Surprise!... Surprise!», *Psychophysiology* 18 (1981), pp. 493-513.

19.   Susan Fiske, «Schema-Triggered Affect: Applications to Social Perception», en M.S. Clark y F.T. Fiske (eds.), *Affect and Cognition,* Lawrence Erlbaum Associates, Hillsdale, Nueva Jersey, 1982, pp. 55-77.

20.   Rumelhart, *op. cit.,* p.14.

21.   Charles Simmons, «The Age of Maturity», *The New York Times Magazine* (11 de diciembre de 1983), p. 114.

22.   Peter Lang, «Cognition in Emotion; Concept and Action», en Carroll Izard, Jerome Kagan y Robert Zajonc (eds.), *Emotion, Cognition, and Behavior,* Cambridge University Press, Boston, 1984.

23.   George Mandler, «Consciousness: Its Function and Construction», Center for Human Information Processing, Universidad de California, San Diego, junio de 1983. Algunas de las ideas de Mandler presentadas aquí proceden de una ponencia que presentó en la Presidential Address to the Division of General Psychology, American Psychological Association, celebrada en agosto de 1983.

24.   Norman Dixon, *Preconscious Processing,* John Wiley and Sons, Nueva York, 1981.

25.   Richard Nisbett y T. Wilson, «Telling More Than We Can Know: Verbal Reports on Mental Processes», *Psychological Review* 84 (1977), pp. 231-259. La discusión dentro del campo de la psicología sobre la existencia del inconsciente se revisa en Howard Shevrin y Scott Dickman, «The Psychological Unconscious: A Necessary Assumption for All Psychological Theory?», en *American Psychologist* 35 (1980), pp. 421-434.

26.   William Kunst-Wilson y R. B. Zajonc, «Affective Discrimination of Stimuli That Cannot be Recognized», *Science* 207 (1980), pp. 557-558.

27. Howard Shevrin, «Some Assumptions of Psychoanalytic Communication: Implications of Subliminal Research for Psychoanalytic Method and Thechnique», en Norbert Freeman y Stanley Grand (eds.), *Communicative Structures and Psychic Structures*, Plenum, Nueva York, 1977.

28. Howard Shevrin, «The Unconscious Is Alive and Well», manuscrito inédito, fechado en diciembre de 1979.

29. Ernest Hilgard, *Divided Consciouness*, John Wiley and Sons, Nueva York, 1977.

30. *Ibíd.*, p. 186. Existe un debate abierto acerca de la validez de la noción del observador oculto. Véase Jean-Roch Laurence, Campbell Perry y John Kihlstrom, «"Hidden Observer" Phenomena Hypnosis: An Experimental Creation?», *Journal of Personality and Social Psychology* 44 (1983), pp. 163-169.

31. Ellen Hale, «Inside the Divided Mind», *The New York Times Magazine* (17 de abril de 1983), p. 100.

32. Willard Mainord, Barry Rath y Frank Burnett, «Anesthesia and Suggestion», ponencia presentada en la reunión anual de la American Psychological Assotiation, agosto de 1983.

33. Henry Bennett, Hamilton Davis y Jeffrey Giannini, «Posthypnotic Suggestions During General Anesthesia and Subsequent Dissociated Behavior», ponencia presentada en la Society for Clinical and Experimental Hypnosis, octubre de 1981.

TERCERA PARTE

1. Ulric Neisser, «John Dean's Memory: A Case Study», *Cognition* 9 (1981), pp. 1-22.

2. Grabaciones realizadas ante el Comité sobre Actividades de la Campaña Presidencial realizada en el Senado de Estados Unidos, Reunión noventa y tres, Primera Sesión, 1973, p. 957.

3. Neisser, *op. cit.*, p. 9.

4. *Ibíd.*, p. 10.

5. *Ibíd.*, p. 19.

6. *The New York Times* (16 de febrero de 1983), p. 23.

7. Anthony Greenwald, «The Totalitarian Ego», *American Psychologist* 35 (1980), pp. 603-618.

8. Seymour Epstein, «The Self-Concepts a Review and the Proposal of an Integrated Theory of Personality», en Ervin Staub, *Personality: Basic Aspects and Current Research*, Prentice-Hall, Englewood Cliffs, Nueva Jersey, 1980, p. 84.

9. Aaron Beck, *Depression: Clinical, Experimental and Theoretical Aspects*, Hoeber, Nueva York, 1967, p. 135; traducción castellana: *Terapia cognitiva de la depresión*, editorial Desclée de Brouwer, Bilbao, 1983.

10. Aaron Beck y col., *Cognitive Therapy of Depression*, Guilford, Nueva York, 1979, pp. 13-15.

11. Epstein, *op. cit.*, p. 104.

12. Mardi Horowitz, «Psychological Response to Serious Life Events», en Shlomo Breznitz (ed.), *The Denial of Stress*, International Universities Press, Nueva York, 1983, p. 139.

13. La dinámica del sistema del yo está muy bien presentada en Harry Stack Sullivan, *The Interpersonal Theory of Psychiatry*, W. W. Norton, Nueva York, 1953.

14. Mark Jacobson, «How Summer Camp Saved My Life», *Rolling Stone* (21 de julio de 1983), p. 48.

15. Sullivan, *op. cit.*, p. 190.

16. Entrevista con Ulric Neisser celebrada en Cornell en noviembre de 1982.

17. Lester Luborsky, Barton Blinder y Jean Schimek, «Looking, Recalling, and GSR as a Function of Defense», *Journal of Abnormal Psychology*, p. 70 (1965), pp. 270-280.

18. Revisión de las investigaciones realizadas en Rusia, en Howard Shevrin, E. Kostandov e Y. Arzumanov, «Averaged Cortical Evoked Potentials to Recognized and Nonrecognized Verbal Stimuli», *Acta Neurobiologiae Experimentalis* 37 (1977), pp. 321-324. Howard Shevrin me contó los pormenores experimentales.

19. Shevrin presentó su investigación en la reunión anual de la American Psychological Association en agosto de 1983.

20. Vernon Hamilton, «Information-Processing Aspects of Denial: Some Tentative Formulations», en Shlomo Breznitz (ed.), *The Denial of Stress*, International Universities Press, Nueva York, 1983.

21. Sigmund Freud, *Repression*, en J. Strachey (ed.), *The Standard Edition of the Complete Psychological Works of Sigmund Freud*, vol. 15, Hogarth Press, Londres, 1957; originalmente publicado en 1915. Traducción castellana en el volumen 15 de las *Obras completas de Sigmund Freud*, Amorrortu Editores, Buenos Aires, 1979, una edición que sigue el mismo orden que la traducción inglesa de J. Strachey.

22. Matthew Erdelyi y Benjamin Goldberg, «Let's Not Sweep Repression Under the Rug: Toward a Cognitive Psychology of Repression», en John Kihlstrom y Frederick Evans, *Functional Disorders of Memory*, Lawrence Erlbaum Associates, Hillsdale, Nueva Jersey, 1979. Erdelyi ha tratado de reformular a Freud en términos cognitivos. Estoy en deuda con su análisis del papel desempeñado por la represión, que aparece en el artículo aquí citado y que también tuve ocasión de discutir con él en una entrevista personal.

23. Freud, *op. cit.*

24. R. D. Laing, *The Politics of the Family*, CBC Publications, Toronto, 1969, pp. 27-28; traducción castellana: *El cuestionamiento de la familia*, editorial Paidós, Barcelona, 1986.

25. Leslie Epstein, «Round Up the Usual Suspects», *The New York Times Book Review* (10 de octubre de 1982), pp. 9, 27-29.

26. *Ibíd.*, p. 28.

27. *Ibíd.*

28. *Ibíd.*

29. Erdelyi Goldberg, *op. cit.*

30. Sigmund Freud, *The Interpretation of Dreams,* J. Strachey (trad. y ed.), *The Standard Edition of the Complete Psychological Works of Sigmund Freud,* vols. 4 y 5, Hogarth Press, Londres, 1953 (originalmente publicado en 1900), p. 600; traducción castellana: *La interpretación de los sueños,* Alianza Editorial, Madrid, 1992.

31. Matthew Erdelyi y Benjamin Goldberg, *op. cit.* Véase también Morton Reiser, *Mind, Brain, Body,* Basic Books, Nueva York, 1984.

32. R. D. Laing, *The Politics of the Family,* CBC Publications, Toronto, 1969, p. 28.

33. Harry Stack Sullivan, *The Interpersonal Theory of Psychiatry,* W.W. Norton, Nueva York, 1963, p. 321.

34. Erdelyi, *op. cit.*

35. Sullivan, *op. cit.*, p. 319.

CUARTA PARTE

1. Wilhelm Reich, *Character Analysis,* Farrar, Straus & Giroux, Nueva York, 1972; traducción castellana: *Análisis del carácter,* ed. Paidós, Barcelona, 1957.

2. Wilhelm Reich, citado por Daniel Goleman y Kathleen Speeth (eds.) en *The Essential Psychotherapies,* New American Library, Nueva York, 1982, p. 71.

3. Ernest Becker, *Angel in Armor,* Free Press, Nueva York, 1975, p. 83.

4. *Ibíd,* p. 85.

5. David Shapiro, *Neurotic Styles,* Basic Books, Nueva York, 1965. Los detalles clínicos adicionales proceden de Theodore Millon, *Disorders of Personality,* John Wiley and Sons, Nueva York, 1982. El resumen del estado de la cuestión con respecto a los estilos de personalidad forma parte de un volumen anejo al *Diagnostic and Statistical Manual,* manual oficial para el diagnóstico psiquiátrico. Traducción castellana: *Los estilos neuróticos,* editorial Psique, Buenos Aires.

6. Arthur Conan Doyle, «The Adventure of the "Gloria Scott"», en *The Original Illustrated Sherlock Holmes,* Castle Book, Secaucus, Nueva Jersey, 1980, pp. 236-247. El caso es de interés especial para la historia de Holmes, dado que revela alguna de sus experiencias antes de convertirse en el primer detective privado del mundo. Traducción castellana: *El Gloria Scott,* en *Aventuras de Sherlock Holmes,* vol. 1, editorial Porrúa, Ciudad de México.

7. Las facultades perceptuales y lógicas de Sherlock Holmes son descritas con todo lujo de detalles por Marcello Truzzi y Scot Morris en «Sherlock Holmes as a Social Scientist», *Psychology Today* (diciembre de 1971), pp. 62-86.

8. Mi descripción del «detective» debe mucho al perfil del tipo paranoide descrito por David Shapiro y a la representación de Theodore Millon de la pauta suspicaz de la personalidad paranoide.

9. David Shapiro, *op. cit.*, p. 61.

10. *Ibíd.*, p. 57.

11. Theodore Millon, *op. cit.*, p. 381.

12. Jerry Adler, «The Ludlum Enigma», *Newsweek* (19 de abril de 1982).

13. David Shapiro, *op. cit.*, p. 96.

14. El microevento fue presentado por Susan Quinn en «The Competence of Babies», *Atlantic Monthly* (enero de 1982), pp. 54-60, y procede de la investigación realizada por el doctor Daniel Stern, un psiquiatra de la Cornell University Medical Center, de Nueva York.

15. Selma Fraiberg presentó este caso en un simposio celebrado en la University of California Medical Center, celebrado entre el 5 y el 7 de junio de 1981 en San Francisco.

16. El episodio entre Jenny y su madre procede de Daniel Stern, *The First Relationship: Infant and Mother,* Harvard University Press, Cambridge, 1977, pp. 110-113; traducción castellana: *La primera relación madre-hijo,* Ediciones Morata, Madrid, 1983.

17. Daniel Stern, *ibíd.*, p. 114.

18. Theodore Millon, *Disorders of Personality,* John Wiley and Sons, Nueva York, 1981, p. 90.

19. Morton Schatzman, *Soul Murder,* New American Library, Nueva York, 1974; traducción castellana: *El asesinato del alma. La persecución del niño en la familia autoritaria,* editorial Siglo XXI, Madrid.

20. Schreber, citado en Schatzman, p. 26.

21. La visión de que el enojo se encuentra en la raíz de la conducta paranoica se halla más claramente elaborada en W. W. Meisner, *The Paranoid Process,* Jason Aronson, Nueva York, 1978.

22. Gisela Zena, «Mistreatment of Children and Children's Rights», citado en Alice Miller, *For Your Own Good,* Farrar, Straus and Giroux, Nueva York, 1983, p. 89; traducción castellana: *Por tu propio bien,* Tusquets Editores, Barcelona, 1985.

23. *Ibíd.*

24. Adaptado de Miller, *op. cit.*, p. 106.

25. La teoría del doble vínculo fue descrita por Gregory Bateson, Don D. Jackson, Jay Haley y John Weakland en «Toward a Theory of Schizophrenia», *Behavioral Science* 1 (1956), pp. 251-286; traducción castellana en la obra de G. Bateson *Pasos hacia una ecología de la mente,* editorial Carlos Lohle, Buenos Aires, 1985.

26. R. D. Laing, *Self and Others,* Tavistock Publications, Nueva York, 1969, pp. 127-128; traducción castellana: *El yo y los otros,* Fondo de Cultura Económica, Ciudad de México, 1974.

27. Ernest Schachtel, *Metamorphosis,* Basic Books, Nueva York, 1959; traducción castellana: *Metamorfosis. El conflicto del desarrollo humano y la psicología de la creatividad,* Fondo de Cultura Económica, Ciudad de México.

28. Erving Goffman, *The Presentation of Self in Everyday Life,* Doubleday & Co., Nueva York, 1959; traducción castellana: *La presentación de la persona en la vida cotidiana,* Amorrortu Editores, Buenos Aires, 1971.

29. Lilly Pincus y Christopher Dare, *Secrets in the Family,* Pantheon, Nueva York, 1978; traducción castellana: *Secretos en la familia. Terapia familiar,* editorial Cuatro Vientos, Santiago de Chile.

QUINTA PARTE

1. Sigmund Freud, *Group Psychology and the Analysis of the Ego*, Bantam Books, Nueva York, 1965, pp. 13-16; traducción castellana: *Psicología de las masas y análisis del yo*, vol. 18, *Obras completas de Sigmund Freud*, Amorrortu Editores, Buenos Aires, 1979.

2. Manfred Kets de Vries y Danny Miller, *The Neurotic Organization*, Jossey Bass, San Francisco, 1984.

3. David Reiss, *The Family's Construction of Reality*, Harvard University Press, Cambridge, 1981.

4. Investigación tipológica llevada a cabo en 1949 por Robert Merton; Reiss extiende la tipología local-cosmopolita al ámbito de las familias.

5. Reiss, *op. cit.*, p. 21.

6. Reiss, *op. cit.*, p. 66.

7. David Reiss y Marry Ellen Oliveri, «Sensory Experience and Family Process: Perceptual Styles Tend to Run in but Not Necessarily Run Families», *Family Process* 22 (1983), pp. 289-316.

8. *Ibíd.*, p. 226.

9. Jill Metcoff y Carl A. Whitaker, «Family Microevents: Communication Patterns for Problem Solving», en Froma Walsh (ed.), *Normal Family Processes*, Guilford Press, Nueva York, 1982, pp. 258-259.

10. Eric Bermann, *Scapegoat*, University of Michigan Press, Ann Arbor, 1973.

11. El caso de Roscoe procede de Reiss, *op. cit.*, p. 231, basándose en el relato de Bermann.

12. Hume Cronyn contó esta historia en una entrevista con Timothy White, «Theater's First Couple», *The New York Times Magazine* (26 de diciembre de 1982), p. 22.

13. R. D. Laing, *The Politics of Family*, CBC Publications, Toronto, 1969, p. 40; traducción castellana: *El cuestionamiento de la familia*, editorial Paidós, Barcelona, 1986.

14. *Ibíd.*, p. 41.

15. *Ibíd.*

16. *Ibíd.*, p. 29.

17. Michael Weissberg, *Dangerous Secrets*, W.W. Norton and Co., Nueva York, 1983.

18. Sandra Butler, *Conspiracy of Silence: The Trauma of Incest*, New Glide Publications, San Francisco, 1978.

19. El caso de Margaret se describe en Butler, *op. cit.* Aunque Butler entrevistó a cientos de víctimas y autores del incesto, el caso apócrifo de Margaret constituye un prototipo que resulta sumamente ilustrativo.

20. Weissberg, *op. cit.*, p. 26.

21. *Ibíd.*, pp. 108-109.

22. Irving, Janis, *Victims of Groupthink*, Houghton Mifflin, Boston, 1972; edición revisada, 1983.

23. *Ibíd.*, p. 3.

24. *Ibíd.*, p. 205.

25. Arthur S. Golden, «Groupthink in Japan Inc.», *The New York Times Magazine* (5 de diciembre de 1982), p. 137.

26. Janis, *op. cit.*, p. 13.

27. *Ibíd.*, pp. 37-38.

28. Mi conversación con Harry Levinson se publicó parcialmente en «Oedipus in the Board Room», en *Psychology Today* (diciembre de 1977), pp. 45-51.

29. Charles C. Manz y Henry P. Sims, Jr., «The Potential for "Groupthink" in Autonomous Work Groups», *Human Relations* 35 (1982), pp. 773-784.

30. Eugene M. Fodor y Terry Smith, «The Power Motive as an Influence on Group Decision Making», *Journal of Personality and Social Psychology* 42, pp. 178-185.

SEXTA PARTE

1. La teoría de los marcos de Goffman se describe en *Frame Analysis,* Harvard University Press, Cambridge, 1974. La visión de los marcos como la activación simultánea de esquemas compartidos es mía, no de Goffman.

2. Herb Caen, *San Francisco Chronicle* (29 de noviembre de 1967).

3. «A Conversation with Roger Schank», *Psychology Today* (abril de 1983), p. 32. Este argumento de Schank que compara la conducta humana con el funcionamiento de un ordenador puede parecer demasiado simplista para muchos psicólogos cognitivos, en especial Ulric Neisser. Neisser señala que la mayor parte de la información que nos ayuda a afrontar una determinada situación permanece fuera de la conciencia y es prácticamente ilimitada. Asimismo, afirma que sería casi imposible programar un ordenador que pudiera procesar tanta información como la que utiliza un ser humano para una sola situación, por el simple motivo de que ni siquiera los seres humanos pueden precisar de qué información se trata.

4. William James, *The Principles of Psychology,* Dover, Nueva York, 1950; originalmente publicado en 1910. Traducción castellana: *Principios de psicología,* Fondo de Cultura Económica, Ciudad de México, 1986.

5. Alfred Schutz, *Philosophy and Phenomenological Research,* citado por Goffman en *op. cit.,* p. 4.

6. Peter Berger y Thomas Luckmann, *The Social Construction of Reality,* Doubleday & Co., Nueva York, 1966, p. 22; traducción castellana: *La construcción social de la realidad,* Amorrortu Editores, Buenos Aires, 1986.

7. Luigi Pirandello, *Tonight We Improvise,* Samuel French, Londres, 1932, pp. 7-8; traducción castellana: *Esta noche se improvisa,* editorial Cátedra, Madrid, 1995.

8. John Barth, *Lost in the Fun House,* Doubleday & Co., Nueva York, 1968, p. 127.

9. Kathryn Hulme, *A Nun's Story,* Frederick Muller, Londres, 1957, pp. 37-38.

10. J. L. Mannond y Barbara Hammond, *The Town Labourer,* Longmans, Green & Co., Londres, 1918, pp. 19-21.

11. Shoshana Zuboff, «Work and Human Interaction in Historical Perspective», Harvard University, enero de 1979. Los datos presentados en este capítulo se basan en el incisivo estudio de Zuboff sobre la organización social de la experiencia en el puesto de trabajo.

12. Sebastian DeGrazia, *Of Time, Work, and Leisure,* The Twentieth Century Fund, Nueva York, 1962, p. 60.

13. Reinhard Bendix, *Work and Authority in Industry,* University of California Press, Berkeley; 1974, p. 87.

14. Harold Wilensky, «The Uneven Distribution of Leisure», *Social Problems* 9 (1961).

15. Jean-Paul Sartre, *Being and Nothingness,* trad. por Hazel E. Barnes, Philosophical Library, Nueva York, 1956, p. 59; traducción castellana: *El ser y la nada. Ensayo de ontología fenomenológica,* Alianza Editorial, Madrid, 1985.

16. Wallace Shawn y André Gregory, *My Dinner With André,* Grove Press, Nueva York, 1981, p. 66.

17. *Ibíd.,* pp. 80-81.

18. Mi conocimiento sobre las reglas válidas en Estados Unidos –concretamente la de que se debe desviar la mirada cuando se está a unos ocho pasos de otra persona– procede de un seminario para graduados impartido por Goffman en Berkeley, en 1967. No recuerdo exactamente cuál de sus estudios citó Goffman. Tal vez la diferencia existente, en este sentido, entre los norteamericanos y los habitantes de Oriente Próximo se evidencie con más claridad en la distancia física necesaria para mantener una conversación. En los países árabes, esa distancia es tan próxima como para percibir la dilatación del iris, mientras que en Estados Unidos es de un brazo aproximadamente. Así pues, Calvin Hall explica en *The Silent Language* (Doubleday, Nueva York, 1959), que en una charla sostenida mientras se está de pie, el árabe se acercará cada vez más al norteamericano mientras que éste irá alejándose progresivamente hasta terminar arrinconado contra la pared. (Traducción castellana: *El lenguaje silencioso,* Alianza Editorial, Madrid, 1989.)

19. Erving Goffman, *The Presentation of Self in Everyday Life,* Doubleday & Co., Nueva York, 1959, p. 230; traducción castellana: *La presentación de la persona en la vida cotidiana,* Amorrortu Editores, Buenos Aires, 1971.

20. *Ibíd.,* pp. 231-232.

21. *Ibíd.,* pp. 52-53.

22. Margot Slade, «Reacting to Boorish Manners», *The New York Times* (23 de mayo de 1983), B12.

23. Mihaly Csikzentmihalyi, «Attention and the Holistic Approach to Behavior», en Kenneth S. Pope y Jerome L. Singer (eds.), *The Stream of Consciousness,* Plenum, Nueva York, 1978.

24. Charlotte Selver, «Sensory Awareness and Total Functioning», *General Semantics Bulletin,* 20 y 21 (1957), p. 10.

25. Paul Theroux, *The Kingdom by the Sea,* Houghton Mifflin, Boston, 1983.

26. *The New York Times* (17 de septiembre de 1983).

27. J. M. Darley y D. Batson, «... From Jerusalem to Jericho», *Journal of Personality and Social Psychology* 27 (1973), pp. 100-108.

28. Gran parte de esta investigación ha sido llevada a cabo por dos colaboradores de Rosenthal, Miron Zuckerman y Bella DePaulo. Los informes completos de la investigación presentada en este capítulo pueden encontrarse en Bella M. DePaulo, Miron Zuckerman y Robert Rosenthal, «Humans as Lie Detectors», *Journal of Communications* (primavera de 1980); Miron Zuckerman, Bella M. DePaulo y Robert Rosenthal, «Verbal and Nonverbal Communication of Deception», *Advances in Experimental Social Psychology,* vol. 14, Academic Press; y Robert Rosenthal y Bella DePaulo, «Sex Differences in Eavesdropping on Nonverbal Cues», *Journal of Personality and Social Psychology* 37 (1979), pp. 2, 273-285.

29. Rosenthal y DePaulo, *op. cit.,* p. 280.

30. Comunicación personal con el autor, en Harvard University, en 1981. Véase también Judith A. Hall, *Nonverbal Sex Differences,* Johns Hopkins University Press, Baltimore, 1984.

31. Bella DePaulo, «Success at Detecting Deception: Liability or Skill?» *Annals of the New York Academy of Sciences* 364 (12 de junio de 1981).

32. Goffman, *op. cit.*

33. Véanse Lawrence Altman, «The Private Agony of an Addicted Physician», *The New York Times* (7 de junio de 1983), C8; y «Medical Groups Rebut Against Doctors», *The New York Times* (25 de febrero de 1983).

34. León Tolstói, *The Death of Ivan Illych,* en *Collected Works,* New American Library, Nueva York, 1960, p. 137; traducción castellana: *La muerte de Iván Ilick,* Alianza Editorial, Madrid, 1995. Los marcos que impiden que los datos ligados a la muerte penetren en la conciencia social se detallan en David Sudnow, *The Social Organization of Dying,* Prentice Hall, Englewood Cliffs, Nueva Jersey, 1967.

35. Clyde Haberman, «Controversy Is Renewed Over Japanese Textbooks», *The New York Times* (11 de julio de 1983).

36. Jane Kramer, «Letter from Europe», *The New Yorker* (28 de febrero de 1983).

37. John Ogbu, *Minority Education and Caste,* Academic Press, Nueva York, 1978. Fue Ulric Neisser quien me habló de la investigación en las escuelas infantiles realizada por Ogbu.

38. Neal Ascherson, «Ghost Waltz», *The New York Review of Books* (5 de marzo de 1981), p. 28; Ingeborg Day, *Ghost Waltz,* Viking, Nueva York, 1981.

39 Bini Reichel, «Tell Me About Nazis, Daddy», *Village Voice* (10 de mayo de 1983), p. 9. Véanse también las entrevistas de Reichel con miembros del Tercer Reich en «What Did You Do in the War, Daddy?», *Rolling Stone* (31 de marzo de 1983). La represión colectiva en la Alemania de la posguerra se describe en Alexander y Margarite Mitscherlich, *The Inability to Mourn,* Grove Press, Nueva York, 1975.

40. Harrison Salisbury, «Stalin's Tactics at Home», *The New York Review of Books* (17 de enero de 1982). Revisión de Anton Antonov-Ovseyenko, *The Time of Stalin,* Harper & Row, Nueva York, 1982.

41. David K. Shipler, «Russia: A People Without Heroes», *The New York Times Magazine* (15 de octubre de 1983), pp. 95, 106.

42. *Ibíd.*, p. 106.

43. George Orwell, *1984*, New American Library, Nueva York, 1961, apéndice; traducción castellana: *1984*, Ediciones Destino, Barcelona, 1952.

44. Floyd Abrams, «The New Effort to Control Information», *The New York Times Magazine* (25 de septiembre de 1983).

45. Walter Reich, «Psychiatry in Russia» (30 de enero de 1983).

CONCLUSIÓN

1. Buddaghosa, *Visuddhimagga: The Path of Purification*, trad. Nanamoli Thera, Shambhala, Berkeley, 1976.

2. Sigmund Freud, «Recommendation to Physicians Practising Psychoanalysis» en James Strachey (ed.). *The Collected Papers of Sigmund Freud*, vol. 2, Basic Books, Nueva York, 1963.

3. Joshua Lederberg, «David Hamburg: President Elect of AAAS», *Science* (23 de junio de 1983).

4. Theodore Lidz, *The Person*, Basic Books, Nueva York, 1976.

5. Dennis D. Kelley, en Eric Kandel y James Schwartz (eds.), *Principles of Neural Science*, Elsevier, Nueva York, 1981.

6. «Shedding a Chinese Veil», *The New York Times* (18 de agosto de 1981).

7. Irving Janis, *Victims of Groupthink*, Houghton Mifflin, Boston, 1983.

8. Allen Wheelis, *The Illusionless Man: Fantasies and Meditations*, W.W. Norton, Nueva York, 1966.

El punto ciego de Daniel Goleman
se terminó de imprimir en marzo de 2018
en los talleres de
Comercializadora de Impresos OM, S.A. de C.V.
Insurgentes Sur 1889 Piso 12 Col. Florida
Ciudad de México.